梅屋潔／シンジルト 共編

新版 文化人類学のレッスン
フィールドからの出発

学陽書房

はしがき

　グローバル化と国際理解が叫ばれて久しい。日本でも「グローバル人材」を旗印に、海外でビジネスをする若者を増やそうという政策が目立っている。「産学人材育成パートナーシップグローバル人材育成委員会」(2010) によれば、「グローバル化が進展している世界の中で、主体的に物事を考え、多様なバックグラウンドを持つ同僚、取引先、顧客等に自分の考えをわかりやすく伝え、文化的・歴史的なバックグラウンドに由来する価値観や特性の差異を乗り越えて、相手の立場に立って互いを理解し、さらにはそうした差異からそれぞれの強みを引き出して活用し、相乗効果を生み出して、新しい価値を生み出すことができる人材」だということだ。この能力の大切さは、ビジネスに限った話ではない。日本人の海外での活動も多様化している。開発援助、難民支援、文化財保護、環境保全など、さまざまだ。グローブ（地球）という限られた資源を分かち合う同時代の伴走者として、新しい将来をともに構想していくべき、文化的他者に対する理解が重要になっていることに異論をさしはさむ者はいない。世界のどこかでつくられたものに囲まれて、はじめて私たちの日々の暮らしが成り立っている。食料品、医療品から服飾品まで、私たちの生活必需品もサプライチェーンをたどればグローバルなものばかりだ。世界各地で活躍をする人にはもちろん、ドメスティックな生活を営む私たちにもこの文化的他者に対する想像力と理解力は非常に大切なものである。

　グローバルという以上は、論理的には、本書でみるような、サイズの小さい集団、必ずしも近代化のトップランナーとはいえない、むしろ近代化の割を食っているような周辺社会の人びともその範囲には含んでいるはずである。世間では、日本に経済的な関係がある社会や国家の情報が優先されがちだが、マイノリティ、周辺社会に住む人たちへの理解とそれらとの融和こそ、

本当はもっともっと必要とされることなのである。私たちは、文化人類学を、そのための最初の一歩を歩む手助けとなる学問として皆さんに推奨したいと考えている。

　現代世界を考えるとき、どうしても政治経済的な情報が優先されがちだ。しかし、政治経済を担うそれぞれの人にも、文化的背景がある。彼らはそれぞれ、家族を持ち、宗教を信じ、それぞれの価値観に基づく生活を営んでいる人類の一人であることは変わりない。（経済合理性に基づけば）迂遠なようにみえるが、文化人類学は、そうした部分から理解を進めていこうとするのである。中でも、この学問の最大の特徴が、フィールドワークである。人類学者は多くの場合、特定の社会に一定期間住み込んで、一見関係なさそうなテーマ全てを集めようとし、それらの連関を理解しようと努める。もちろんうまくいく場合もあれば、時間がたって少しずつ妥当性を失ったものもある。しかし、変わらないのは、生活の中で直接交流した経験によって裏打ちされた実感や一次資料を何よりも大切にする、という大前提である。

　文化はそれぞれ、そこに育った人たちにとって「当たり前」のものとして認識されているので、その前提を共有しない者にとって、当初他の文化は「奇異」にみえたり、「驚き」につながることがある。しかし、その後、省みてみれば、自分が「当たり前」と思っていた文化も、それを共有しない文化的他者にとっては、驚きでありうる、という気づきをもたらしてくれる。文化の相対化、あるいは反省作用がもたらされるのである。「奇異」という判断はそのまま放置すれば排除につながることがあるが、こうした反省作用の後で、私たちは既存の価値を見直し、より広がりをもった価値を手に入れる。また共有されえない価値やものの見方への寛容さを手に入れることもできるのである。

　こうした往復運動を経て、文化人類学は、文化の多様性という初発の個別民族誌的記述をもとにしつつ、そこから一歩進んで、人類の単一性という理念の下に、他者理解の橋頭堡を築く礎となるのである。

　こうした意味では、文化人類学の知は、扱われている特定の社会の解説や紹介であるとともに、自らが属している文化への反省の視点を付け加えることでもある。その意味では、文化人類学は、他者理解の学であるとともに自

己理解の学でもあるのである。

本書は、大学に入学したばかりの、具体的には、学部一般教養の「文化人類学」の講義を受講する初学者を想定して編集されている。本書のもととなった、『文化人類学のレッスン』（以下「旧版」）は奥野克巳・花渕馨也編で2005年に出版され、増補版が2011年に上梓され、幸いなことに版を重ねてきた。新版の多くの執筆者は、旧版から引き継がれている。いずれも、フィールドワークを第一に考える行動派の人類学者ばかりである。執筆者には、割り当てられたトピックについて、自分のフィールドワークの経験をできるだけ盛り込んで自由に執筆してもらっている。

新版を編むにあたり大きく三つの点に留意した。一つはバージョンアップである。旧版から10年の時を経て、記述に不適切で削除したい部分や強調点を変えたい部分、新しく盛り込みたい点を、当初の「学部の初学者のための文化人類学」という目的に照らして重要なものかどうかを検討したうえで取捨選択を行った。

二つ目はコンセプトの強化と断片化への抵抗である。「文化」に対する捉え方の変遷を整理することで、文化人類学の歴史や現状を概説し、その今後を展望することができないだろうか、ということが、新版の課題として検討されてきた。Lesson1は主にその問題を解決しようとして執筆されたものである。

三つ目は、生物としてのヒトに対する視点を盛り込むことである。増補版から始まった、霊長類の一員すなわち生物としてのヒトの側面と、その生態学的適応から改めて「文化」の意味を考える、という流れを「霊長類学」との連携を企てた際に実現したいと考えていたこともあった。これら三つの方針を確認しながら、新版は編まれた。

旧版同様、10年間のご愛顧をいただけるかどうかはわからないが、少なくとも現時点での執筆者たちはそのつもりで原稿を準備した。

各レッスンの概要を示そう。

「Lesson1 文化と未来」では、全体を貫くコンセプトを理論的に打ち出す。ここでは、学説史を押さえたうえで文化の未来、人類の未来に関する人類学の射程を示そうとする。「Lesson2 フィールドワークと文化人類学」では、

文化人類学のフィールドワークの方法論を詳しく紹介する。「Lesson3 動物と人間」では、人類もその一員である、霊長類の研究成果を人類理解と進化との関連で解説する。「Lesson4 環境と生活」では、人間が自然と適応する場合の生態学的側面と進化について考察する。「Lesson5 セクシュアリティとジェンダー」と「Lesson6 家族と親族」では、家族や親族、性を手掛かりとして人類を考える。「Lesson7 民族と国家」では、文化の担い手としての民族について国家との関係から論じる。「Lesson8 儀礼と分類」では、儀礼を分類との関係で取り上げ、「Lesson9 宗教と呪術」では、文字通り宗教＝呪術的現象について論じる。「Lesson10 交換と経済」では、経済をめぐる現象に文化人類学的な視点から光を当てる。「Lesson11 グローバル・イシューと周辺社会」では、グローバル化時代のグローバル・イシューに文化人類学がどのように役に立つのかを改めて問おうとする。各章の中で取り上げきれなかったけれども重要なテーマ、キーワードについては、囲み記事（コラム）にして読者の便宜に配慮した。また読者の便宜を考えて、各執筆者が長期フィールドワークを行った対象地、また、本書の理解のために登場した対象民族や地域については巻頭の地図に示してある。

　文化人類学のトピックは多岐にわたるので、この本で扱うトピックは偏りがある。本書はあくまで入門書である。網羅的に全てのトピックをカバーしようとするのではなく、初学者のためという当初の目的と、執筆者がパフォーマンスをいちばん発揮できるところ、ということを学びの入り口として紹介することを本書の方針とした。足りない部分は、読者には各章の参考文献や推薦図書の他、文化人類学関係の事典類に当たって、独自に展開して欲しいと考えている。また、本書を教科書として使っていただく場合には、文化人類学の広がりは意識して、本書で取り上げられていない部分については講義担当の方に補っていただきたいと考えている（その道しるべについては本書の中で随所に付けておいた）。

　本書が、文化人類学への関心を多くの読者に喚起することを願っている。そして本書が提案する、文化人類学の知を刺激に「当たり前」を少しでも疑い、新鮮で自由な世界像を構想する糸口を提供できる契機にしてもらえれば、執筆者一同それに勝るよろこびはない。

謝辞。草稿の過程で助言やコメントをくださった恩師、研究仲間にお礼を申し上げたい。またわかりにくい点を指摘してくれた学生たちにも感謝している。地図の作成については、神戸大学大学院博士後期課程の平野智佳子さんに全面的にご協力いただいた。旧版、増補版に続き、新版でも異才、小田マサノリ（小田昌教）さんに装丁をお願いした。最後に、新版の担当として、私たちの仕事を見守ってくださった学陽書房編集部の齋藤岳大さんにお礼を申し上げる。

2017 年 1 月

共 編 者

本書で扱う社会・地域の分布図

①トーレス諸島……………p8	⑨宮崎県幸島……………p64	⑯チャムス……………p105
②ティヴ（民族）………p12	⑩タンザニアのチンパンジー	⑰バルヤ………………p106
③エンデ…………………p13	……………………p64	⑱マンガイア…………p107
④アシュアル……………p19	⑪金華山のニホンザル…p72	⑲マヌス島民…………p108
⑤アラウェテ……………p19	⑫ツェンバガ・マリン…p83	⑳サンビア……………p109
⑥ンガンドゥ……………p58	⑬チペワイアン…………p97	㉑イロコイ……………p112
⑦グアジャ………………p59	⑭コリヤーク……………p97	㉒ブギス………………p114
⑧アカとムンプトゥ……p63	⑮グイ・ブッシュマン…p98	㉓ナーヤル……………p134

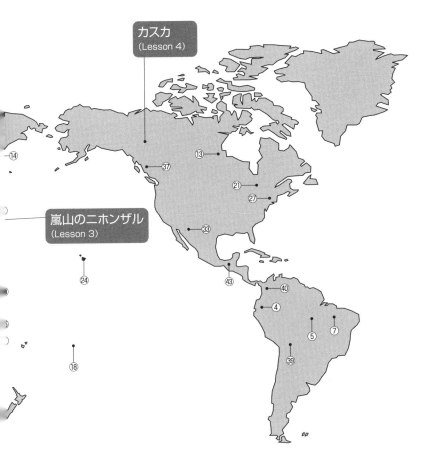

㉔ハワイ	p139	㉛クルド	p172	㊳ダホメ	p244
㉕トロブリアンド	p146	㉜カグル―	p188	㊴ボリビア	p255
㉖ヌアー	p147	㉝ズニ	p188	㊵コロンビアの鉱山	p255
㉗ニュージャージー州		㉞レレ	p190	㊶コンゴ民主共和国東部	
（ベビーM事件）	p154	㉟メリナ	p202	キヴ州	p267
㉘イスラエル	p155	㊱ヤップ島	p237	㊷カオコランド	p271
㉙パターン	p169	㊲カナダ西海岸先住民諸社会		㊸チアパス高地	p278
㉚インドネシア	p171	（ポトラッチの慣習） p242			

本書で扱う社会・地域の分布図◎ IX

本書で扱う社会・地域に関する基本情報

❶ 民族名　❹ 言語

❷ 表記　　❺ 人口

❸ 国　　　❻ 生業形態

Lesson 2

❶ アドラ
❷ Jopadhola
❸ ウガンダ共和国
❹ アドラ語
❺ 36 万人（2002 年）
❻ 農耕・牧畜

Lesson 4

❶ カスカ
❷ Kaska
❸ カナダ
❹ カスカ語
❺ 3000 人（2006 年）
❻ 混合経済（狩猟採集＋賃金労働）

Lesson 5

❶ ケニア・ルオ
❷ Kenya Luo
❸ ケニア共和国
❹ ルオ語（西ナイロート系）
❺ 404 万人（2009 年）
❻ 農業・牧畜業・漁業

Lesson 6

❶ ボラナ
❷ Borana
❸ エチオピア南部とケニア北部
❹ オロモ語
❺ 約 30〜40 万人（2007 年）
❻ 牧畜業・農業

Lesson 7

❶ 河南蒙旗モンゴル
❷ Mongol
❸ 中華人民共和国
❹ チベット語
❺ 約 4 万人（2010 年）
❻ 牧畜業

Lesson 8

❶ アジャ
❷ Aja
❸ ベナン共和国
❹ アジャ語
❺ 48.5 万人（2011 年）
❻ 農業

Lesson 9

❶ コモロ
❷ Comoro
❸ コモロ連合
❹ コモロ語
❺ 78 万人（2015 年）
❻ 農業・漁業・牧畜業

Lesson 10

❶ カタルーニャ
❷ Català
❸ スペイン
❹ カタルーニャ語
❺ 752 万人（2015 年）
❻ 農業・商業

目次

はしがき	III
本書で扱う社会・地域の分布図	VIII
本書で扱う社会・地域に関する基本情報	X

Lesson 1 文化と未来
文化人類学はどのような学問か？
◎奥野克巳 ……… 1

❶ はじめに	1
❷ 人類と文化	4
❸ 文化人類学史の概略	6
❹ 異文化を理解する	11
❺ 文化概念の系譜	15
❻ おわりに	20

Lesson 2 フィールドワークと文化人類学
「民族誌する」とはどういうことか？
◎梅屋 潔 ……… 25

❶ はじめに	25
❷ いくつかの方法と関わり方	27
❸ 「民族誌する（doing ethnography）」	28
❹ 「民族誌」の現在	33
❺ フィールドワークの一例	35
❻ おわりに	45

Lesson 3 動物と人間
霊長類は文化について何を教えてくれるのか？
◎島田将喜 ……… 51

❶ はじめに	51
❷ ヒトの文化の中の霊長類	56
❸ 霊長類の文化	63
❹ おわりに　文化を考えるうえで霊長類が果たす役割	75

Lesson 4　環境と生活
文化はなぜ多様なのか？　◎山口未花子 ┄┄┄┄┄ 79

❶ はじめに ┄┄┄┄┄ 79
❷ 新進化主義の潮流 ┄┄┄┄┄ 80
❸ 生態人類学の成立 ┄┄┄┄┄ 83
❹ 日本における生態人類学の展開 ┄┄┄┄┄ 84
❺ 自然へのまなざし ┄┄┄┄┄ 87
❻ 人と動物の織り成す社会 ┄┄┄┄┄ 89
❼ おわりに ┄┄┄┄┄ 99

Lesson 5　セクシュアリティとジェンダー
「性」の多義性とは？　◎椎野若菜 ┄┄┄┄┄ 103

❶ はじめに ┄┄┄┄┄ 103
❷ セクシュアリティ ┄┄┄┄┄ 105
❸ ジェンダー ┄┄┄┄┄ 110
❹ ジェンダーとセクシュアリティ双方の視点 ┄┄┄┄┄ 122
❺ おわりに ┄┄┄┄┄ 124

Lesson 6　家族と親族
親と子は血のつながっているものか？　◎田川玄 ┄┄┄┄┄ 131

❶ はじめに ┄┄┄┄┄ 131
❷ 家族の理論 ┄┄┄┄┄ 132
❸ 家族を歴史的に位置づける ┄┄┄┄┄ 136
❹ 社会の成り立ち——親族の理論—— ┄┄┄┄┄ 138
❺ 家族・親族のきずなとは ┄┄┄┄┄ 145
❻ 新生殖技術と家族・親族 ┄┄┄┄┄ 153
❼ おわりに ┄┄┄┄┄ 157

目次

Lesson 7 民族と国家
集団意識はどのように生まれるのか？
◎シンジルト 161

❶ はじめに 161
❷ 民族のあいまいさ 163
❸ 注目される民族意識 168
❹ 国民国家にとっての民族 170
❺ 民族意識のリアリティ 175
❻ おわりに 182

Lesson 8 儀礼と分類
人はどのように人生を区切るのか？
◎田中正隆 185

❶ はじめに――日常に見られる「儀礼」―― 185
❷ 分類と分類から外れるもの 186
❸ 儀礼の過程 191
❹ アジャ社会の儀礼 194
❺ 行為の目的と形式 199
❻ 儀礼と歴史 202
❼ おわりに 204

Lesson 9 宗教と呪術
世界は脱魔術化されるのか？
◎花渕馨也 209

❶ はじめに 209
❷ 「宗教」概念の系譜 211
❸ 「未開宗教」という幻想 214
❹ 宗教の機能と意味 219
❺ 呪術がもたらす不幸 225
❻ おわりに 230

XIV

Lesson 10 交換と経済
他者とは何か？
◎織田竜也 ·············· 237

- ❶ はじめに ·············· 237
- ❷ 経済人類学 ·············· 244
- ❸ 象徴的交換 ·············· 247
- ❹ 個人主義とモダニティ ·············· 249
- ❺ 地域通貨 ·············· 252
- ❻ フェティシズム ·············· 254
- ❼ 対抗資本主義 ·············· 258
- ❽ おわりに ·············· 259

Lesson 11 グローバル・イシューと周辺社会
人類学は、社会の「役に立つ」か？
◎梅屋 潔 ··· 263

- ❶ はじめに ·············· 263
- ❷ ブルー・マーブルと「グローバル化」 ·············· 264
- ❸ いくつかのグローバル・イシュー ·············· 266
- ❹ 「先住民の権利」 ·············· 270
- ❺ 「知的所有権」や「先住権」を問い直す ·············· 275
- ❻ 人類学は、社会の「役に立つ」か？ ·············· 278
- ❼ おわりに ·············· 284

さくいん ·············· 289

XVI

Lesson 1

文化と未来

文化人類学はどのような学問か?

奥野克巳

❶はじめに

海に浮かぶ岩の上に建てられた城の中に暮らす

　生まれ育った場所で慣れ親しんできた物事のやり方や考え方こそが、正しいものであると思いこんでいたのだ、と思い知らされる瞬間がある。それは、私たちにとってなじみ深い場所を離れて、それとは異なるなじみの薄い場所で、その国や地域の価値観に触れて、べつのやり方や考え方があるのを見知って、そちらのほうから、慣れ親しんできたやり方や考え方を見つめ直してみるような時にやって来る。

　生まれ育った場所を離れて、なじみの薄い場所で、人びとのやり方や考え方を知ると、これまで疑うことなどなかった自分自身のやり方や考え方が、唯一の正しいものであるとは思えなくなってくる。生まれ育った環境で身に付けたやり方や考え方は、文化に特有の、文化によってつくられたものではないか、それらには、明確な根拠などなく、元来不安定なものだったのではないのか。

　ベルギーの画家ルネ・マグリット（R. Magritte 1898-1967）が描いた「ピレネーの城」の絵のように（図1-1）、私たちは海の上に浮かぶ硬い岩の上に建てられた、ちっぽけなお城の中にしか暮らしていない。この絵は、盤石だと思っていたやり方や考え方が収まっている文化の空間が、実は、宙に浮かんでいるだけの、土台も何も持たないものであることを教えてくれる。マグリットの絵を手助けとしながら、私たちが慣れ親しんだ文化の成り立ちについて知ることができるだろう。物事のやり方や考え方は、地球上に住む

73億人の人間のそれらの一部でしかないし、自分の周りのみでしか通じるものではない。

ところが、そうした感覚は、触れたり、記憶に留めたりするのが難しい。そのため、生まれ育ったなじみ深い場所へと戻って暮らし始めると、たいていの場合、忘却の彼方へと跡形もなく消えてしまうことになる。しかしふたたび、なじみの薄い国や場所に出かけて、そこで暮らしてみれば、私たち自身が慣れ親しんだ「当たり前」を疑う瞬間がふたたびやってくる。

そのような感覚を大切にしながら、人間について、文化について、世界について考えてみようとする学問がある。それが、文化人類学である。

図1-1 ルネ・マグリット「ピレネーの城」

文化を外から眺めてみれば、私たちの身に染みついている価値観やルールなどが、逆に、不思議なものに感じられる。そうした発見を手がかりとして、人類にとって何が「普遍的」なもので、何が「個別的」なものかを考えてみようとする。文化人類学とは、そのような学問である。

遠く離れた場所で暮らしてみて、自らが慣れ親しんだ価値観を見つめ直すことによって、私たちは、人間のやり方や考え方の普遍性と個別性を発見し、物事のやり方や考え方の根源にまでさかのぼって、文化や世界の成り立ちを考え直してみることができる。文化人類学とは、そうした知の技法を含む学問である。あるいは、こういってもいいかもしれない。文化人類学は、私たちが当たり前だと思っている知と実践のしくみを揺さぶり、組み替えようとする知の体系である、と。

慣れ親しんだ日常の外へ

　ジム・キャリー主演の「トゥルーマン・ショー」（1998 年）という映画がある。トゥルーマン（ジム・キャリー）は、ある離島で生まれ育ち、水恐怖症で、一度もその島から出たことがない。そこでトゥルーマンは、保険会社のセールスマンとして、平凡ながら、妻や子と幸せな生活を送っている。ある日、老人とすれ違うが、その男は見たところ、かつて海で死んだ彼の父親だった。その直後、なぜか父親は、無理やりバスに乗せられて連れ去られる。その後も、不可解な事件が起きる。ある時、トゥルーマンは逮捕されるが、初対面の警察官に、いきなり名前を呼ばれたりする。トゥルーマンは、自分の周りで起きていることに、次第に違和や不信を感じるようになる。

　実は、生まれた時からずっとトゥルーマンの日常の暮らしは撮影されており、その様子が全世界に向けて生中継でテレビ放映されていたのである。彼が住む町はテレビのセットであり、家族を含めて、彼の周囲の人たちは、その番組に出演している俳優だったのである。そのことを知らないのは、ただトゥルーマンだけだった。やがて彼は事実を知るようになり、嫌気がさして、離島から脱出することを切に願うようになる。水恐怖症のトゥルーマンはついに意を決し、船をこぎ出すが、その海もまたテレビのセットなのであった。

　文化とは、ある意味で、トゥルーマンが演じる主人公が経験する日常のようなものだといえる。私たちは生まれ育った場所で、日常を生きている。慣れ親しんだなじみのある世界を抜け出して、その外側へと飛びだすには勇気がいる。しかし、日常の真っただ中からその縁へとたどり着いて、ついでそこからポーンと飛び出て、いったん遠くへ離れてみることは、今日であれば、やろうと思えばできなくはない。

　そのことが、私たちが生まれ育った場所で慣れ親しんだやり方や考え方を見つめ直して考えてみるためだけでなく、人間について、文化について、世界について、考えてみるための出発点になる。文化人類学は、そうした知を身に付け、考えるための拠りどころとするように私たちを促してくれる。

反対側から眺めてみる

　現代美術家であり文化人類学者である小田マサノリ（1966-）は、大学の

文化人類学の講義（「文化人類学解放講座」）の中で、ある素材を用いて文化人類学の学問の精神をうまく説明している。ある素材とは、「アザー・ファイナル」というサッカーのドキュメンタリー映画である。

小田によると、「2002 FIFA ワールドカップの決勝戦が横浜市の横浜国際総合競技場で行われた6月30日に、ブータンの首都ティンプーのチャンリミタン競技場で、当時、FIFA ランキング最下位のモントセラトと、その一つ上のブータンの間で『もう一つの決勝戦』と題して最下位決定戦となる FIFA インターナショナルAマッチが行われた」。つまり、サッカーが世界一うまい国はどこかを競うサッカー・ワールドカップの最終戦の裏で、サッカーの世界最下位を決めるゲームが行われていたのである。「アザー・ファイナル」は、その様子を捉えたドキュメンタリー映画である。

国別サッカーの世界一位決定戦の裏で行われた世界最下位決定戦という構図が、文化人類学の知の枠組みにうまく重なる。文化人類学は、世の中を、異なる視点や角度からみて考える学問だといえる。頂点を決める試合があれば、頂点を目指して消えていったチームがあり、そもそもそうした戦いに無縁なチームもある。一方でみていたところではわからないものを、それとは異なる全くべつのところから眺めてみる。小田は、文化人類学を勉強すれば、慣れ親しんだやり方や考え方からいったん離れてみて、物事をその反対の側や逆の側からみて考える姿勢や態度が身に付いてくるのだという。そのことによって、ものの見方が豊かになるのだとも。

頂点があれば、逆に底辺もある、戦いもあれば、友好もある。注目されるものもあれば、そうでもないものもある。目立つもの、身近なものだけから眺めていたのでは、事柄の本質や根源的なあり方にたどり着くことはなかなかできない。慣れ親しんだ風景や価値観とはべつの視点に立って、物事を眺めてみる。そのことによって、ものの見方が豊かになるのだ。文化人類学とは、そうした知の構えを持つ学問である。

❷ 人類と文化

文化人類学は、人類学と呼ばれる時もある。文化人類学は、文化を持つ人

類を扱う学問であるが、人類学という時には、文化を持つ人類を含め、人類進化を視野に入れた人間の学という意味がある。ここでは、人類の進化の観点から人間を眺め、文化人類学という学問について考えてみたい。

　自然淘汰説に基づいて、生物進化論を打ち立てたのは、19世紀半ばのチャールズ・ダーウィン（C. Darwin 1809-1882）である。生物進化の研究が進められるにつれて、いまからおおよそ700万年から500万年ほど前に、類人猿と人類は、生物進化のたもとを分かち、別々の道をたどるようになった。はたして、類人猿と人類の違いは、どこにあるのだろうか。その問いは、私たちが、人間であるとはいかなることなのかを考えるためのヒントを与えてくれる。

　他の動物と違って、人類だけが言語を使用し、道具を使うことが、長らくの間、定説とされてきた。しかし、近年の霊長類学の調査研究でわかってきたのは、私たち人類に最も近い哺乳類動物であるチンパンジー（学名：*Pan troglodytes*）の中には、道具を使ったり、言語を使用したりするものもいるということである。

　アユムと名づけられたチンパンジーの子は、見たものを瞬時に覚えるという、人間と比べて特殊な記憶の能力を持っている。この能力は、人間の子の直観像記憶と似ているが、アユムは人間の大人より優秀な成績を収める。また、チンパンジーには、道具を使う能力があることも確認されている。アリ塚に棒を差し込んでシロアリを捕食したり、石や倒木を使って堅い果実の殻を割ったりする。チンパンジーと私たち人類の違いはそれほどないというのが、近年の霊長類学の成果である（Lesson3 参照）。

　チンパンジーと人類の共通祖先から枝分かれした人類は、その後、直立二足歩行するようになり、犬歯を縮小させていった。ラミダス猿人は、いまから440万年前の猿人であり、エチオピアで発見された今から320万年前のアファール猿人の化石は、ルーシーと名づけられた。猿人に続いて、原人段階を経て、現生人類が誕生する。

　猿人の段階以降に、すでに道具の使用を始めていた人類の祖先は、今から180万年くらい前にアフリカ大陸を出発して、地球上の各地に広がった。80万年ほど前に、火の使用を開始し、8～3万年前には、言語や宗教や芸術な

Lesson 1　文化と未来◎005

どの、他の種にはない人間的な特性を手に入れたとされる。その間、人類の祖先たちは、動植物を狩猟し、採集する暮らしを続けてきた。農耕が開始されるのは、今から1万年くらい前のことであるとされる。その後、人類は、家畜を飼育して、生活の糧とするようになった。

　人間は、住んでいる場所で、それぞれの周囲の自然環境に適応し、それぞれの場所で、独自の生活様式や思考形態を発達させてきた。文化人類学が取り上げるのは、そうした多様な人間のあり方である。

　それでは、文化人類学とはどのような学問なのか、それはいかにして学問としてのかたちを整えていったのか。次節で取り上げるのは、文化人類学の学説史の概略である。

❸ 文化人類学史の概略

大航海時代から植民地時代まで

　文化人類学の誕生は、西洋による非西洋との出会いが量的・質的に高まった時代、15世紀末以降の大航海時代にまでさかのぼることができるのだといえる。異文化や異民族に対する興味は古くから存在したが、それが一気に高まるのは、1492年のクリストファー・コロンブスによるアメリカ大陸の「発見」に始まる大航海時代以降のことである。その時代、大商人や探検家たちが、船で未知の土地へ出かけるようになり、ヨーロッパは空前の規模で「他者」と出会うようになった。これらの航海を通して、航海日誌、探検家による旅行記や宣教師による報告などがヨーロッパにもたらされるようになった。そのことにより、なじみの薄い土地の風物や人間に対する関心が高まっていった。

　18世紀は、14〜16世紀のルネサンス以降の興隆した科学によって人びとの蒙を啓いた時代、啓蒙主義の時代だとされる。その時代、「高貴な野蛮人」像が提出されたり（ルソー）、人間は本来的に利己的に生まれついていると捉えられたり（ホッブス）、その中間的な主張が行われたりして（ロック）、人間の起源をめぐる議論が盛んに行われるようになった。啓蒙主義の思想家たちは、それまで神の創造物であると考えられていた人間を、自然界の一部

と捉え直して解明しようとしたのである。従来、人間の歴史は過去からの堕落だと考えられていたが、啓蒙主義は自然科学の発達を背景として、この考えを逆転させ、ヨーロッパこそ進歩の頂点であると捉えるようになったのである。

18世紀から19世紀にかけて、今日の文化人類学の主要な調査手法であるフィールドワークの萌芽のようなものが行われ始めていた。1830年代に、生物進化論を唱えたダーウィンらのビーグル号による博物学的な航海が行われている。博物学とは、植物学や動物学、地質学の前身にあたる、自然界の現象に関する総合的な自然科学である。博物学はもともと、富裕層による、ヨーロッパ以外の世界からの珍品収集から発展したものであり、19世紀前半までは、海外で珍しい標本を探して集め、それを本国に送るフィールドワーカーと、それを受け取って研究する本国の学者という分業体制があった。その時代には、現地調査は単なる資料収集の手段とみなされ、それほど高い価値が置かれていなかった。

そうした分業体制に変化が起こるのは、19世紀の半ばのことである。標本は珍しいがゆえに研究されるのではなく、それが属していた環境との関係において研究されるべきだと考えられるようになった。そのことにより、博物学におけるフィールドワークの地位の向上への道が開かれたのである。

19世紀はまた、ヨーロッパにおける植民地主義の高まりを背景に、初期の文化人類学が学問として整えられていった時代でもあった。西洋列強諸国は、武力を背景に世界進出し、領土獲得を争った。植民地主義は、文化人類学者に資料やデータを提供するとともに、植民地の人びとの社会についての理解を深めるため、文化人類学研究の成果を利用した。植民地主義と文化人類学の相互関係が、学問としての文化人類学を進展させたのである。

その時代には、文化人類学は、「文化進化主義」的な考えを理論的な基礎としていた。文化や文明が進化するという考え方は、ダーウィンの生物進化論が拒絶されたのとは逆に、ヨーロッパ社会から好意をもって受け入れられた。文化進化論が、帝国主義や白人の優越、人種主義といった、当時の社会の状況を正当化するのに用いられたのである。文化人類学は、人類の進化の歴史を段階的に明らかにすることを目的に、技術的に単純な無文字社会に目

を向けるようになる。同質的な小規模社会の研究により、より「進歩した」複雑な社会の成り立ちを解明するのに必要な、基本原理を知ることができると考えられたのである。

　しかし、そうした目標は、方法論がまだ十分に確立されていなかったために十分に達成されたとはいいがたい。19世紀の文化人類学者のほとんどが、フィールドワークの経験を持たなかった。彼らが情報源として依拠したのはもっぱら探検家、商人、宣教師あるいは植民地行政官や旅行家たちによって書かれた記録であった。その時代、多くの文化人類学者は、不確かな資料に基づき、空想的な進化論を描きだしたのである。彼らは後に、「安楽椅子の人類学者」として厳しい批判を浴びせられることになる。

　こうした流れを変えたのが、19世紀末の博物学出身の研究者たちの調査隊調査である。彼らは、文化進化主義に方向づけられた研究への反省から、より長期の調査の必要性を感じていた。自然科学の研究者たちを中心に、1898年から1899年にかけて、イギリスでトーレス海峡調査隊が組織されている。メンバーは、動物学者ハッドン（A. C. Haddon 1855-1940）、医者で心理学者であったW. H. R.リヴァーズ（W. H. R. Rivers 1864-1922）、病理学者セリグマン（C. G. Seligman 1873-1940）などであった。そのうち、系図を用いて調査を実施したのが、W. H. R.リヴァーズである。誰と誰がいかなる関係で結び付いているのかを探る系図法（図1-2）は、現地社会を対象化する新しい視野を切り開く、画期的な発見となった。これまで標本としてしか扱われることがなかった現地の人びとが、この手法によって、固有の社会関係を持つ存在として、くっきりと浮かび上がったのである。このように、異文化を対象化する調査法が整備されてくると、そこにようやく本格的なフィールドワークへの展望が開かれることになる。

民族誌と20世紀の文化人類学

　文化人類学において、調査法としてのフィールドワークを確立したのは、ブラニスラウ・マリノフスキー（B. K. Malinowski 1884-1942）である。マリノフスキーによって確立されたフィールドワークの手法と現代人類学については、Lesson2で詳しくみるが、その要点は、長期にわたって現地に留ま

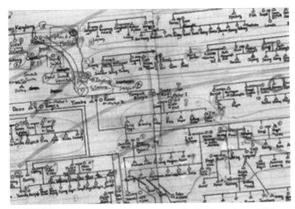
図1-2　筆者によるボルネオ島の焼き畑稲作民カリスの系図

るフィールドワークによって、短期間の現地滞在ではとても扱うことができないような、現地社会のしくみを詳細に観察することができるようになった点である。フィールドワークを通じて、一見奇妙な習慣にも意味や機能があることを明らかにし、それらが相互に関係し合って社会の全体を構成しているさまが、描きだされるようになった。19世紀の文化進化主義に変わる、機能主義人類学の誕生である。

　フィールドワークのデータに基づいて書かれるものが、民族誌（エスノグラフィ）である。民族誌とは、ある文化の全体像がわかるように、体系的に記述されたものである。それは、ふつうは特定のトピックに基づいて書かれる。マリノフスキー以降、調査者自らがフィールドワークに出かけ、そこで得た資料を本国に持ち帰って民族誌を執筆するというスタイルが確立され、次第に民族誌が蓄積されていった。今日に至るまで、民族誌は、文化人類学の学問的基礎に位置づけられている。

　フィールドワークが確立され、民族誌の蓄積がなされる過程で新たに出現した流れとして、構造主義がある。マリノフスキーらの機能主義と並行して、諸制度が機能的に関わり合いながら構造を形づくることで社会全体が統合されるとする構造＝機能主義が、20世紀半ばに広く受け入れられるようになっていた。クロード・レヴィ＝ストロース（C. Lévi-Strauss 1908-2009）は、構造＝機能主義をふまえながら、要素と要素の間の関係から生まれる言語学

Lesson 1　文化と未来◎009

COLUMN ① 民族誌（入門編）

　文化人類学を学ぶためには、民族誌を読むことが求められる。民族誌がどのようなものであるのかについては、実際に読んで理解してもらうしか方法がないが、入門編として、読みやすくかつすぐれた民族誌をいくつか紹介しておきたい。

　ウェイド・デイヴィス（W. Davis 1953-）は、『ゾンビ伝説──ハイチのゾンビの謎に挑む』の中で、ゾンビは実在するという仮説に基づいてフィールドワークを行い、ゾンビをめぐる謎を解き明かしている。

　須藤健一（1946-）は、『母系社会の構造──サンゴ礁の島々の民族誌』という民族誌を書いて、ミクロネシアの母系社会の暮らし、性や結婚を詳細に描きだしている。

　松田素二（1955-）は、『呪医の末裔──東アフリカ・オデニョー族の二十世紀』の中で、ケニアのある一族の百年を描きだして、アフリカの他者について語ることの意味を問うている。

　民族誌を読むことで、読者はその中に描きだされる人々のやり方や考え方に驚いたり、それらを不思議に感じたりしながら、人間存在について考えてみる手がかりを得ることになる。

の「構造」の概念を取り入れることによって、新たな知の技法を生みだすことに成功している。レヴィ＝ストロースは、親族組織や婚姻の形態、物語としての神話、事物の分類をめぐる思考などを取り上げ、社会的な諸事象の背後にある人類の普遍的な構造を浮かび上がらせたのである。構造主義はまた、既存の西洋中心的な歴史・社会観を批判し、西洋近代合理主義の優位性に揺さぶりをかけ、20世紀後半の人文・社会科学に大きなインパクトを与えた。レヴィ＝ストロースによって取り出された「未開／野生」の思考は、人類の普遍的な精神性として、文化人類学の重要なテーマとなったのである。

　レヴィ＝ストロースによって喚起されたテーマでもあり、20世紀後半の文化人類学において重要なトピックを提供し続けた象徴人類学についても触れておきたい。誕生儀礼や成人儀礼、葬儀などの通過儀礼だけでなく、豊穣祈願のための儀礼やその他の諸儀礼には、象徴表現が満ち溢れている。日本では、たとえば、死者を西向きに横たえ、屏風を逆に立て、棺は北の方角から外に出すというように、儀礼には、一見意味がありそうだが、はっきりといい表すことができない「象徴」がたくさんある。象徴人類学は、そうした

象徴のあり方を取り上げて、人びとが世界をどう組み立てるのかの解明に挑んできた。象徴が分類と深く関わる点に着目し、中央アフリカのレレ社会の儀礼を取り上げたのが、メアリー・ダグラス（M. Douglas 1921-2007）である（詳しくは、Lesson3 の２節、Lesson8 の２節参照）。年に一度行われる多産豊穣を願う儀礼で、ふだんの儀礼で用いられないセンザンコウが重要な役割を担う。センザンコウは、人間／動物／精霊＝村／森／湿地という分類のどこにも属さない。それは湿地に住み村に出没し、動物でありながら鱗を持つ。センザンコウは、分類にぴったりと当てはまらないために「アノマリー（変則性）」を帯びた存在として、力の源泉とみなされていると、ダグラスは分析する。象徴人類学は、民族誌的な事実を丹念に調査・分析し、文化について、人間について考えるための研究を提供したのである。

❹ 異文化を理解する

　マリノフスキー以降、文化人類学者は世界中に散らばってフィールドワークを行い、民族誌を書き上げるようになった。民族誌を読めば、異文化に暮らす人びとのやり方や考え方がわかるようになるが、異文化のことが十分に理解できるかというと必ずしもそうではない。異文化の理解は、それほど簡単ではないのである。その難しさを知るために、私たちにとってなじみの薄い異文化の理解ではなく、それをひっくり返して、異文化の人たちが私たちの文化をいかに理解するのかという点を、二つの事例の中にみてみよう。

ハムレットをめぐるアフリカ人の解釈

　まずは、ウィリアム・シェイクスピア（W. Shakespeare 1564-1616）のハムレットをめぐるアフリカ人の解釈を取り上げよう。「ハムレット」は、1600 年頃にシェイクスピアによって書かれた戯曲である。まず、手短に、あらすじを紹介する。

　先頃急死したデンマーク王が、息子のハムレット王子の前に亡霊となって現れて、妻ガートルードと弟クローディアスの陰謀によって殺されたことを明かす。ハムレットの母である先王の妻ガートルードは、夫の死後一月も経

Lesson 1　文化と未来◎011

たないうちに先王の弟クローディアスを夫に迎えるという不道徳な再婚を
し、先王の弟は不当にも本来ならばハムレットがつくべき王位に就いている。
ハムレットは深く思い悩む。ハムレットには、オフィーリアという恋人がお
り、彼女の父親は、大臣ポローニアスである。ハムレットのことを探るため
に陰に潜んでいた大臣を、ハムレットはおじであるクローディアスと見誤っ
て殺してしまう。父親を恋人に殺された上、恋人のハムレットに捨てられた
オフィーリアは狂気に陥り、川で溺死してしまう。オフィーリアには、レア
ティーズという名の兄がいたが、ハムレットは、レアティーズと決闘するこ
とになる。ハムレットを亡き者にしようとして、おじであるクローディアス
が毒杯と毒剣を用意し、それと知らずにガートルードは毒杯を飲んで死ぬ。
ハムレットとレアティーズの決闘は相打ちになり、二人とも死ぬが、その前
にハムレットはおじのクローディアスを毒剣で殺す。

　登場人物が全員死ぬことになるこの「悲劇」を、はたして、ナイジェリア
に住むティヴの人たちは、どのように読むのだろうか？　そうした問いを発
したのは、アメリカの文化人類学者ローラ・ボハナン（L. Bohannan 1922-
2002）である。調査時に「ハムレット」をティヴに語り聞かせたボハナンは、
「森の中のシェイクスピア」という論文の中で、その応答を分析している。
ボハナンによれば、ティヴは「ハムレット」の物語の背後に「父系親族組織」
（子は全て父の親族集団に属するという制度）、「レヴィレート婚」（未亡人が
死んだ夫の弟といった男性親族と結婚する制度：Lesson6 参照）、「呪術」（狙
いをつけた相手を病気にしたり、殺したりするための神秘的な手法：
Lesson9 参照）などの要素を見出して、彼らの文化に適合的な物語として、
その悲劇を読み解いたのである。

　ティヴの「ハムレット」解釈は、以下のようなものだったという。先王の
死後、弟が王位に就くのは当然であり、先王の未亡人と弟が結婚したのはと
ても道徳的なことである。先王の亡霊とは、呪術師が送ってよこしたもので
ある。オフィーリアが溺死したのは、彼女の兄の呪術による。ティヴ社会で
は、呪術をかけることができるのは、父系親族だけだからである。兄は放蕩
の末、金に困っていたので、死体をべつの呪術師に売るために、呪術で妹を
殺したのである。そのようにして、ティヴ人にとって「ハムレット」は、（呪

術にまどわされ、「父」でもある現在の王を殺そうとして長老の権威を無視した）ハムレットが、若造ゆえに身を滅ぼすという、「若い人びとに対する教訓的な物語」であると解釈されたのである。それは、もはや悲劇ではない。

雨の慕情をめぐるインドネシアのエンデの解釈

　二つ目に取り上げるのは、1980年に大ヒットした八代亜紀の歌、「雨の慕情」のインドネシア東部のエンデの人びとによる解釈である。「雨の慕情」の歌詞は、以下のようなものである。

雨の慕情

作曲：浜圭介、作詞：阿久悠

心が忘れた あのひとも

膝が重さを 覚えてる

長い月日の 膝まくら

煙草プカリと ふかしてた

憎い 恋しい 憎い 恋しい

めぐりめぐって 今は恋しい

雨々ふれふれ もっとふれ

私のいいひと つれて来い

雨々ふれふれ もっとふれ

私のいいひと つれて来い

　日本の文化人類学者、青木恵理子（1953-）が、インドネシア・フローレス島で現地調査をしていた時のことである。彼女が家に集まっていた村人たちとトランプに興じていると、日本の短波放送から、八代亜紀の「雨の慕情」が流れてきた。彼女は、以下のように歌詞の意味を村人たちに説明した。

　「これは女の人の恋人に対する気持ちを歌った歌なんです。その女の人には恋人がいるんですが、ふたりの仲はあんまりうまくいってないらしいんです。恋人があまりその女の人をたずねてくれないんです。それで、雨よもっ

と降れ、恋人を連れて来てくれと歌っているのです」と。

　すると、もの知りの老人が満足した様子でいった。「よくわかるよ。人間はどこでもおんなじだね」と。その後、老人は次のように続けたという。雨が降れば、米のできはよくなる。米がよくできれば、女側の親族はその恋人の親族を迎えられる。恋人の親族だって米があれば、女側の親族に贈るための象牙や金製品や家畜を集めるための宴会が開ける。手始めの贈りものがすめば、まだ同居できなくたって、やがて恋人が足しげく来てくれることになる、と。

　青木は、その解釈を聞いて、村人の「誤解」を解こうとしたという。日本では贈りものをしないで結婚できることや、雨は女の涙みたいだとか、雨の激しさが女の気持ちの激しさと同じだとか……。ところが、この歌の解釈をめぐる彼女と村人のやりとりは、最終的には、うやむやに終わったという。彼女は、エンデの人びとの異文化に対する「誤解」を突き崩すことができなかったのである。

　エンデは、結婚に際して、男側の親族が、女側の親族に象牙や金製品などを贈らなければならないし、逆に、女側も逆に男側に大量の米と布を贈らなければならない。品物を用意したり、贈ったりするたびに、宴会が催され、大量の米が消費される。そのために、雨が降ることを望む歌であると解釈されたのである。

自文化中心主義を超えるために

　ここで見たティヴとエンデの二つの事例は、異文化の理解がそれほど簡単ではないことを示している。ティヴはティヴの文化を背景として、エンデはエンデの文化を背景として、彼らにとってなじみのない異文化のストーリーを解釈したのである。彼らの解釈は、作品が生みだされた場所での、もともとの意味解釈とは相容れないものになっている。

　自分が生まれ育った文化のものの見方や価値観に基づいて異文化を判断することを「自文化中心主義（ethno-centrism）」という。文化的な存在である私たちは、私たちの当たり前（常識）を拡張して、異文化（他者）を理解する傾向にある。その意味で、自文化中心主義を脱することは、ある面では

なかなか難しい。ティヴやエンデの人びとは、自文化中心主義的に「ハムレット」や「雨の慕情」を解釈したのである。

　しかし、私たちは、ティヴやエンデの人びとによる異文化「誤解」をけっして非難したり、笑ったりすることはできない。彼らに限らず私たちもまた、自文化の価値観や制度に基づいて、異文化を理解することがよくあるからである。呪術を信じているとはなんと非合理で野蛮なのか、育て上げたクマを殺害するとはなんと残酷なのだろうなどと、自文化の価値観に基づいて、異文化を判断することがよくある。はたして、異文化を前にした時、私たちは他者のことを正確に理解することができるのだろうか。

　自文化中心主義を乗り越えるための、文化人類学の手法とは、以下のようなものである。まずは、私たちとは異なるやり方で、物事を捉える人たちがいるということに思い至ることから出発する必要がある。そのうえで、異文化（他者）のやり方や考え方に寄り添ってみる意識を持つ。異文化を外側から眺めるのではなく、その内側から理解しようと試みる。そうした努力の先に、「彼ら」のやり方が「私たち」の前に開かれてくるようになるだろう。文化人類学の勉強を始めるにあたってまず学ばなければならない最も基本的なことは、こうした異文化に接する態度である。

❺ 文化概念の系譜

　ここまでのところ、文化という言葉を定義もせず、所与のものとして用いてきたが、人間の多様性を文化の中に探ってきた文化人類学では、これまで、文化をめぐってさまざまな議論がなされてきた。以下では、文化人類学における文化概念の変遷をたどりながら、文化人類学の文化をめぐる議論を跡づけてみたい。

タイラーからギアツまで
　文化概念の検討は、1871 年のイギリスの文化人類学者エドワード・タイラー（E. B. Tylor 1832-1917）による文化の古典的な定義にまでさかのぼることができる。

Lesson 1　文化と未来◎015

文化（culture）または文明（civilization）とは、社会の成員としての人間によって獲得された知識、信条、芸術、法、道徳、慣習や、他のいろいろな能力や習慣を含む複合的な全体である。

　タイラーは、具体的なものや抽象的なものまでを含め、人間の活動を包括的に取り上げて、それらが絡まり合ってつくりあげているものの全体を文化であると定義した。これは、今日の私たちが抱く文化のイメージに近い。

　この定義によって、それまで異なる存在であるとされていた欧米以外の人たちもまた同じ人間であり、文化を持つ存在であると括られるようになった。人間や文化のカテゴリーを拡大し、人類の規模で文化を考えたという点において今日、タイラーの定義は評価される。

　他方で、この定義の中で「文化あるいは文明とは」という括り方で、タイラーは、文化と文明を同列に扱っている。そのことは、あらゆる文化は進化するものであり、その頂点にヨーロッパ文明があるという、19世紀の文化進化論的な考え方に重なり合う。タイラーは同時に、定義の中に、文化によって進化の程度が異なるという考え方を含めたのである。

　すでに述べたように、20世紀になると、「進化」の概念に代えて、「機能」という概念に基づいて、文化が新たに定義されるようになった。マリノフスキーは、「文化とは、社会を構成する個人の基本的欲求や必要を充足させるための機能を果たすもの」と捉えて、文化は、人びとの欲求や必要を満たすものであると唱えた。

　アメリカでは、1920年代にフランツ・ボアズ（F. Boas 1858-1942）が、「文化とは、物質や具体的な行為の総合体ではなく、それらを理解可能なものとする枠組みやルール、記号の体系である」と定義した。ボアズにとって、文化は人びとの理解の仕方に関わるものであった。また、ボアズは文化の違いとは、その進化の度合いによる違いではなく、その社会の固有性に関わるものであり、ある文化を他の文化の基準に照らして「進んでいる」とか「遅れている」とみなしたり、「高い」「低い」などの判断を下したりすることはできないと主張した。異文化に対するこのような態度は、「文化相対主義（Cultural Relativism）」と呼ばれ、後の文化人類学の異文化理解の基礎となる。

その後、1970年代になって、文化を解釈するものと捉えたのが、アメリカの文化人類学者クリフォード・ギアツ（C. Geertz 1926-2006）である。ギアツは、「文化とはテキストの集合体であり、象徴と意味の体系である」と定義した。「人間は、みずから紡ぎだした網の目に支えられた動物であり、文化とは、そのような網の目である」と捉えた。

　そのことをふまえて、ギアツは、文化人類学は、文化の意味を探求し、解釈するための学問であると主張した。なじみの薄い異文化に赴き、現地の人びととの密接な関係を作り、広範な「文化」の知識を手に入れて、「厚い記述（thick description）」に基づく民族誌を書くことが、文化人類学者の仕事である。ギアツは、マリノフスキー以来のフィールドワークをもとに民族誌を書くという作業をベースにしながら、異文化の解釈を目指したのである。ギアツの人類学は、解釈人類学と呼ばれる。

再帰人類学

　ギアツの解釈学的な文化の定義以降、1980年代になると、アメリカにおいて、文化人類学の中心的作業は、文化を書くことであるという認識が次第に高まっていった。そうした中、ジェームズ・クリフォード（J. Clifford 1945-）とジョージ・マーカス（G. E. Marcus 1943-）は、1986年に、『文化を書く』という論集を編んで、文化を書くことそれ自体を再検討しようと試みた。文化人類学は、ポストモダン人類学の時代へと突入する。

　そのような文化人類学の流れに大きな影響を与えたのが、1978年に、アメリカの文学批評家エドワード・サイード（E. W. Said 1935-2003）によって書かれた『オリエンタリズム』である。サイードによれば、欧米人は異文化としてのオリエント（この場合「中東地域」）の文化を固定して表象してきた。その意味で、オリエントの文化は、オリエントにとっての他者（西洋）によって勝手につくり上げられたイメージに他ならないと、サイードは唱えたのである。

　『オリエンタリズム』以降、文化人類学者は、異文化の表象をめぐる問題を自らに引き受けるようになる。それに加えて、「文化」の背景に支配と被支配の関係（権力関係）があることもまた、次第に暴きだされるようになっ

ていく。そのような学問の趨勢は、ポストコロニアルと呼ばれる。

　文化概念の再検討を試みたクリフォードによれば、これまでの文化概念では、文化は、「文化＝土地」という図式の下に捉えられてきた。それを転換し、「文化≠土地」という図式に置き換えれば、文化に関してより豊かに語ることができるとクリフォードは唱える。「移民の文化」は、土地に根ざした文化観念では捉えることができないからである。また、彼は、文化や伝統を昔から伝えられてきた実体として捉え、西洋化、近代化、産業化されることによってそれが消滅していくという「消滅の語り」に代えて、文化や伝統はつねに創造されていくものであり、新たな部分を吸収していくものであるとする「生成の語り」によって、文化を語りなおすべきであるとも主張した。

　ポストモダン的な考え方が広がり、ポストコロニアルを含む問題が論じられた時代は、文化人類学者が自らの学問を反省的に捉え返す「再帰人類学」の時代であったということができる。異文化の記述は、部分的な真実でしかなく、文化人類学者が異文化を一方的に表象する点において、19世紀的な植民地主義の宗主国と植民地の間の権力関係を再生産し続けている。こうした自己批判的な議論が盛んに行われるようになり、文化人類学は、調査者の態度やその背景にあるポストコロニアルな構造をめぐる問題検討の袋小路に入りこんでいった。

人類学の静かなる革命

　こうした閉塞状況を打開したのが、レヴィ＝ストロースの弟子筋にあたる文化人類学者たちであった。レヴィ＝ストロースの著書『悲しき熱帯』の最終章で述べられている「世界は人間なしに始まったし、人間なしに終わるだろう」という表現は、人類以前と人類以後の世界の両方を視野に入れた、壮大な文化人類学の構想であった。その問いの中に哲学的・人類学的なテーマを見出したのが、フィリップ・デスコラ（P. Descola 1949-）やエドゥアルド・ヴィヴェイロス・デ・カストロ（E. Viveiros de Castro 1951-）といった、文化人類学者たちであった。彼らは、南米先住民社会におけるフィールドワークに基づいて、レヴィ＝ストロースが提起した自然と人間や主体化の問題系を深化させ、今日の文化人類学の新たな潮流をつくり出した。

ヴィヴェイロス・デ・カストロは、人間と自然がつくり出すダイナミズムに着目して、自然が単一であるという既存の概念装置を覆して「一つの文化、多数の自然」から成る「多自然主義」的世界の存在と可能性を高らかに宣言した。それは、「一つの自然、多数の文化」という、現代世界の土台ともなっている西洋近代の概念に揺さぶりをかける大きなインパクトを与えた。

　文化人類学は、文化の表象を取り上げる学問から、次第に、諸事象から生みだされる「存在論」的現実の探究へと転換を図ってきている（Lesson 4参照）。デスコラやヴィヴェイロス・デ・カストロをはじめ、マリリン・ストラザーン（M. Strathern 1941-）、ブルーノ・ラトゥール（B. Latour 1947-）らの文化人類学は、かつての再帰人類学の閉塞を打ち破る可能性を秘めた「静かなる革命」であるといわれる。そうした流れの先にいるのは、エドゥアルド・コーン（E. Kohn 1968-）である。後述のようにコーンは「人

COLUMN ② デスコラとヴィヴェイロス・デ・カストロ

　デスコラは、1970年代にエクアドルのアシュアル社会でフィールドワークを行い、アシュアルが動物や栽培植物との関係を親族関係のネットワークで捉え、人間と自然のインターフェイスとしての森林生態系を築いてきたことを明らかにした。デスコラはその後、人間と自然、主体と客体、自己と他者の関係のあり方を、〈内面性〉と〈身体性〉の連続性と非連続性の観点から取り出すための「同一化の様式」という見取り図を提唱し、「自然主義」「類推主義」「トーテミズム」「アニミズム」という四つのモデルがありうることを示した、民族誌の比較考察へと結び付けた。

　他方で、ヴィヴェイロス・デ・カストロは、1970年代から80年代にかけて、ブラジルのアラウェテ社会などでフィールドワークを行い、アメリカ大陸の先住民が、身体を起点として視点の多様性によりながら世界を築き上げているとして、主客をあらかじめ分割して考える西洋哲学に対して、「パースペクティヴィズム」を概念化した。そのことにより、主体の多元性は視点によって決定されるものであり、捕食者と餌食の関係なども固定されたものではなく、逆転されうるものであるという見方が可能になる。

　デスコラが自然と人間の二元論の発生条件を追究したのに対し、ヴィヴェイロス・デ・カストロは二元論の前提である自然の単一性を覆そうとしたという違いはあるが、非西洋社会の「存在論」についての彼らの議論は、レヴィ＝ストロースが立てた、自然と人間の断絶をめぐる問いを継承し、発展させたものだと見ることができる。

間的なるものを超えた人類学」を提唱し、人間性の外側から人間のありようを照射する新たな文化人類学を構想している。

❻ おわりに

「我々はどこから来たのか　我々は何者か　我々はどこへ行くのか」（図1-3）は、ポール・ゴーギャン（P. Gauguin 1848-1903）が1897年から98年にかけて、タヒチで描いたものである。はたして、人間はいったいどこから来たのか、何者なのか、そして、どこへ行くのかだろうか。それは、人間を探究する文化人類学の標語のようなものでもある。

文化人類学は今日ふたたび、人間をめぐる大きな問いに向き合い始めている。それは、文化人類学の問いというよりも、文化という冠を外した人類学をめぐる問いに深く関わるものである。人間の学としての人類学の課題の一つは、大航海時代以降の人類のあり方と異文化状況や、ホモ・サピエンスの誕生以降のこの20万年くらいのスパンでの人間の暮らしなどを大きく超えて、「種」としての人間を、より大きな生命現象の枠の中に位置づけることに関わっている。その点を考えるうえで、地球環境を悪化させているのが、種としての人間であるという見方を示す「人新世（anthropocene）」という新たな地質年代区分の提唱が、手がかりを与えてくれる。

地質年代の区分では、現在は、新生代のうち、今から1万1700年前に始まった「完新世」に位置づけられる。しかし、人類の地球生態系への影響が拡大

図1-3　ゴーギャン「我々はどこから来たのか　我々は何者か　我々はどこへ行くのか」

していることに危惧を抱いた大気化学者パウル・クルッツェン（P. Crutzen 1933-）らは、2000年以降に、その地質年代区分に代えて、人新世という新たな地質年代区分を提唱するようになった。クルッツェンらは、大気中のCO_2濃度が上がり始めた18世紀末を人新世の始まりとしているが、人口が急増し、核兵器が開発された20世紀半ばをその始まりとする研究者もいる。気候変動、海洋の酸性化、生物多様性の喪失などの人間が地球環境にもたらした劇的な変化が顕在化してきた過程で、人類をそれほど強力な存在としていいのかという意見もあるが、いずれにせよ、地球が誕生して47億年、生命が出現して37億年の間に、単一の種で地球環境に大きな負荷を与えた生命体は他にいない。

　人新世を視野に入れるならば、人間による生物種の消失、人間そのものの絶滅などを含めた「絶滅」が視野に入ってくる。絶滅とは、なんらかの原因で生物種が絶えてしまうことである。地球が誕生してから、これまでに5度の大絶滅があった。今から4億4000万年前のオルドビス紀末の氷河期には海面が上昇して、85％の生物種が絶滅したと考えられている。約3億7400万年前のデボン紀末にも、82％が絶滅し、約2億5000万年前のペルム紀末には、火山活動の活発化による二酸化炭素の急増により、90〜95％の生物種が絶滅したとされる。三畳紀末の1億9960万年前にも76％、6500万年前の白亜紀末には、地球上の恐竜が絶滅している。人間による地球環境破壊がこのまま進めば、2100年までに全生物種の半分が絶滅するという予測もある。

　核による惨禍、小惑星の衝突などが地球上の生物種を絶滅に追いやるかもしれないし、人間による地球環境への過剰な負荷が原因で、他の多くの種を道連れにして、地球上から人間は姿を消すかもしれない。そのようなシナリオを想像し、人間がいなくなった後の地球の様子を描いたのが、アラン・ワイズマン（A. Weisman 1947-）の『人類が消えた世界』である。ワイズマンによれば、人類が消滅した数日後には、排水機能が統御できなくなり、ニューヨークの地下鉄は水没する。2〜3年後には下水管やガス管が破裂し、舗装道路から草木が芽吹く。5〜20年後には木造住宅やオフィスビルが崩れ、落雷により町は炎に包まれる。ニューヨークは500年後には森に覆われ、1万5000年後には氷河に呑みこまれる。

Lesson 1　文化と未来◎021

人類のいなくなった地球のシミュレーションからわかるのは、現在の世界が自然の力を抑える人間の努力や工夫によって成り立っていることである。ニューヨークのジョージ・ワシントン橋の塔のてっぺんでは、毎年ハヤブサのヒナが孵る。海上に吊るされた鉄の窪みには、雑草やニワウルシがたくましく繁茂する。鳥の糞は植物の種を捕らえて芽吹かせ、ペンキを溶かしてしまう。橋の破壊を防いでいるのは、それを管理する人間なのである。人間のつくり出した構築物の維持に対する人間の力は、その意味で、絶大である。

　他方で、来るべき人類の絶滅の危機を視野に入れて、ポストヒューマニストたちは未来の人間を夢想するだけでなく、現実化させようとしている。彼らが企てるのは、人間の精神を電子回路に伝達するソフトウェアを開発して、仮想空間を植民地化することである。2045年には、シンギュラリティ（技術的特異点）を超えて、人工知能が人間を超えることが予測されている。人間の脳内の全てのデータがコンピューターの中にアップロードされる時、人間が電脳空間に移住し、身体を持たない不死の意識体が現れる。それが、人間以降に出現する人間、ポストヒューマンの可能性に他ならない。

　人類絶滅の可能性が考えられる現在、はたして、人間に未来はあるのだろうか。人間はいったい、これからどこに向かって行くのだろうか。また、人類学が、刻々と変わりつつある人間をめぐる課題に対して敏感になり、焦点を合わせるようになれば、人類学は今後どのようなものへと変貌を遂げていくのだろうか。文化人類学はもはや、文化を持つ人間だけに照準をあてる学問ではない、人間以上の人間に関わる知の領域なのである。

　コーンは、エクアドル東部に暮らすルナ社会での長期のフィールドワークを行って、考えることを人間だけに限定することから解き放ち、人間以外の全ての存在に対しても当てはめて、非人間を主体として「森は考える」という見方を提示して、民族誌を書いた。未来の人類学のあり方を見据えるならば、人類の外側から人間について考察する「人間的なるものを超えた人類学」が、いよいよ現実味を帯びてくるように思われる。

■参考文献

○青木恵理子（1993）「人間と文化」波平恵美子編『文化人類学』医学書院.

○ギアツ，クリフォード（1987）『文化の解釈学 1』，吉田禎吾他訳，岩波現代選書.

○クリフォード，ジェイムズ／マーカス，ジョージ編（1996）『文化を書く』，春日直樹他訳，紀伊國屋書店.

○コーン，エドゥアルド（2016）『森は考える——人間的なるものを超えた人類学』，奥野克巳・近藤宏監訳，近藤祉秋・二文字屋脩共訳，亜紀書房.

○サイード，エドワード・W（1993）『オリエンタリズム』上・下，今沢紀子訳，平凡社.

○須藤健一（1989）『母系社会の構造——サンゴ礁の島々の民族誌』紀伊國屋書店.

○ダグラス，メアリー（1972）『汚穢と禁忌』，塚本利明訳，思潮社.

○デイヴィス，ウェイド（1998）『ゾンビ伝説——ハイチのゾンビの謎に挑む』，樋口幸子訳，第三書館.

○波平恵美子編著（1993）『文化人類学（カレッジ版）』医学書院.

○西本太（2011）「フィールドワークと文化人類学——人類学者はどのように調査を進めるのか？」『文化人類学のレッスン——フィールドからの出発〔増補版〕』学陽書房.

○松田素二（2003）『呪医の末裔——東アフリカ・オデニョー族の 20 世紀』講談社.

○レヴィ＝ストロース，クロード（1977・1978）『親族の基本構造』上・下，馬淵東一・田島節夫監訳，番町書房.

○レヴィ＝ストロース，クロード（2001）『悲しき熱帯』I・II，川田順三訳，中公クラシックス.

○ワイズマン，アラン（2008）『人類が消えた世界』，鬼澤忍訳，早川文庫.

○ Bohannan, Laura（1966）"Shakespeare in the Bush. An American anthropologist set out to study the Tiv of West Africa and was taught the true meaning of Hamlet." *Natural History*, 75, pp.28-33.

■推薦図書

○ヴィヴェイロス・デ・カストロ，エドゥアルド（2015）『食人の形而上学
――ポスト構造主義への道』，檜垣立哉・山崎吾郎訳，洛北出版.

○内堀基光・山下晋司（2006）『死の人類学』講談社学術文庫.

○岡田浩樹・木村大治・大村敬一編（2014）『宇宙人類学の挑戦――人類の未
来を問う』昭和堂.

○『現代思想（2016 年 3 月臨時増刊号） 人類学のゆくえ』青土社.

○野田研一・奥野克巳編著『鳥と人間をめぐる思考――環境文学と人類学の
対話』勉誠出版.

○長島信弘（1972）『テソ民族誌――その世界観の探求』中公新書.

○マリノフスキ，ブロニスラウ（2010）『西太平洋の遠洋航海者――メラネシ
アのニュー・ギニア諸島における，住民たちの事業と冒険の報告』，増田義
郎訳，講談社学術文庫.

■参考 URL

○小田マサノリ「もう一つのワールドカップ：文化人類学解放講座」
http://illcomm.exblog.jp/11429939/（2017 年 1 月 23 日閲覧）

Lesson 2

フィールドワークと文化人類学

「民族誌する」とはどういうことか？

梅屋 潔

❶ はじめに

　「文化人類学」を研究している、というと、「いったい何ヶ国語を喋れるのですか？」とか「何ヶ国ぐらい行ったことがあるのですか？」とたずねられ、答えに窮することが多い。言語や文化の単位は、近代国家の枠組みと一致しない。私の調査地は近代国家の枠組みでいえば「ウガンダ共和国」にあるが、「ウガンダ語」という言語は存在しない。訪れたことがある国もそれほど多くはない。人類学者の調査は、定点観測と呼ぶのがふさわしいかもしれない。私の場合も飽きもせず1997年からずっとウガンダ東部の同じ村に通い続けている。文化人類学者は、ある特定の社会の民族誌を書くことを目的として、言語を学び、その社会に住み込み、生活する。その期間は標準が2年間。このフィールドワークの期間の長さは、しばしばその結果世に送り出される「民族誌」の品質保証のひとつの基準とされる。大学によっては、一定期間の海外フィールドワークを経なくては、大学院生の博士論文の執筆や提出を認めていないところもあると聞く。

　標準2年間のフィールドワークを行う現場を多数持つことは困難だ。周囲を見回しても過去の人類学者の仕事をみても、自分自身では多くて三つぐらいのフィールドワークしか一生に遂行できない。ということは、それ以外の地域については一次資料を自ら手にすることは期待できないから、他人が書いた民族誌を読んで判断するほかない。つまり、他の文化人類学者が書いた民族誌を信頼できる情報源として受け入れるしかない。

　そういう意味では、人類学者といえども、分類の仕方によっては何千とも

何万とも細分化しうる文化や社会の中で、一次資料に基づいて語れるのはほんの一握り、という点では他の読者とあまり変わらない。民族誌を「書く」ことが人類学者の主な仕事であったとしても、それを「読む」営為は、広く開かれたものである。

ティム・インゴルド（T. Ingold 1948-）は、2007年のラドクリフ＝ブラウン記念講演で、民族誌と人類学とを区別して考えるべきだと訴えた。インゴルドは、教室の中での学生の議論を排除することは、フィールドの現地の人びとの声を排除することとかわらないほどの構造的な問題だ、と述べて、立場を問わず誰でもが参加でき、関与・参与できるものとして人類学を構想しようとした。

インゴルドが意図していたのは、個別社会の記述——つまり民族誌——に埋没して比較を行おうとしない傾向への批判ではあったが、ここでは、個別社会についての集中的な記述を「民族誌」と呼ぶこと、そして彼が「『民族誌』と人類学は別物だ」「民族誌を書くには方法論があるが、民族誌は方法論ではない」という趣旨の批判をしなければならないほど、両者が密接な関係を持っていること、その二つの事実を確認しておこう。そして何より「民族誌」を読む、ことが最も身近で、しかも正当的な文化人類学を学ぶ「方法」である、ということを強調したいと思う。アメリカの文化人類学者クリフォード・ギアツ（C. Geertz 1926-2006）は、「民族誌する」（doing ethnography）という表現を好んで用いた。このことは単に民族誌を書くために調査すること、書くことを意味するのではない。別の民族誌的事実を参照しながら比較検討すること、解釈に解釈を重ねることを総合的に含んだ営為である。

それでは何を読めばいいか。Lesson1のコラム1では、おすすめできる民族誌が紹介されている。それをふまえたうえで、より広く民族誌を読んでみたい場合には古典がおすすめである。時を超えて定着した価値と定まった評価がある文化人類学の古典については、『文化人類学の名著50』（綾部恒雄編）などガイドブックはたくさんある。

本章では、「民族誌」の舞台裏ともいうべき、「民族誌」を書くプロセスを具体的に紹介する。民族誌を正しく読むためには、その民族誌のもととなったフィールドワークがどのように行われるものなのか、舞台裏を多少なりと

も知ることは、役に立つはずと考えてのことである。まず、学習者がフィールドワークや民族誌とどのように関わるのか、その関わり方について議論する。続いて近代人類学のスタンダードとなったフィールドワークのやり方を典型とする「民族誌」する方法を紹介し、それを目指した個別事例として、私がウガンダで行っているフィールドワークについて紹介する。そして何よりも「民族誌」を読んで考えることが人類学的な議論への普遍的な関わり方であることを訴えたい。

❷いくつかの方法と関わり方

　文化人類学にとって、方法という時、大きく２種類の極を考えることができる。第一に、その分野の専門家として研究を進める場合のフィールドワークに代表される方法であり、その中心は民族誌の作成とその分析に関わっている。これは、期間も費用もかかることが多く、誰もができるものではない。一方で、その方法で作成された民族誌を検討すること、他人の書いた民族誌を読むこと、これは書斎や居間ですぐにできる。

　実際には、両者の極の折衷案として第三に、身近なところで期間としても装備としても小規模な（国内で、日常的な場所から遠く離れるわけではなく、典型的な異文化はあまり登場しない）フィールドワークをやってみる、という場合がある。

　しかしながら、このいずれの方法をとるにせよ、専門的人類学者がどのようなフィールドワークを行っているのか一度は考えておくことが有用であろう。この専門的フィールドワークという方法は、少なくとも草創期には、大変なパイオニア的大事業の側面を持っていたことは事実である。しかし現在は、それらは、大学の教育課程の中に埋め込まれ、その成果として数多くの古典的民族誌が私たちの前に利用可能なものとして出版されている。どこまで専門的にこの分野に関わろうとするのか、自分なりの関わり方と距離感を持っておけばいいだろう。人類学的議論の多くを、長期調査を経た一部の専門家集団による、敷居の高いものにしてしまう必要はない。近代人類学は、専門化によってその方法を確立してきたことは事実だが、人類学的な「知」

Lesson 2　フィールドワークと文化人類学◎027

はそうした狭い範囲に限られないことに留意しておくことは重要である。

❸「民族誌する」（doing ethnography）

「民族誌」（ethnography）はもともと、ギリシャ語の ethnos（ポリス都市国家外部に住む人びと）と graphein（書く）の合成語である。ここからは、「（自分たちとは異なる）人びとについて書かれた書物」という意味を汲み取ることができる。

自分が所属していない社会や文化への関心は、人類が社会や文化を持ち始めた頃からのものである。だから「民族誌」は、長い歴史を持っているジャンルであるともいえる。たとえば、「民族誌の父」とも呼ばれるヘロドトスの『歴史』や、カエサルの『ガリア戦記』などには、非常に注意深い異民族の生活や慣習への観察とその結果としての緻密な記述をみることができる。日本についても、文字で書かれたその文化についての最古の記述が、その文化に属さない「他者」によって書かれたものであることは、重要だ（『魏志倭人伝』。著者は西晋の陳寿とされる）。また、マルコ・ポーロやイブン・バットゥータの紀行文なども、いずれも「民族誌」の先祖といっていい。

今日では、人類学的に厳密な意味での「民族誌」は、「ある社会における文化的に有意な行動の記録と記述」であると考えられている。そのような意味での近代的な民族誌とそのもとになる専門的フィールドワークについては1922年にマリノフスキー（B. K. Malinowski 1884-1942）が『西太平洋の遠洋航海者』を出版した時をひとつの画期として認識されている。当時、すでに『ノーツ・アンド・クエリーズ』というマニュアルが改訂を重ねており、マリノフスキーもそれを携えていた。しかし、彼の方法にはそれまでの研究者と決定的な違いがあったとされている。

イギリス・グラナダ社の社会人類学の映像教材『海外に出た異人』は、これを「ベランダの外へ」という比喩で表現している。すでに一世代前にリヴァーズにより、「広域調査」（survey work）と「集中的調査」（intensive work）とが区別されており、後者は、人口規模400〜500人程度の村に1年ないしそれ以上住みつき、対面状況下で現地語を用いて生活文化の詳細を

COLUMN ① マニュアル本『ノーツ・アンド・クエリーズ』

　長らくイギリス人類学の調査のスタンダードとなる『ノーツ・アンド・クエリーズ』。現在もオックスフォード内の博物館の名称として記憶されるピット＝リヴァーズや、ハッドン、ゴルトンらが編集したこのハンドブックの初版は1874年に刊行された。その初版には、「旅行者や文明化されていない地域に住んでいる人のために」と副題がつけられており、日本で見ることができる第2版では、表紙に定規がついており、現地で収集した物の大きさをはかることができるようになっていた。持ち運びやすいハンディ版である。それぞれの項目も「博物学」的な「標本採集」に資するよう構成されている。第一部「人類誌」の全て、総頁数にして3分の1ほどは解剖学的・生物学的な記述に割かれていた。第二部が「民族誌」であった。人類学の父、と称されるエドワード・タイラー（E. B. Tylor 1832-1917）は、第二部のうち、「火」「発明」「変容」「保守主義」「書くこと」「宗教、フェティシズムなど」「神話学」「迷信」「呪術とウィッチクラフト」「道徳」「語源学」「言語」「詩」「歴史」「算数」を担当し、フレイザー（J. G. Frazer 1854-1941）も『トーテミズム』を執筆している。このマニュアルに基づく報告は1872年から発刊された『人類学協会雑誌』を主な発表媒体として公表された。以後第6版（1951）までは、このマニュアルの改訂がイギリス社会人類学のフィールドワークと民族誌の水準を示すものとなった。

　フレイザーは1887年に「未開あるいは半未開民族に見られる風習・慣習・宗教・迷信などに関する質問」と題する小冊子を独自に印刷し、宣教師、行政官、旅行家に配布した。この時代の「民族誌」資料は、直接観察や直接の対話によって得ることにあまり重く価値が置かれていなかった。情報の出所は、宣教師や行政官、旅行家など、誰であれ実際にその場に行って資料を収集することができる人間ならよかったのである。その意味ではこれらの「民族誌」資料は、つねに断片的であった。これらの項目に準じていかに効率よく文化要素を解体して処理し、進化図式に基づいたそれぞれの進化段階のしかるべき場所に分類するかが重要視されたのである。

　19世紀末になって「民族誌」の対象は「人類」「民族」と次第に決まってきたものの、その調査方法について決定版といえるものはなかった。『ノーツ・アンド・クエリーズ』はその標準化の試みのひとつである。特にリヴァーズによって考案された「系図法」（Lesson1参照）についての記述は、1912年に刊行された第4版から追加されたものだが、その後の人類学を方向づけた。

　近代人類学のフィールドワークを確立したマリノフスキーは、誰にでもできるマニュアルよりも専門家にしかできない名人芸の部分を大切にした。『ノーツ・アンド・クエリーズ』の改訂にもさほど協力的ではなかったようで、1929年刊の第5版には意見を寄せたが、執筆はしなかった（執筆陣にはハッドン、マレット、シャピーラがいた）。マリノフスキー没後の1951年のセリグマン夫人の編集による、ラドクリフ＝ブラウン（A. R. Radcliffe-Brown 1881-1955）やエヴァンズ＝プリチャード（E. E. Evans-Pritchard 1902-1973）らが執筆した第6版をもって、このマニュアルは役割を終え、1971年を最後に、再版されていない。いわゆる古典的民族誌の網羅するトピックを知るためには第6版の章立てを見るのがよい。

Lesson 2　フィールドワークと文化人類学◎029

研究すること、と規定されていた。理論を構築する「アームチェアー」の専門家と調査者の分業体制も解体されつつあった。

　マリノフスキーの認識では、従来のフィールドワーカーは、自らは快適な宿泊施設に宿泊し、そのベランダにインフォーマントを呼び、多くは通訳を介したままであらかじめ準備された形式的質問をして、回答を録音・記録する作業をしているに過ぎなかった。「ベランダの外へ」出たマリノフスキーは、現地人たちの村にテントを張り、その中に住んだ。そして現地語を学び、数年かけて獲得したその運用能力を持って、生活の中に参与し、そこで観察したことを資料として蓄積したのだった。マリノフスキーは自分が実践したことをそのままその後の専門的人類学者に要求されるべき標準的なこととして提唱した。彼が提唱し、その教え子たちに伝授したポイントは以下の4点に集約される。

①現地における長期の参与観察法によってデータを収集する。

　季節の移り変わりなども考慮して2年間以上を標準とすること。またこの期間は、「ラポール」（信頼関係：rapport）構築のためにも必要である。フィールドの人びとの生活に入り込む。その初期にはいわゆるホームシックやカルチャー・ショックも含め、彼我の「当たり前」がコンフリクトを起こすことが多い。多くはつらい経験を克服したうえで、自らの属していた文化とは異なったコンテキストを見出すことができる。ひとたび関係ができた社会を継続的に訪問し、追調査を行うことで理解を深めることができる。このことにより、最初に見聞した出来事が、毎年のルーティンなのか、その年だけのイレギュラーなのかも見極めることができる。

②通訳を頼りにすることなくインタビューなどを遂行し、情報を得ることができるような現地語の運用能力を習得すること。

　現地語で生活し、質問する。言語によって認識がある程度規定されるならば、研究の出発点としても鍵概念としても現地語の概念を重視することを意味する。

③現地の人びととの信頼関係、ラポールを確立すること、そして調査目的をよく理解してくれる情報提供者、インフォーマント（informant）がいること。

　このことが調査成功のカギである。モーガンにとってのエリー・パーカー、

ボアズにとってのジョージ・ハント、グリオールにとってのオゴテメリやターナーにとってのムチョナなど、卓越した知識を持ったインフォーマントとの遭遇によりその後の調査が一変するという現象はよく報告されている。

④現地社会の構成員として受け入れられること。

「調査する側」「調査される側」という非対称的な関係ではなく、調査という関係を離れてインフォーマントと研究者が交流することが理想である。現地の人びとの養子、年齢組や世代組（あれば）の一員、義理の父親・母親、義理の息子・娘など、現地の社会の構成員のひとりとして権利義務関係に位置を得ることも重要である。そのためにも、「ベランダの外」で、彼らの住む村で暮らすことにマリノフスキーは徹底してこだわったのである。

また、マリノフスキーは調査の段階を三つに分けている。第一に、文化の

COLUMN **2** マリノフスキーのフィールドワーク

マリノフスキーのあげたポイントがいちいちもっともなことであることは、自分の身に置き換え、「調査される側」の身になってみればよくわかるはずだ。もしあなたの隣の家（部屋）に突如見も知らぬ異人が住みついたとしよう。その異人がある日、あなたの自宅を訪れたとする。通訳を連れている。自分にはわからない言語で質問をまくしたて、通訳によってその質問が日本語に翻訳されたとしよう。いわく「あなたのお名前と年齢、それから結婚しているかどうか、あとお父さんとお母さんは存命かどうか、兄弟や姉妹は何人いるのか……」、典型的な質問項目だが、ほとんどが個人情報であるから、あなたは怪しむ。あなたはまじめに調査に協力してあげられるだろうか。私なら10分もたたずにお引き取り願うだろう。

しかし、その異人は、あきらめなかった。数日後通りですれ違うと、学びたての日本語で挨拶をしてくる。さらに、数ヶ月その隣に住みつき、聞くところによれば2年ほどは滞在し続けるのだという。あなたの所属する大学の客員研究員か何かで来ているらしい。家族制度をはじめとして日本の文化について知りたいのだ、という。観察していると日曜日の町内会の行事である公園の草むしりにも参加して協力するし、ゴミの分別もきちんとしているようだ。再度その異人の訪問を受けたら、どうだろうか。下手だが質問は習いたての日本語だ。あなたは今度は、すぐには追い返さないかもしれない。すでに目的もわかってきたし、身元もはっきりしてきた。日本社会に溶け込もうと、地域社会のルールも守っている。ちょっとは協力してあげよう、という気も起きてこようというものだ。

Lesson 2　フィールドワークと文化人類学◎031

骨格をなす諸制度、諸規範を明らかにする「具体的な証拠による統計的資料作成」。第二に、骨格に肉をつけ、血を通わせるための「実生活の不可量部分」（大切だが、はかることのできない実質）を得ることによって制度や規範の動き方（機能）を解明する。第三には、「血肉のかよった人間」に魂を吹き込む、つまり、制度や規範に対する住民の意味づけ、価値観を調査する。

　これらの調査でマリノフスキーは、アンケート調査や形式的資料、あるいは構造的な質問に対する回答からは得ることができない資料を蓄積し、「民族誌を風習の諸項目の博物館的研究から行動の体系としての社会学的研究に変えた」として高く評価された。以降最も簡便な民族誌の水準に関わる判定は、上記の基準が満たされているかどうか、で問われることが多くなった。いわく「調査期間が短すぎる」「現地語の運用能力が怪しい」「現地に滞在していないのではないか」「現地人に仲間として認識されていないのでは」「現地人の立場になることができていない」などが、「民族誌」の品質保証を問う際に行われることもしばしばである。このようなマリノフスキー式の調査は、それまであった質問項目や質問紙の調査を駆逐して人類学の中で主流となった。

　マリノフスキー式の調査は、マニュアル式から専門化した側面も持っている。このことは一面では「職人芸」の世界にフィールドワークを閉じ込めたようにも思われるかもしれない。人類学のフィールドワークが「一点物」で、他の人類学者と同じではない、という事実は打ち消しがたいものである。このフィールドワークの経験というものは、ある時までは開示されることがほとんどなく、「民族誌家の魔術」として秘匿されがちであった。『フィールドワーカーズ・ハンドブック』（日本文化人類学会監修）の中で、森山工は、「フィールドデータの整理と統合」「フィールドワークと作品化」において自らの体験に基づいていかに民族誌するか、そのプロセスを丁寧に紹介してくれている。いわば民族誌家の魔術の種明かしをしてくれているわけだ。この森山の論文、特に「フィールドワークと作品化」は、一読をすすめたい。

032

❹「民族誌」の現在

　今日のフィールドワークでは、使用する機材や対象、そして調査協力者や調査対象者との関係も変化している。「調査される側」「調査する側」は、かつてのように隔たったものとは認識されなくなった。また対象となる「民族」を一枚岩のように表象することが妥当とも思えなくなってきた。かつては「調査地」だった地域からも「通訳」や「助手」だけではなく民族誌を自ら書く研究者たちが登場し、教える立場にもなってきている。エドワード・サイードの提唱する『オリエンタリズム』によって提起された「表象する側」「される側」というディスクールの権力構造に意識的な立場から、多くの自省的な議論も生まれたが（Lesson1 の 5 節「再帰人類学」参照）、スタンレー・タンバイア（S. J. Tambiah 1929-2014）、ガナナート・オベーセーカラ（G. Obeyesekere 1930-）など、この分野を代表する知性が非西洋から現れることも多くなっており、この二分法の有効性も疑ってかかる必要がある。

　80 年代によく読まれた『文化を書く』『文化批判としての人類学』という 2 冊の論集が、こうした議論に拍車をかける役割を果たした。マリノフスキーがトロブリアンド諸島民に出会った時に叫んだ「ユリイカ！　彼らの文化を記述し、創造するのは私だ」というような感情は、いまや民族誌の対象となる全ての住民が近代国家の構成員であり、OPEC や ASEAN などといったかたちで国際社会を構成している側から見れば、僭越なだけではなく現実を反映しているとはいえないことはいうまでもない。現在では現地の人びととSNS で「つながって」いる場合もあり、相互の関係はより一層密になってきている。

　しかしいつになっても「理解」と「立場」の問題は残る。これらの問題は、時代の変化（特に東西冷戦の崩壊とインターネットなどのメディアの発達）により一層可視化されてきたものではあるが、原理的にはフィールドワークと民族誌に内蔵されているものである。岩田慶治は、フィールドワークのプロセスを「とびこむ・近づく・相手の立場に立つ・共に自由になる」という創造の過程として構想していた（『創造人類学』1982 年）。そこにはつねに「相手」に対する想像力があった。和崎洋一は、一方的にものごとを乞われる「ニ

Lesson 2　フィールドワークと文化人類学◎033

ペ」から、相談を含む「シーダ」、相互に雑談する「オンゲア」、こちらから
も頼みごとをすることができる「オンバ」、そして共同体の決定にまで参加
できる「シャウリ」といった5段階に分けて表現した。これは「対話」が一
方的な段階から、双方向へ開かれた次元へと発展するさまをみごとにいい当
てているものである（和崎洋一『スワヒリの世界にて』1977年）。地球規模
での移民や移動を想定して「マルチサイト民族誌」を構想する研究者もいれ
ば、SNSなどをヴァーチャルな「社会」と考えて研究対象として選ぶなど、
フィールドワークの場所や対象もツールも変化を遂げてきた。地続きの地球
を共有する同時代人として、いかに民族誌に登場する人物たちの共感をも得
られる、同時代性を維持した相互浸透とコンヴィヴィアリティ（饗宴）を確
保したかたちで民族誌が展開していくかが今後の課題であるといえよう。コ
ンヴィヴィアリティはイヴァン・イリイチ（Ivan Illich 1926-2002）の用い
た鍵概念で、共同性を担保しながら、非対称的な人間関係に陥らないひとつ
のあり方として構想されている。

調査に用いる機材について

　ギアツがマリノフスキーのファースト・プロダクトだったエヴァンズ＝プ
リチャードの民族誌を「スライド・ショー」という比喩で表現したように、
スライドを見せながら現地の様子を語るのが民族誌的な報告の典型だった時
代もあった。しかしアカデミックな場での主役はあくまでもロゴス、すなわ
ち言葉や文章であった。マリノフスキーの時代からずっと長い間、フィール
ドワークといえばメモを取るノート、（英語圏では）タイプライター、録音
機器、写真機ぐらいが標準的な装備であり、中でも文字に関わる部分が主役
だった。写真などは、現地生活を知るあくまで補足的なものと考えられるの
が普通だったのである。技術的な変化は主に通信面と、画像などの質及び保
存・公開の技術に関わっている。現在では、おそらく多くの人が、フィール
ドワークに小型コンピューターを持参するだろう。それには無線LANがつ
いていて、現地や自国との関係を継続したまま調査を行う例が増えている。
地域によっては都市ではWi-Fiがフリーで飛び回り、全てが有料で管理され
る日本よりもネット環境はいいくらいである。現在では、アフリカのサバン

034

ナでもメモの代わりにPCに入力したりする例もある。帰国しても同様で、現地の人びととネット回線を通じてコミュニケーションをとることができる機会が飛躍的に増えた。現在ではフィールドワークに小型で簡便になったデジタルビデオカメラを持参する研究者も少なくない。思い起こせば、スペンサーやボアズなど、先達たちのフィールドワークでもその時どきの最新鋭の録音・録画機材が用いられていたのである。

フィールドで得られた画像や動画は簡単にインターネットで複製されたり共有されたり公開されたりするようになり、かつての人類学者たちの撮影した古い写真もアーカイブ化して閲覧することができるようになった。たとえばピット＝リヴァーズ博物館のホームページをみるとエヴァンズ＝プリチャードやゴドフリー・リーンハート（G. Lienhardt 1921-1993）などイギリス社会人類学の伝説上の人物たちが撮影した写真群をみることができる。こういった環境が整うと、そうした画像や映像が主役になることも増えてきた。いまでは映像人類学や民族誌映画という一つのジャンルがほぼ市民権を得たといっていい。

現在では数多くの人類学の国際学会で映像人類学部門のコンテストが行われ、単に当該社会の文化の記録という意味だけではなく「映像作品」としての完成度がさまざまな尺度で競われている。現実を映し出すアートとしての側面が強調されてきている点は、民族誌のそれと変わらない。「民族誌」が文字で書かれたものであるという伝統はさておき、民族誌映画、そして映像人類学は、今後ますます発展していくと思われる。

次の節では、1990年代にフィールドワークを始めた私自身を題材として、「民族誌する」ことの実態を紹介することにする。

❺ フィールドワークの一例

フィールド以前

私は1990年、最初のフィールドワークを、新潟県佐渡の村落で始めた。まだ学部の学生だったし、調査資金はなかったから、カメラも1,000円ほどのフィルムつきレンズ「写るんです」だった。ある先達が「写真」というも

のが「民族誌」的な研究で役に立ったことはない、といい切っていたので驚きを感じたが、当時はそれでもいいと考えていた。それ以上のこともできなかった。写真は持っていても公表する場もないのだ。ウォークマンを使い録音をとり、録音資料をトランスクリプションした「テキスト」を作成し始めたのも、調査が中盤にさしかかって以降のことだった。「憑きもの」という民俗宗教を対象にしたものだったが、その理解が立体化したのはむしろ親族関係など具体的な社会構造との関係で宗教的事例を考えるようになってからだった。

東アフリカ・ウガンダ共和国へ

その後、東アフリカのウガンダに調査地を決めたが、そこでの調査も暗中模索だった。あらゆる資料を集めようとするのだが、全てが中途半端で終わっていた。その頃の調査資料は、現在ほぼ使い物にならない状態である。

記録を改めて繰ってみると、私が本格的フィールドワークのためにウガンダの首都カンパラに着いたのは1997年3月のことである。海外ははじめてではないが、憧れのアフリカ。決して準備は十分ではなかった。ウガンダの村でアドラという民族を調査することは決めていたが、細かいことは全く決めていなかった。村に入るか、都市に住むかによって研究の性格が大きく左右されることは多くの先輩たちの体験談から想像していた。私は村で古典的な調査をしたいと考えていた。

ウガンダの現地情報は付け焼刃に過ぎなかった。いまからは想像しにくいが、現地情報がほとんどなかったのである。外務省アフリカ二課に電話してたずねると、在留邦人は3名、大使館は1997年に設置されるが、業務開始はもっと後になるとのこと、電話口の外務省の担当者は「大丈夫ですか、本当に行くんですか」と心底心配しているようだった。

研究計画（research proposal）と調査許可

何よりの心配は調査許可が下りていなかったことである。日本では海外から来た研究者がインタビューをしたりアンケート調査をしたりしても咎めだてはされないが、アフリカをはじめとする地域でこれをやると、国外退去、

悪くすると逮捕されることがあるそうだ。社会調査には、調査許可証が必要なのである。そのためには、現地の大学などの研究機関に所属し、臨時の研究員にしてもらって、そこを通して、政府の「国家科学技術評議会」のようなものに「研究計画」（プロポーザル）を提出し、審査に合格する必要がある。ウガンダでは、ウガンダ国内の研究機関に在籍し、「ウガンダ国家科学技術審議会」（Uganda National Council for Sciences and Technology）の調査許可をとり、最後に大統領執務室の了解をとりつけないと正式な許可は下りない。不要不急のテーマだったり、過度に政治的なテーマだったりすると却下されると聞いていた。マケレレ社会調査研究所の秘書とは文通していたが、全ては現地に行ってから、という部分が多かった。大学の宿舎で、必要とされるプロポーザルを大あわてで書きあげ、研究所を通して申請した。

　当時のたいていの教科書には、人類学はテーマ発見型の調査で、開始する時に調査のテーマが決まっているのはむしろ邪道のように書かれていた。だから、プロポーザルの作成は苦労した。ウガンダに来るときに資金を獲得した際の研究計画は、「アルコール依存症」「アルコーリズム」というラベルに替えて、社会的に相対的な「問題飲酒」という概念を提唱する研究に触発されたものだった。現象及び言説としての「問題飲酒」と、アフリカ宗教研究の分野で知られていた「災因論」の考え方を無理に接合したものだった。

　「問題飲酒」を起こしてしまうのは村落社会の論理では妖術・邪術、死霊の祟りなどだった。妖術の論理は徹底されていて、「問題飲酒」はおろか「アルコール依存症」というラベルも含め、近代医療の出る幕はほとんどなかった。研究計画に研究対象として書いた「精神科医」や「施設」もウガンダでは一般的ではないことにすぐに気づいた。最初の調査で医学の専門領域でフィールドワークをすることは現実問題として難しかった。それなりの専門的コネクションと手続きが必要とされるからだ。仮にうまくいったとしても主に都市にいる専門家たちを相手に調査することを中心的課題に据えることが必要で、当初の計画からずいぶん異なったものになってしまう。「村に住む」ことを最初のドグマ的な前提にしていた私にとって、それは困ったことだった。

　もともと私のアフリカ研究は、吉田禎吾『日本の憑きもの』からさかのぼっ

てエヴァンズ＝プリチャード『アザンデ人の世界』に至るものだった。エヴァンズ＝プリチャードのような民族誌を書きたい、と漠然と考えていた。「妖術」とか政府向けの研究計画に書いたら「嫌われるで」とスーダンで研究している先達がコメントをくれた。まだ日本にいた時にもらったコメントだった。村に住みこむことは決めていたので、「妖術」と書かずに研究計画を書き直さなければならなかった。調査許可を申請するための研究計画書は、何日かマケレレ大学のゲストハウスにこもって仕上げた。社会調査研究所を通して書類を申請したが、毎日なしのつぶてであった。

　「多くの場合、帰国する頃正式な許可が下りる……」とは後で聞いた話である。その時は「1週間」というマケレレ社会調査研究所の秘書官の言葉を信じて1週間後から毎日通った。ところが、「また明日」という返事ばかりであった。大学の宿舎は1泊20ドルほどもかかるので、1学期（約3ヶ月）150ドルの大学院生用の寮に移った。これもスムーズではなかった。記録を見るとはじめて村に行くことができたのは、はじめてエンテベ空港に到着してから、約2ヶ月後だった。

　研究所の帰りに寄ったバーでひとりの紳士に出会ったことで、私の住む場所はとんとん拍子に決まった。ある時、マケレレの丘のふもとにあるワンデゲヤという下町で昼食後のビールを飲んでいると、日の高いうちからジンを飲んでべろべろになっている紳士がいる。きれいに折り目の入ったスーツを着ている。「中国人か？」「いや日本人」「なぜ日本人がこんなところにいる？」こんなやりとりがあり、私はウガンダ東部のアドラという民族の村に住み込んで調査をしたいこと、調査許可を待っていること、もう2ヶ月近くなるのになんの進展もないので困っていることなどを話した。すると彼は、ポケットから氏名と私書箱の彫られたスタンプを取り出すと、私が文献カードに使っていたカードにぽん、と押した。「ムラゴ病院教授、ワルンベ医学博士」の字が読めた。酔漢は東アフリカ一と評判の名門ムラゴ病院の教授だったのだ。「ムラゴのオウォリ教授を訪ねなさい。彼はその地域の出身だから」と彼はいった。

　何回か空振りした後に、私はマケレレの丘の、マケレレ大学学長公邸の隣の古い建物にオウォリ教授を訪ねた。話はとんとん拍子に進み、木曜日に教

授夫妻とともにトロロ県グワラグワラ村に向かうことが決まった。何やら施設を持っており（後に現地NGOと判明）そこに泊まればいいという。1泊2,000シリング（当時のレートでは1ドルが1,100ウガンダシリングだった。これなら十分払える額だった）。しかし、私はまだ不安だった。調査許可あるいは「紹介状」なしでは、逮捕されても文句はいえない。そう告げると、教授は笑って「心配要らない」といった。

　2日後、突如として調査許可が下りた。教授は私が調査許可を申請していた「科学技術審議会」の副議長だったのだ。良くも悪くもアフリカが人脈社会であることを思い知らされた一件だった。

　村に着くと、バナナの茎が門のかたちに植えられ、花が飾られているのが見えた。レンガ造りの建物の中から、着飾った人びとが歓声をあげながら飛び出して出迎えてくれた。そこにはTOCIDAという名前の現地NGOがあり、有機農法とアダルト・リタラシー、そして演劇による衛生やエイズ対策などの知識の普及を目指していた。教授の妻はその現地NGOの議長だった。それから、私は2016年の現在まで、その村を拠点として調査研究を進めている。

M氏の助言

　最初の調査は、健康を害して失敗し、4ヶ月で帰国した。私が一時帰国して身体を治している頃、先達二人が私を呼び出した。MとFである。Mは事細かに私にアドバイスをくれた。ここで再現しておこう。

　まず彼は、帰国は精神衛生面のこと以外の目的で中途帰国することは「無駄」と断言した。さらに、自らがトータル約400万円の支出があったことに触れ、私の当初予算2年で280万円の見積もりを「足りない」と判定した。一方で調査期間は長ければ長いほどよいわけではない、3年間調査地に滞在すると「書けなくなる」とも警告した。また、ケニアの日本大使館には医務官がいること、大使館とは一定のコネクションを保っておくのがいいことなどをすすめてくれた。また、首都にもいざという時のために、（意識を失っているかもしれない病人の私を）運んでくれる知人、友人を確保しておくのがいいという。また荷物の輸送についても「あなかん」（unaccompanied baggageのこと。別送手荷物。超過手荷物より安価で送ることができる）

Lesson 2　フィールドワークと文化人類学◎039

という輸送方法を教えてくれた。

　それ以外の断片的なアドバイスや体験談は、以下のとおりである。

①クリアファイルのようなものに調査許可証やレターを入れてチーフや行政官に見せる。

　この種のファイルは断簡を保存するのにも役立つ。

②現地語の文法解説書やアルファベット表記に関わる教材、現地語の聖書を日本語訳に対照するなどの方法を併用し、雇用した調査助手に現地語を教えてもらう。

　調査助手にはアルファベットによる現地語表記を教える（私の場合にはこれはあまり当てはまらなかった。正字法はなかったし、助手たちはそれなりの現地語表記をもともと持っていたのが常だった）。

③通常の口語による言語運用能力がいくら進歩したとしても、助手は絶対に必要である。

　Ｍの経験でもインタビューを開始してしばらくは統語法（シンタックス）がわからず、インタビューはうまくいかなかった。うまくいき始めたのは、助手がパラグラフごとにインタビューの録音を書きおこし、それを訳しながら記録を進めるようになってからのことである。中には古い表現が出てくることもあった。ナマのインタビュー資料では論文や研究上の議論に結び付きにくいと感じ始めたので、ある時点から「調査ノート」を作成し、テーマごとに小さなメモ帳にまとめたものを清書していった。

④インタビュー資料の作成作業とはべつに、現地語辞書を作成していった。

　あいうえお順に書き出していった。日本語＝フランス語＝現地語の対応を鉛筆で修正できるようなかたちで書き出していく。備考なども後から修正ができるよう鉛筆で書き出す。

⑤国語辞典を用いて「語」を探し、助手に対応する現地語を教えてもらう。

　この作業は自分が町などに出て留守にしている時に助手にやってもらった。

⑥あわせて、「ことわざ」「病気の名前」「色彩語彙」の収集を行った。

　これらは全て人によっても偏差があることがあるので注意が必要である。

⑦また「日記」をつける。

日時及び調査テーマには直接関係ないと思われることも補足的に記録しておく。

⑧クリアファイルには以下のような資料を保管しておく。

地図、及びリネージ、サブリネージなどの親族関係や親族呼称のマップ、コミュニティスタディの記録、破れたノートを復元したもの、村人からもらった手紙、地域の開発予想図、会議などの議事要録、新聞記事の目録、まだ断片的で組織的にインタビューをしていない項目など。

11頁にわたる持ち物リストの項目は14項目で、それぞれが機内持ち込みの手荷物か、スーツケースの中か、「あなかん」として運ぶ物なのか事細かに分類されていた。1. 衣類、2. 鞄類、3. 食品、4. 日用品、5. 文具、6. 撮影用品、7. 音響用品、8. 電池類、9. 通常薬品／医療品、10. 高貴薬、11. アウトドア関係、12. 書籍、13. 書類、14. その他である。

このようなフィールドワークの持ち物や具体的な方法についてはMも、先輩の研究者KやAから教えてもらったものだということで、リストもKから引き継いだものだとのことであった。

助手との関係

約半年後に再開はしたものの、人間関係も含めて環境に適応するのがやっとで、方針が全く立たない状態だった。WHOやユニセフ、世界銀行など援助機関の調査に慣れた村人たちは、生活改善と迷信撲滅に熱心だった。彼らは「妖術はもうない。あれは昔の迷信だ」と口を揃える。現在も実際に行われている埋葬の手続きについてたずねても、「次第にわかるようになるさ」というばかりでインタビューには応じてくれない。たまに応じてくれると、とんでもない破格の謝金を要求するのが常だった。

その時の助手アディンは大家さんになったオウォリ教授の親戚にあたり、英語はOレベル（Ordinary level。英連邦で広く採用されるGCE：General Certificate of Educationと互換可能なUCE：Uganda Certificate of Education試験で「4年間の中等教育（ロウアー・セカンダリー）基礎程度」、その後大学進学には2年間の通学とAdvanced levelレベルに合格すること

が必要）をクリアしている、村では一番英語ができる青年だった。後に知ったことだが、このランクのエリートは結構微妙である。村では一番だからプライドはある。一方で、町に出て勝負に出るほどの実力はないか（実力はあっても認められていない）、あるいは勝負に出たことはあるが負けているケースがほとんどだ。だから彼の目は村を見ていなかった。関心がそもそもないのだから調査にもさほど協力的だったとはいえない。アディンとの友人関係は現在でも続いているが、この時代の資料は、私はほとんど論文には書いていない。経験としては貴重なものが多かったが、焦点を絞ったデータとしては、体系立てて集められた資料は皆無といってよかった。

テキストの作成という方法

　民族誌的な研究を進めるうえで、方法論的に突破口となったのは、インタビューの録音を書き起こしてテキストとして起こす作業を調査の中心に据えることであった。日本で調査をしていた時にはそうした方法を重視していたのに、なぜかウガンダでその作業には着手していなかった。自分はこの分野の素人なのだといい聞かせるあまり自らリセットしてしまったのかもしれない。先人たちもこぞってテキスト作成の重要性を訴えていた。

　私の現地語の能力では、正確な逐語的な録音の書きおこしには無理がある。どうしても現地語のできる調査助手が必要だった。その頃にJICAでN教授の調査助手の紹介で出会ったのが、ポールである。名門マケレレ大学の卒業生だから、スーパーエリート。「エリートはやめとけ」というのがMの助言だったが、結果的にそれは無視することになった。それまで3人ほどの村人に手伝ってもらったがいずれも長続きしなかった。

　以降毎日の調査が助手との議論になった。それが私の調査を大きく特徴づけた。彼の専攻は社会学・開発学・経営学。その後、ポールの紹介で、同じマケレレ大学の社会学専攻出身で社会学・地理学・宗教学を専門とするマイケルが調査チームに加わった。調査がシステマティックに進むようになり、書きおこしと翻訳の必要が膨大になってきたからである。数えてみると長短あわせて調査助手は合計8名を数えた。調査基地には最大で4名の調査助手が同居していたことがある。

042

しかし、依然として機材は質素なものだった。簡単な写真機を持っていることがわかると、撮影しろ、といって盛装して現れる人も後を絶たず、録音用のウォークマンをラジカセ代わりに借りに来る若者が引きもきらなかった。2個持っていたウォークマンのうちの一つはこうして壊れ、首都のマーケットでSonyならぬSunyという偽のウォークマンを貸し出し用に購入した。

現在の機材と方法論

　東アフリカでの調査には、文部省（当時）の科学研究費補助金を得ることができていたので、機材を購入する資金はある程度保障されていた。機材については、音声に関してはテープから、現在ではほとんどみかけることのなくなったMDを経て、現在のICレコーダによるデジタル保存に落ち着いた。現在は、これに加えてデジタルビデオカメラが欠かせない。スチールカメラに関しても最初はフィルムのコンパクトカメラ、スライドにできるリバーサル・フィルム用と2台使っていた。デジタルの一眼レフスチールカメラを使っていたこともあるが、近年ではデジタルのコンパクトカメラが高性能なものが多く、不満はない。一眼レフの大きさや形状は、レンズを通して相対する態勢になると、どうしても警戒される。その点、コンパクトビデオカメラは、角度をつけたモニターを覗きこむことで相手と相対することなく撮影ができるので重宝している。これらの機器の操作もどんどん簡便になるのでビデオカメラやカメラを調査助手や地元住民に渡して撮影してもらうことも多くなった。映像資料をYouTubeや自ら開設したウェブサイトで公開する研究者も増えてきている。

　録音資料のものとはべつにメモ帳を持っている。私は古今書院のフィールドノートを愛用している。背が固いので、机のような平らな部分がないアフリカの村落では重宝している。日本では大学ノートを使っていたこともあったが、この形に落ち着いた。基礎資料の作成については、いくつかの試行錯誤を経て、現在ではおおよそ、次のような流れが確立している。

　私は、まず、調査助手のマイケルとポールに調査の計画を詳しく説明し、仮説についての議論を繰り返す。その後で、具体的な質問項目をいくつか考

Lesson 2　フィールドワークと文化人類学◎043

え、そのテーマについて口を開いてくれそうな人の住む村を訪ねる。その日、調査から帰ると、録音資料の書きおこし「テキスト」作成を助手とともに行う。彼らにとっては既知のことばかりだし、うっかりすると要約してしまうので、逐語的に訳してもらうよう、つねに注意する。最終的にはオリジナルの音声データに対応する「現地語版」「英語版」「日本語版」の三つの版の「テキスト」が完成することになる。その作成の過程で気になる「現地カテゴリー」やトピックが新しい調査の対象になる。今度は、より大きな研究テーマの下のサブテーマとして、二人の助手と私とでミーティングを重ね、最初の手順に戻っていく。私の調査は、ここ10年間ほど、この繰り返しである。ひとまとまりの三つの版の「テキスト」が完成すると、その前後に解説の論考をつけて雑誌に論文として発表し（これは必ずしもうまくいくとは限らないが）、それを助手のところに持っていってまた検討する。

　最近ではFacebookなどSNSを通じて、助手のマイケルに質問をすることも多い。携帯電話もおおむね問題なくつながる。高価なので携帯電話で話をすることはまれだが、皆無ではない。その意味では本当に「つながっている」感がある。時にはアフリカで「自撮り」した写真が飛び込んでくることもある。

　海外での調査ではどうしても「謝金問題」に頭を悩ませることになる。相場もわからないし、どのくらいの労力を調査助手が割いてくれるのかわからないので妥当な価格設定が難しい。国内の場合には、「菓子折り」や「日本酒」のお神酒（特に対象が神社などが多かったので）が多かった。ウガンダでは一日いくら、という形で契約することが多い。この交渉にはかなり気を遣うし、もめる部分でもある。ただし、調査の成否を分けるのは優れた献身的な助手に出会えるかどうかにかかっているといっても言い過ぎではない。すでに紹介したように偉大な人類学者とセットで語られる偉大な調査助手の存在が語り継がれる場合も多い。

　助手にとっても、経済的な支援を得られることはもちろんだが、自国の大学で行われている研究の重点が国際機関に委託された開発に偏っていること、自分たちの「文化」が、保存すべき価値があると思っている人間がいることなど、さまざまな気づきがあったのではないかという希望的観測を持っ

ている。

　避けがたいこととして、こういった協力関係も、私の帰国によって区切り
をつけることになる。助手たちは「失業」することになるので、私は一つの
調査プロジェクトが終わった時に、次の仕事を探す際に推薦状を書くことに
している。その後の就職活動で役に立ったこともあるようである。

　ある時、ナイロビであったワークショップで、私の二人の助手が報告する
機会があり、その成果は最近公刊された。助手との関係を描いた（梅屋
2014）と併せて参照していただくと、私たちの共同作業、コンヴィヴィアリ
ティの様子がもっとよくわかるかもしれない。

❻おわりに

　人類学者になる、と固く心に決めているのでない限り、専門的な人類学者
が書いた「民族誌」を読むことが、文化人類学を学ぶ第一歩であり、その学
びを進展させる方法であり、またその帰結である。本章では「民族誌」を作
成する際の舞台裏を紹介し、「民族誌」がどのようなかたちでつくられるの
かを考えてきた。

　日本語で読める古典的民族誌は限られている。逆にいうと迷わなくていい
ともいえる。定評のある民族誌をひもといてみることをお勧めする。吉田禎
吾『魔性の文化誌』や、『未開民族を探る』は、ある時代までの民族誌のダ
イジェスト版として現在でも大変勉強になる。ただし、「未開」という現在
は用いることのほとんどない言葉が乱発されているので、そのあたりは考慮
する必要があるだろう。さらに、現在は、比較的若い日本人人類学者が、綿
密なフィールドワークに基づいて書き上げた博士論文を出版する機運が高
まっている。どれも高価だが、迫力を持った野心作が多い。すすめられるも
のは多数ある。もちろん賞から漏れたものにもいいものがあることは十分承
知のうえで、渋澤賞を授与された民族誌などは定評のあるものとしておすす
めできる。

　もちろん、先に紹介したガイドブックに掲載されている『悲しき熱帯』で
も『西太平洋の遠洋航海者』でもなんでもよい。とにかく民族誌を手に取っ

Lesson 2　フィールドワークと文化人類学◎045

て読んでみる。それが人類学の、「民族誌する」ための第一歩である。

　「フィールドワーク」と「民族誌」の作成については名人芸的なところがある。また多くは偶然に支配される不安定なもののようにも思える。ただし、その過程で対象とする出来事の個別性と、人類の文化の中での普遍性はつねに振り子のように往復運動を重ねているものである。このような個別と普遍の往復運動が「民族誌」の「肝」であると私は考えている。

　自分が調査していないところ以外については「全く知らないし、わからない」という立場を人類学者は通常とらない（それは〇〇民族の学者というべきで、そもそも人類学者の名前にふさわしくないだろう）。それは、民族誌の具体的かつ個別的な事実の中に普遍的な何かが宿っていると考えているからである。その背後には自分の経験に根ざした個別の「民族誌」は人類という「普遍」になんらかのかたちでつながっており、他人の書いた個別民族誌もべつなかたちでその「普遍」につながっている、という信頼がある。他人の書いた「民族誌」を読むことは単に「情報」を得るという営為を超えて、まさに「民族誌する」と呼ぶにふさわしい人類学の実践の中で欠くべからざる営みになっている。

　インゴルドは、冒頭に紹介した講演で「民族誌」と人類学について次のように述べた。人類学というものは、アートとかクラフトのようなものであり、「観察」「記述」「比較」はいずれも絡み合ったものなのである。アートやクラフトのようなもの、というのは、人間がつくりあげるもの、ということである。しかも、「観察」「記述」「比較」のうちどれが先でなければならないというものではない。「民族誌」を書くことが先行しなければならない、というものでもない。人類学的な記述は単なる記述ではなくて、「往復書簡」のようなものである。人類学者は、彼自身と、他者、そして世界に向かって書いているのであり、考えているのであり、そして語っている。その意味では、教室にいる学生たちも人類学的な知の単なる受け手ではなく、つくられていく営みに参加しているのだ、というのがインゴルドの講演の強調点のひとつである。「民族誌」を書いたことがない人間は人類学的な議論に参入できないというのでは、単に敷居が高すぎるというだけではなく、現地と民族誌家の対話に完結して読者や学習者を対話から排除するのはもはや正当化さ

れない、とインゴルドはいうのである。

　フィールドワークをしたことがない、「民族誌」を書いたことのない人び
とも人類学者たちが書いた民族誌、つまりは「往復書簡」の宛名の中には含
まれているのである。まずは人類学というアート、クラフトに参加して「民
族誌」を読んでそれを考える営みを通じて「民族誌」し、この「往復書簡」
の輪の中に入ってみよう。その向こうにはそんなに簡単に姿を現してはくれ
ないかもしれないが、「人類」という普遍が横たわっているかもしれないの
である。

■参考文献

　○綾部恒雄編（1994）『文化人類学の名著 50』平凡社.

　○岩田慶治（1982）『創造人類学──《知》の折返し地点』小学館.

　○梅屋潔（2014）「ふたりの調査助手との饗宴（コンヴィヴィアリティ）──
　　ウガンダ・アドラ民族の世界観を探る」椎野若菜・白石壮一郎編『フィー
　　ルドに入る（FENICS 百万人のフィールドワーカーシリーズ）』第 1 巻 158-
　　181 頁，古今書院.

　○エヴァンズ＝プリチャード，エドワード・E（2001）『アザンデ人の世界
　　──妖術・託宣・呪術』，向井元子訳，みすず書房.

　○鏡味治也・関根康正・橋本和也・森山工編（2011）『フィールドワーカーズ・
　　ハンドブック』世界思想社.

　○ギアツ，クリフォード（1987）『文化の解釈学』Ⅰ・Ⅱ，吉田禎吾・中牧弘允・
　　柳川啓一・板橋作美訳，岩波現代選書.

　○ギアツ，クリフォード（1996）『文化の読み方／書き方』，森泉弘次訳，岩
　　波書店.

　○クリフォード，ジェイムズ／マーカス，ジョージ（1996）『文化を書く』，
　　春日直樹・和邇悦子・足羽與志子・橋本和也・多和田裕司・西川麦子訳，
　　紀伊國屋書店.

　○サイード，エドワード・W（1993）『オリエンタリズム』，今沢紀子訳，平凡
　　社.

○須藤健一編（1996）『フィールドワークを歩く――文科系研究者の知識と経験』嵯峨野書院.

○マーカス，ジョージ・E／フィッシャー，マイケル・M・J（1989）『文化批判としての人類学――人間科学における実験的試み』，永渕康之訳，紀伊國屋書店.

○マリノフスキ，ブロニスラフ（2010）『西太平洋の遠洋航海者――メラネシアのニュー・ギニア諸島における，住民たちの事業と冒険の報告』，増田義郎訳，講談社学術文庫.

○吉田禎吾（1965）『未開民族を探る――失われゆく世界』社会思想社.

○吉田禎吾（1998）『魔性の文化誌』みすず書房.

○吉田禎吾（1999）『日本の憑きもの――社会人類学的考察』中公新書.

○レヴィ＝ストロース，クロフォード（2001）『悲しき熱帯』1・2，川田順造訳，中央公論新社.

○和崎洋一（1977）『スワヒリの世界にて』日本放送出版協会.

○ Committee of the Royal Anthropological Institute of Great Britain and Ireland (1951) *Notes and Queries on Anthropology*, 6th edition, London, Routledge & Kegan Paul.

○ Ingold, T. (2007) *"Anthropology is Not Ethnography." Proceeding of the British Academy*, 154, London, Oxford University Press.

○ Rivers, W.H.R. (1900) "A Genealogical Method of Collecting Social and Vital Statistics." *Journal of the Royal Anthropological Institute*, 30, pp.74-82.

■推薦図書

○ Ellen, Roy (ed.) (1984) *Ethnographic Research: A Guide to General Conduct*, ASA Research Methods Series No.1, London, Academic Press.

○ Sanjek, R. and Tratner, S. W. (2015) *e Fieldnotes: The Makings of Anthropology in Digital World*, University of Pensylvania Press.

○ Werner, O. J. and Schoepfle, G. M. (1987) *Systematic Fieldwork*, vol.1-2, Newbury Park, Sage Publishers.

■参考 URL

○ Photograph Collections - Pitt Rivers Museum

https://www.prm.ox.ac.uk/photographs（2017 年 1 月 23 日閲覧）

■参考映像資料

○グラナダ　海外の異人シリーズ，Off the Verandah: Bronislaw Malinowski
（1884-1942）Royal Anthropological Institute, Series Strangers Abroad, Programme
4, Order No RAI-200.278.

Lesson 3
動物と人間
霊長類は文化について何を教えてくれるのか？

島田将喜

❶はじめに

　2000年夏、大学院生だった私は、京都市にある「嵐山モンキーパークいわたやま」で、餌付けされた野生ニホンザルのコドモの「物を伴った社会的遊び」の調査を行っていた。この遊びには、たとえば木の枝の両端を引きあう「綱引き遊び」など、さまざまなタイプの遊び方が想定されるにもかかわらず、嵐山のコドモたちの間では「枝引きずり遊び」と呼ばれる遊び方が定着していた。これは、コドモ1個体が木の枝や空き缶などの物一つの持ち手となり、追いかけっこが生じる場合には、持ち手が逃げ、持たないほうが追いかけ、その物の所有者が代われば役割も交代するという相互行為の規則性を特徴とする遊び方である。

写真3-1　嵐山のニホンザルのコドモ同士の「枝引きずり遊び」

私はこの遊び方にみられる規則性やそれを生み出すルールの存在に気づいていたが、一方で調査開始から長い時間が経過しているというのに、この遊びについて理解したといい切るには、まだ何かが足りないような気がしていた。

　ある日の午後、私はいつものように、コドモたちが「枝引きずり遊び」に利用した後、広場に放棄された大ぶりのクマノミズキの枝を持ち帰って測定しようと拾い上げた。すると私が気づかぬ間に、背後に、ミノ8298と名づけられた２歳のメスのコドモが近寄っていて、急に枝の反対側を引っ張った。私は枝をつかんだまま離さなかったため、奪われはしなかった。彼女はすぐに離れて、私から３メートルほどのところに座ってこちらを向いている。私は、ふとその顔にちらっと視線を送ってから、枝を引きずって走った。すると彼女は私を追いかけてきて、枝を奪い、方向転換して逃げていった。私が振り返ると、５メートルほど先で、枝を手に持ったまま座ってこちらをみている。瞬間の沈黙の後、彼女と枝をめがけて走りだすと、彼女は身をひるがえし、自分の体より大きな枝を引きずったまま、風のように逃げてゆく……。

　それは「ユリイカ（わかった）！」と叫びたくなる瞬間であった。私はその時コドモたちが共有している遊び方のルールを、第三者の立場から頭で理解するだけでなく、それを無意識のうちに正しく実践することで彼らと遊び、楽しさを共有することができていたのだ。そして私は初めて、観察者と観察対象、ヒトとサルという種の壁を超え、彼らと「わかり合えた」と感じた。さらにある種の遊びに伴われる、私の「楽しい」という感覚は、サルと私たちの共通祖先の時代にまでさかのぼれるほど起源が古いという可能性に思い至った。フィールドワーカーにとって、こうした経験こそ至福の瞬間といえるのではないだろうか。

　こうした「参与観察」を積み重ねたことで、いま一人の霊長類学者としての私は、観察対象のサルと私とは「わかり合える」ことを知っている。私自身を知るうえで、サルは特別な存在なのである。フィールドワークとは、私にとっての「他者」とできるだけ長い時間を同じ空間を共有することで相手を理解し、そしてまたそれによって自分を理解しようとする営為自体である。

そうであるならば、他者が異文化に属するヒトであれ、異種のサルであれ、対象とする種によって方法に違いがあれども、本質的には同じフィールドワークが可能なのである。

文化の探究と「サルの話し」

先人たちが、ヒトやヒト以外の動物を対象としたフィールドワークを長年にわたって継続してきたことによる成果や、その他の生物学、人類学的研究によって積み重ねられた知識を総合することによって、近年私たちの人間存在についての理解は、過去に比べて格段に深まってきている。人間存在と切り離して考えることのできない「文化」そのものの理解についても同様である。たとえば本書は「文化とは何か」という問題について文化人類学に関心のある読者に考える手がかりを与えることを目的とした教科書である。人類の文化を考えるうえで、もちろんさまざまな地域の人びとの文化をそれぞれ研究し理解することは重要な試みである。しかし、人間の文化を知ろうとする試みは、ただ人間の文化「だけ」を探求するアプローチのみで達成されるだろうか。そこで文化を考えるうえで、なぜ先に紹介したような「サルの話し」が重要になるのかについて考えてみよう。

私たちヒトは、ホモ・サピエンスという、霊長目ヒト科に属する動物の一種である（キーワード）。霊長目に含まれる動物を霊長類 primates と総称する。ニホンザルやチンパンジーといったヒト以外の霊長類は、霊長類以外の動物と比べてヒトと「近縁」である。2種の動物が近縁であるとは、その2種が比較的最近まで祖先を共有していた、ということと同義である。たとえばヒトとチンパンジーはおよそ今から700万年前まで、そしてヒトとニホンザルはおよそ2500万年前まで、同じ動物だったことがわかっている（つまり霊長類同士でも近縁性の度合いは異なりチンパンジーはニホンザルよりもヒトと近縁である。図3-1参照）。700万年前に共通祖先から別の種に分岐した二つの系統（この現象のことを種分化と呼ぶ）は、それぞれ別のプロセスを経て現在のチンパンジーとヒトとなったのである。これら霊長類とヒトとの関係性についての事実は、現在の私たちが主観的に感じるかもしれない彼らと私たちの間の外見上の違いなどとはもちろん無関係である。

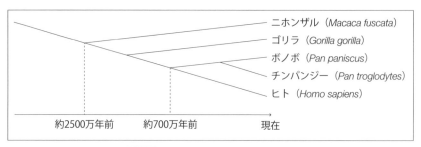

図 3-1 ヒトとその他の動物の系統関係

　さて「サルの話し」が私たちにとって重要なのは、まさに私たちと霊長類とが近縁であるという事実による。本章で学習するように、第一に霊長類が私たちと近縁だからこそ、彼らは私たちの文化に大きな影響を与える場合のあることがわかっており（2節）、また第二に多くの霊長類が「文化」を持っていることが明らかにされており（3節）、彼らの「文化」についての私たちの理解が深まれば、霊長類の「文化」と私たちの文化の比較を通じて、ヒトの文化の特徴を浮かび上がらせることを期待できる。

　私たちと霊長類が比較的最近まで祖先を共有していたという事実は、さらに重要な視点を与えてくれる。たとえば私たちはヒトの文化とチンパンジーの「文化」の諸特徴を比較し、類似性や差異性を見出すことができよう。こうした理解を通じて、化石になって残ることのない、しかし700万年前には確かに存在していたはずのヒトとチンパンジーの共通祖先の有していたであろう（あるいは有してなかったかもしれない）「文化」がどのような特徴を持っていたはずなのかを推論することが可能となる。この作業は、ヒトあるいはチンパンジーの文化の起源と、それ以降の現在に至るまでの展開の歴史を探る作業に他ならない。

　これまでの議論を根拠づけている近縁性や種分化の概念や、ヒトを他の動物種との比較において理解しようとする試みの全てにとっての導きの糸こそが、ダーウィン（C. Darwin 1809-1882）が19世紀後半に提唱し、現在までさまざまな批判にさらされ誤解を受けながらも、その都度自らの論理を強固なものにしてきた「進化」の理論である。生物学のグランドセオリーの一つ

Keyword 霊長類

霊長類とは、分類学上、哺乳綱霊長目に属する動物のカテゴリーであり、ヒト（*Homo sapiens*）を含む。2016年現在、諸説あるものの約350種が生息していると考えられている。

親指と他の4本の指が向き合い物体の把持を確実にする「拇指対向性」、細かい物をつまみやすい「平爪」、顔面の正面に並んだ両目で遠近をつかみやすくする「両眼立体視」、高い知能を支える「大きな脳」を持つなどの形態的特徴を備えている。

現在の分類法では、霊長類は大きく二つのグループに分けられる。曲鼻猿類はキツネザル類とロリス類を含み、もう一方の直鼻猿類はメガネザル類と真猿類を含む。真猿類はいわゆるサルらしい霊長類であり、南米に暮らす広鼻猿類（オマキザル類など）と、旧世界に暮らす狭鼻猿類に分類される。ニホンザルを含むオナガザル科や、チンパンジー、ボノボ、ゴリラなどの大型類人猿とヒトを含むヒト科などはみなこの狭鼻猿類に含まれる。

霊長類は、もともと赤道近くの森林に適応した動物であったが、その後世界のさまざまな環境への適応放散を遂げている。その形態・行動・食性・社会などは種によってきわめて多様性に富む。たとえば日本固有の霊長類であるニホンザル（*Macaca fuscata*）は、集まりのよい複雄複雌の群れをつくり、現在冬には豪雪地帯となる下北半島から、亜熱帯の海岸部を持つ屋久島までの日本列島に広く分布する。日本の照葉樹林及び落葉広葉樹林を主な生息環境とするが、高い環境適応能力を持ち、さまざまな環境で生活できる。

霊長類とは、ヒトを含むカテゴリーであるが、本章では簡単のために特に断りのない限り、単に霊長類といった場合には「ヒト以外の霊長類」を表すものとする。

たる現代進化学は、21世紀を生きる私たちにとっての常識の隅々にまで影響を及ぼしている。進化についての詳しい議論は別稿にゆずる（Lesson4参照）が、ここでは生物学で用いられる意味での進化とは、方向性や目的を持たないランダムに生じるプロセスであり、進歩とは異なることだけは強調しておこう。進化学に対する誤解の多くがこの点についての無理解に由来していると考えられるためである。

　本章では、進化学の視点に立つことで本書の大テーマである「文化」をめぐる霊長類とヒトとの関係を検討してみたい。そのために以下では二つのトピックについて議論する。第一に、ヒトと霊長類の近縁性が、それぞれの地

Lesson 3　動物と人間◎055

域の人びとの文化に与える影響を与えている例を紹介し、その一般的理解を試みる。第二に、霊長類が持つ「文化」とヒトの文化の比較についての最近の研究動向を紹介する。

❷ヒトの文化の中の霊長類

ある種の霊長類を自分たちの祖先と考えるなど、霊長類を対象にした信仰や特別視の例は、世界各地で見出される。文化人類学者のタイラー（E. B. Tylor 1832-1917）や、動物行動学者のモリス（D. Morris 1928-）、あるいは日本の民俗学・博物学者の南方熊楠（1867-1941）など、多くの研究者がそうした例に注目し、記載してきた。系統学や進化学といった知識が定着する以前から、古くから世界中の多くの人びとが、霊長類が他の動物に比べてヒトに似ていると考えていたことがわかる。インドネシアの一部の人びとが現地に住む類人猿を「森の人（オラン・ウータン）」と呼ぶのはその一例である。

すでに論じたように現在では、霊長類とヒトの類似性には進化的根拠が与えられる。彼らは、まさに他の動物と比べてヒトと近縁なのである。霊長類は、他の動物よりもヒトと近縁であり、他の動物が持たない形質（すなわち外部形態、生理、発達、行動を含む諸特徴）を、ヒトと多数共有しているのである（キーワード参照）。

こうしたヒトと霊長類の類似性の認識と、霊長類との共存は、土地の人びとの霊長類の見方にどのような影響を与えるだろうか。ここでは日本の例に続いて、複数の霊長類と同所的に生活する点で共通するアフリカ・コンゴ盆地のンガンドゥを黒田末寿（1947-）の記録から、そして南米アマゾンのグアジャをコーミエ（L. A. Cormier）の記録から紹介する。全く交流のない二つの文化的集団と、同所的に暮らす霊長類の関係、そして人びとの霊長類の見方をまとめ、共通点に着目してみよう。

ニホンザルと日本人の共存の歴史

日本人とニホンザルとは現在同じ日本列島内で共存している。両者の共存は、現在になって突然生じたのではなく、古い時代から引き継がれてきたも

のだ。サルの祖先が中国大陸から朝鮮半島経由で当時陸続きだった日本列島に入り込んだのは30万年前頃だが、日本列島における確かな人類遺跡は、3万年前以降の後期旧石器時代に入ってからものである。日本人とサルとの共存は、日本人の歴史の当初から生じていたのである。

　狩猟採集漁労生活をしていた旧石器時代から縄文時代にかけての数万年間、私たちの祖先は森林を伐開せず、自らも森林に依存して生活していた。サルが暮らしやすい環境も同じ森林である。この時代ヒトとサルとは、大きく生活圏を重ね合わせていたのだ。

　縄文時代以降、サルは日本人に食用として一般的に利用されていた。サルが人びとに食用として利用されていたことを示す遺物は、縄文時代を通じて全国で見つかる。また、奈良時代の各地の風土記にはサルが土地によって食用・薬用に利用され、朝廷に献上されていたという記録が残っているし、江戸時代の文献からも、サルの胆嚢（さるのい）が生薬として高値で取引されていたことがわかる。日本人がサルを食用・薬用とすることは、最近まで一般的であった。

　また弥生時代以降、人びとの多くが平野部に住むようになり、そこで農耕生活を営むようになると、山を下りてくるサルを含む野生動物は農作物を食い荒らす害獣としての側面を持つようになった。農作物をめぐりサルが加害者、ヒトが被害者となる関係は、近代を経て現在に至っても各地で続いている。

　このように、日本人と共存し、一筋縄でいかない関係を結んできたサルは、日本人の世界観やアイデンティティの形成、すなわち文化に大きな影響を与えてきた。興味深いことに、それは矛盾する感情、すなわちサルを好ましく思う面と、嫌悪する面とを併せ持っている。たとえば昔話の「桃太郎」や「猿蟹合戦」の中で、サルは前者では正義・知性の、後者では強欲・浅はかの象徴として描かれている。また比叡山のふもとに位置する日吉大社がよい例であるが、ところによってサルは古来神の使いとして大切にされてもいる。日本文化とサルとの関係を広範に調査した廣瀬鎮（1931-1994）は、日本の有形文化の諸事象にサルを含まぬものはまずないと考え、愛着をこめて、彼らこそは、われわれの文明・文化の長い歴史経過の中に深く内在して、実に多

くの日本人の生活意識に働きかけてくれている、と述べている。日本人にとってサルとは、正義と強欲といった自己の相矛盾する特質を併せ持つ、いわば自分自身を写す鏡のような存在でもあり続け、私たちの文化に根付いてきたのだ。

ンガンドゥの例

ンガンドゥはコンゴ盆地のワンバ地方に暮らすバンツー系の焼畑農耕民である。しかし彼らが農耕によって得ているのは、主食と一部の野菜類や調味料だけであり、日常生活に必要な全てのものを、森林から得ている。

ンガンドゥと同所的に暮らすワンバ地方の霊長類は6種類である。類人猿はボノボのみ1種。そしてオナガザル類が4種と、曲鼻猿類はポトが1種いる（キーワード参照）。野生動物のほとんどは、彼らの狩猟漁労の対象となり、脊椎動物のうち中型以上の動物で食用とされないのはわずかな種に限られる。そのうちの1種がボノボであり、他の霊長類は全て食用とされる。

ンガンドゥによると、人類の仲間には、四つの種類があるという（図3-2）。すなわち、ボノボ、インゴロンゴロ、エレンバ、人間の4種である。彼らの人類の系統図では、最初にエレンバとインゴロンゴロとが分かれ、その次にインゴロンゴロから人間とボノボが出現した。もちろんボノボは、人間以外の唯一の実在種である。ンガンドゥが語る民話には、これらの存在に関するものが数多いが、ボノボと人間が分岐したことを説明する民話は、人間の悪意や火の使用の起源をも同時に説明しており、図3-1に紹介した現代進化学が明らかにした系統関係と比較してみると一層興味深い。

「昔、ボノボと人間とは兄弟だった。ある時、人間がボノボに森に行こう

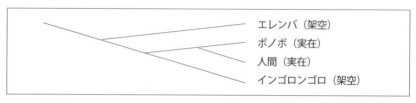

図3-2　ンガンドゥの進化系統樹と実際の人類と動物の系統樹（黒田1999より）

と誘った。彼は帰りの道を照らす松明を用意してボノボに一本与えた。二人は森で獲物を捕った。日が暮れてきたので、人間は松明に火をつけて村へ帰った。しかし、ボノボの松明は実はそれに似たシロアリの巣だったので、火がつかなかった。ついに村へ帰れず、『森の人』となった。」

グアジャの例

南米ブラジルのアマゾン地域に暮らすグアジャは、現在は農耕を受け入れている者もいるものの、ごく最近まで農耕民と全く経済的交流を持たなかった文字通りの狩猟採集民だった。

グアジャの暮らす森には7種の樹上性霊長類が暮らす。オマキザル類は、アカテホエザルなど6種。残りの1種はマーモセット類のタマリンである。

グアジャの間には、さまざまな動物に対する食物禁忌が存在するが、霊長類に対してはなく、最も重要な食物資源となっている。中でもホエザルが重要であり、ホエザルとオマキザルは彼らの好物である。

その一方で、108人の村人はのべ90頭の霊長類をペットとして育てていた。7種の霊長類全てが飼われ、「私の子」として大切に育てられる。好んで食べられるのもホエザルだが、最も好まれるペットもまたホエザルである。ただしペットとしての霊長類は決して食べない。グアジャ社会は他の多くの狩猟採集民と同様に食物分配は義務的になされるが、分配の対象はペットの霊長類にも及び、食事をする時にはペットも自分たちと同じように食事に参加させる。

グアジャは霊長類が動物の中で最も人間に近いと見なしている。中でもホエザルが最も人間に近く、人間もホエザルも「歌」を歌うなどと、その人間との類似性を説明する。しかもグアジャの信念体系の中では人間とホエザルは、他の動物とは異なり「親類」だとする。伝承によれば、霊長類を含む食べ物となる動物の起源の多くは、人間から派生したとされる。たとえばホエザルの創造とホエザルを食べるようになった原因を次のように説明する。

「マイイラ（創造主）が、高い木の上でマニルカラ（アカテツ科の植物）を食べていたグアジャ（人間）のグループに近づいた。マイイラは手を叩き、

Lesson 3　動物と人間◎059

足を踏み鳴らし、殴りつけたりした。するとグアジャはホエザルに変身し、逃げて行った。その後、他のグアジャがホエザルを見つけたとき、人間だと思ったが、マイイラは、彼らはホエザルであると告げ、そして彼らを食べなさいと言った。」

霊長類に対する特別視

　ここにあげた二つの集団では、もちろん霊長類に対する具体的な接し方は大きく異なるが、霊長類を他の動物とは異なり自分たちと近い存在と認識し、特別視している点で共通している。グアジャはそのことを明示的に述べている。面白いのは、どちらの集団でも、共存する複数の霊長類が全て等しく特別視されているというわけではなく、ヒトに最も近いものから、近くないものまで分けて考えられているということだ。ンガンドゥにとってはボノボが、グアジャにとってはホエザルが最もヒトに近いとされる。

　また特別視といっても、ここであげた事例では、特別な儀礼の対象、聖的な力を持つ動物として見なされるわけではない。ンガンドゥでは、自分たちとボノボの「系統関係」に空想上の生き物を加えることで、自らの「進化史」を具体的なものにしている。グアジャの場合には、ペットの霊長類との関係は「現在の親類」として認識される。人びとにとって霊長類は、自分たちと一部の霊長類とが、過去あるいは現在血縁関係にあるという意味で特別な存在なのである。

　一方、霊長類に対する特別視と、彼らを食用とすることとは別のことであるようだ。グアジャでは、その霊長類が「ヒトに似ている」と認識されていても、食用に利用していた。ンガンドゥの場合、食用に利用しない霊長類はボノボだけであった。コーミエがレヴューしているように、世界的に見てもヒトに似ているからという理由で霊長類の肉が好まれる場合がある一方、同じ理由で忌避される場合もあるのである。

　日本、アフリカ、南米といったさまざまな土地に暮らす人びとの間で共通する霊長類に対するこうした特別視は、どのように説明できるだろうか。この問題の背後には、おのおのの文化の中で、人びとがいかに外界の事物を認識し、分類するかという問題、つまりカテゴリー化の問題が横たわっている。

060

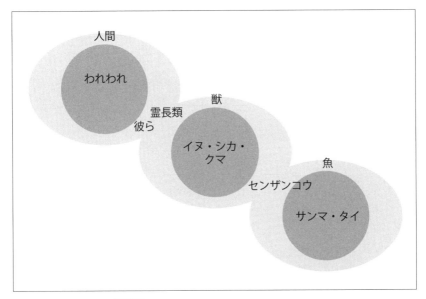

図 3-3 人間・獣・魚カテゴリー間の認知的関係

　たとえば四足の陸生哺乳動物であることを標準的な属性とする日本語などにおける「獣(けもの)」のカテゴリーはイヌ、シカ、クマといったメンバーを典型例として含み、「魚」「人間」のカテゴリーとは区別される。また「獣」のカテゴリーは、属性の全てを満足しないような非典型的なメンバーも含む。

　文化人類学者のダグラス（M. Douglas 1921-2007）は、社会的秩序とは、異常・周辺的なものを排除し、正常・中心的なものと混同しないようにする運動によって生成する、という考えをもとにした禁忌理論を展開した（Lesson8 参照）。異常性を内包する動物や、明確に一つのカテゴリーに分類できない動物には、たとえばバンツー系のレレにとってのセンザンコウがあげられる（図 3-3。図 8-1 も参照）。センザンコウは、四足の哺乳類という「獣」の特徴を持ちながら、体中にウロコを持つという「魚」の特徴を併せ持っている。こうした動物はカテゴリーの境界領域に位置づけられ、秩序の回復に向かって分類からの逸脱者を排除する社会的な力が働くために、多くの場合排除や禁忌の対象になる一方、独特な力を持つ存在として儀礼の対象となる

場合もある。以上の理論を踏まえて、日本も含めて人類社会に広範に見出される、霊長類に対する特別視の説明を試みてみよう。

　まず霊長類の多くは、彼らと共存する人びとによって、生物学的事実として他の「獣」と異なり、人間に類似する特徴を数多く持つがゆえに、「獣」の中で周辺的なメンバーとして認識され、「人間」との境界領域に近づくであろう。またヒトの生活圏に霊長類が複数暮らしている場合には、ヒトにより類似性の高い霊長類がより「獣」の周辺に、そして「人間」に近づくため、最も類似性の高いものが最も境界的な存在となるだろう。実際、ンガンドゥ、グアジャでは、共存する霊長類の中で最も近縁なボノボ、最も大型で「歌を歌う」ホエザルがそれぞれ最も人間に近いものとして認識された。日本ではただ一種の霊長類であるニホンザルがそのように認識された。

　また人間との境界領域に位置づけられる霊長類が、どのように特別なのかは、対象と共存する人びととの間の生態学的関係によって異なるだろう。たとえば、対象となる霊長類から被害を受けていたりすれば、彼らを穢れ、排除や禁忌の対象として嫌悪することもあるだろう。ンガンドゥとグアジャはともに、生態学的にサルと生活圏を重ね合わせていた。しかし森林の食べ物をめぐって競合していたわけではなく「猿害」による被害がでていたわけでもない。霊長類を好んで食べる彼らにとって霊長類とはむしろ恩恵を与えてくれる存在であった。その結果、どちらの集団でも霊長類に対して親近感を強調する形での特別視をするようになったと考えられる。一方で日本の場合は、サルを食用にしたり、逆に猿害を被ったりと、場所によってまた時代によってサルとの付き合い方が多様であったために、サルに対して嫌悪感と、親近感を併せ持つようになったと考えられる。

　霊長類は、そこに同所的に暮らす人びとによって、ヒトとの生物学的根拠を持つ類似性を認識されることによって、ヒトと動物の間の境界的存在として特別視されうる。こうした霊長類に対する認識は、全てとはいえないが、多くの文化においては、ヒトと霊長類が近縁であることを認め、自然の中で自分たちの位置づけを説明し、アイデンティティを確かなものとするために利用されうるのである。

　最後に、こうした霊長類の特殊性という認識が、別の形でアイデンティティ

確立に利用される例を紹介しよう。文化人類学者の竹内潔（1956-）によればコンゴ共和国のピグミー系狩猟採集民アカとバンツー系農耕民ムンプトゥは、経済的には互いに依存し合っているが、避け合って生活している。彼らの生活環境には、チンパンジーとゴリラが同所的に生息している。彼らは、互いに他の集団の人びとのことを霊長類と同一視して軽蔑する。たとえばアカが仕事の約束をさぼったりした際に、ムンプトゥは、「アカはチンパンジーと一緒だ。チンパンジーが約束を守るはずがないではないか」と述べたりする。また逆にアカのほうでもムンプトゥの本性は人間ではなく、男性はゴリラ、女性はチンパンジーであり、死亡すればそのような動物となって再生してくるという。

　図3-3を見ながら考えてみよう。ムンプトゥはアカと霊長類を同一視する。「人間」と「獣」の境界的存在としての霊長類という知識を利用すれば、こうすることで、隣り合わせている異文化に暮らす人びとであるアカを「人間」の中にとどめながら、「われわれ」とは異なる「彼ら」として境界領域に押しやることが容易になるのだ。

　霊長類とヒトの類似性が高いという知識は、隠喩的に人間関係を表現し理解するうえでも、利用価値の高い「認知的リソース」であるといえる。これを利用することによって自然の中での、また複雑な人間関係の中での自分たちの位置づけを説明し、確かなものにすることができるのだ。

❸霊長類の文化

　霊長類が私たちと共存しているという事実が、私たちの文化の重要な側面、すなわち世界観やアイデンティティ形成にどのような役割を果たすかについて考えてきた。霊長類がヒトと生物学的に近縁であるという進化的事実は、しかし私たちの文化を考えるうえで、もう一つ重要な視点を与えてくれる。すなわち、霊長類が文化を持つ、という可能性である。

　霊長類が文化を持ちその理解が深まれば、それらとの比較を通じて、私たちヒトの文化の特徴をも明らかにできるだろう。したがって動物たちの文化を研究することもまた私たち自身の文化を考えるうえで有効な手立てである。

野生ニホンザル研究は、戦後間もない頃から日本人研究者によって開始され、その成果を出発点として、世界の霊長類学をリードしてきた歴史がある。初期の日本の霊長類学者の最初の仕事の一つは、動物にも文化があるはずだ、とする今西錦司（1902-1992）の理論的予測の実証であった。その成果こそが、ニホンザルの文化に関する発見であったのだ。

　本節では、霊長類の文化の研究の展開と今後の展望をまとめ、これらの知識がヒトの文化を考えるうえでどのような新しい知見を与えてくれるかを検討しよう。

「文化霊長類学」の成立

　1953年夏、川村俊蔵（1927-2003）は宮崎県幸島に餌付けされたニホンザルの群れで、イモと名づけられた満1歳のメスのコドモが、砂浜にまかれた芋を小川の水で洗い、砂や土を落としたのちに食べるのを観察した。この「芋洗い行動」は最初イモだけが行っていたが、徐々に群れの中に規則的に広がっていった。すなわちイモの遊び仲間である他のコドモたちとイモの母親とに最初に広まったのである。この規則性は、各個体がそれぞれ独立に習得したのではなく、行動の発明者たるイモと近接する機会が多く、したがってイモの行動を観察する機会の多かった個体から順にこの行動を獲得したことを示しており、集団内に社会的に伝播したことを示している。

　1955年の日本人類学会において、川村がこうした成果を発表したところ、文化とは人間固有のもので、サルの文化など意味がないというコメントが多かったという。当時は、言語などのシンボル使用や、道具使用行動をもって文化の定義をしようとする人類学者が多かった。つまり言語や道具を持たないヒト以外の動物に文化を認めることは不可能である、という考えが一般的だったのだ。

　その後、イギリスの女性動物学者のグドール（J. Goodall 1934-）が、タンザニアのゴンベの野生チンパンジーを対象とした長期調査の過程で、1960年にチンパンジーの「シロアリ釣り」行動を発見した。シロアリは頑丈な塚の中にコロニーをつくる。その塚の表面の出入り口から棒やつるを差し込んで、それに咬みついてくるシロアリをそっと引き出して食べるのである。塚

の内部の通路はせまくまっすぐではない。だからチンパンジーは適当な強度のつる、小枝などを選び、適度な大きさ、形に加工した物を釣り棒として使用する。それまで長い間、道具を作り使用する能力はヒトに特有のものと考えられてきたため、この報告は世界を驚かせた。この時グドールはこの道具使用行動をゴンベの集団特有の文化的行動であると考えたが、チンパンジーが計画的に目的に適う道具の作成と使用をしていることが明白だったために、ヒト以外の動物にも文化という用語を使用することが徐々に定着していった。

　野生チンパンジーの長期調査地はその後増え、チンパンジーの文化的行動の報告が相次いでなされるようになった。2頭のチンパンジーが向かい合って座り、互いの右手ないし左手を同時に頭上で組み合って、互いに相手の脇の下を毛づくろいする「対角毛づくろい」は、道具使用以外の社会的慣習としての文化の例としてタンザニアのマハレなどから報告された。

写真3-2　マハレのチンパンジーの「対角毛づくろい」

1999 年、心理学者のホワイトゥン（A. Whiten）らが『チンパンジーにおける文化』という記念碑的論文を Nature 誌に発表した。ホワイトゥンは、七つの野生チンパンジーの長期調査地の主要な研究者に呼びかけ、チンパンジーの文化的行動として報告されたものを体系的に集約し、65 の行動からなる、包括的な文化的行動の候補の目録を作成した。さらにこれら 65 の行動がそれぞれのチンパンジーの集団でどの程度観察されるかを六つのレベルに分けて各集団の研究者にチェックさせた。そして、①「ある集団では多数の個体にとって一般的・慣習的である」のに、②「他の集団では全く観察されないがその理由は生態学的に（つまり環境の違いによって）説明がつかない」行動を 39 に絞り込んだ。彼らはこの 39 の行動をチンパンジーの文化的行動であると考えた。表 3-1 に示されているように、道具使用行動などなんらかの物体の操作を含む行動が大多数を占める結果になった。

　ホワイトゥンらの報告の後、今世紀に入ってからボノボ、オマキザル、オランウータンの文化的行動について、ホワイトゥンらの方法を踏襲した研究成果が相次いで発表された。また、鯨類や鳥類のいくつかの系統においても文化が認められるという報告がなされている。こうした発見は、少なくともホワイトゥンらの定義した意味での文化は、系統的にヒトに近縁な動物にだけでなく、動物界に広範に見出される現象であることを意味する。

　そして現在、霊長類やその他の動物における文化の存在は、すでに現代の動物の研究者にとっては常識的な知識となっている。たとえば最近の動物行動学の初学者向けのある教科書には「社会的学習と文化的伝達」という章が設けられ、霊長類やその他の動物の文化に関する理論的研究や、それまでに知られている文化に関する知見がまとめられている。

　こうした霊長類の文化に関する研究の進展を踏まえて、研究者たちは「文化霊長類学」を名乗るに至ったのである。以下では、動物の文化の研究の現状について、いくつかの要点をかいつまんで紹介しよう。

表 3-1 ホワイトゥンらがチンパンジーの文化として認めた 39 の行動

文化的行動のパターン	記述
食物叩きつけ	食べ物を木に叩きつける
食物叩きつけ	食べ物を石など他の物に叩きつける
堅果割り	木のハンマーで木の台
堅果割り	木のハンマーで石の台
堅果割り	石のハンマーで木の台
堅果割り	石のハンマーで石の台
堅果割り	地面の利用など
杵つき	アブラヤシの樹頭を葉柄で崩す
こん棒	棒で強く叩く
シロアリ釣り	葉肋で釣る
シロアリ釣り	葉以外の物で釣る
アリ釣り	棒を入れてアリを釣る
アリ浸し拭い	細枝をサスライアリの群れに浸し手で拭きとる
アリ浸し	棒をサスライアリの群れに浸し口でしごきとる
水あめ棒	棒を入れてはちみつなどの液体を引き出す
ハチ探り棒	ハチがいるかを確かめ棒で巣の入り口を探り無力化する
髄かき出し	小枝を入れて動物の骨から中身を取り出す
レバー開き	棒で入り口を広げる
追い出し／かき回し	棒を突き入れて中の虫や動物を追い出したりかき回したりする
座布団	大きな葉を取り濡れた地面に敷き座る
ハエ追い団扇	葉付き枝でハエを追い払う
まごのて	物で自分の体をひっかく
放り投げ	明確なターゲットに物体を投げる
葉のナプキン	体の汚れを葉で落とす
葉っぱ押し当て	体の怪我した個所に葉を押し当てる
葉っぱ毛づくろい	葉の表面に対して強くグルーミングする
葉の噛みちぎり	葉を口でちぎる
葉の指ちぎり	葉を指でちぎる
葉っぱはぎ取り	威嚇として葉っぱを茎からちぎり取る
葉っぱ押しつぶし	葉っぱの上で外部寄生虫を押しつぶす
葉っぱ調べ	葉っぱの上で外部寄生虫を調べる
人差し指つぶし	腕に外部寄生虫を乗せ指で押しつぶす
対角毛づくろい	腕を頭上で組み合わせグルーミングする
ナックル・ノック	ナックルで地面などをノックし注意を引く
枝曲げ離し	灌木を曲げ手を離し音を立てて警告する
枝叩き	枝を叩いて注意を引く
枝揺すり	やかましく灌木の茎をゆする
灌木曲げ	灌木の茎を足で押しつぶす
レイン・ダンス	雨の始まりの際のゆっくりとした示威行動

＊　Whiten, et. al. 1999 の Table1 を改編し一部を掲載

＊＊日本語の行動パターン名は、中村 2009、杉山 2007、西田 2000 などを参照して島田が邦訳した

Lesson 3　動物と人間◎067

文化の定義の問題

　文化の定義は、現在の霊長類研究者の間でも意見の一致をみていない困難な問題であるが、研究の初期においても大きな問題であった。1950年代の時点で川村は、当時の文化人類学において提案されていたいくつかの文化の定義を踏まえたうえで、人間の文化の研究者との無用の衝突を避けるため、サルのイモ洗い行動などの例を表すのに、「類カルチュア」という言葉を使った。しかし、現在チンパンジーの文化の研究をけん引しているマックグルー（W. C. McGrew 1944-）は、問題を回避するために用意されたこうした用語を使用することは、人間以外の動物がすることは、人間よりも劣っているか異なっているが、どこが違うのかははっきり示すことはできないと認めることになる、と厳しく批判した。

　本書 Lesson1 でも、人類学者によるさまざまな文化の定義についてまとめられている。文化人類学者のクローバー（A. L. Kroeber 1876-1960）とクラックホーン（C. Kluckhohn 1905-1960）は1952年に、それまでの出版物をレヴューしたところ168もの定義があったと述べている。それほど文化の定義は難しいのである。マックグルーはこの文化の定義のレヴューを再考し、文化人類学者たちがこれまでに提起してきた文化の概念は、動物に適用するには曖昧すぎると批判し、文化的行動をヒト以外の動物に承認するための基準を、クローバーの記述から六つ抽出し、さらに人間の直接の影響がないことを条件に加えた。そしてこれらを全て満たすものは、文化であると認めて

表3-2　文化的行動をヒト以外の種に承認するためのクローバーの基準

基　準	英　語	特　徴	例
革新	innovation	新奇なパターンの発明・形成	杵つき
普及	dissemination	他個体からパターンを獲得する	ソーシャル・スクラッチ
標準化	standardisation	パターンの形式が安定化する	アリ浸し
再現性	durability	手本となる個体がいなくなってもパターンが再現される	葉っぱスポンジ
伝統	tradition	パターンが世代間で伝わる	堅果割り
伝播	diffusion	パターンが集団間に広がる	対角毛づくろい

よいと考えた（表3-2）。

　動物のある行動に人間の影響が及んでいないことを示すのは困難だし、また
ある行動が「革新」される現場を押さえるのは容易ではない。そのためこ
の基準を厳密に当てはめると、ホワイトゥンの行動目録にあげられたもので
あっても、（あるいは私たち自身の文化的行動であっても）文化とはいえな
い行動ばかりになってしまう。しかしたとえばのちに紹介する西アフリカ・
ギニアのボッソウのチンパンジーにおける「杵つき」などは、全ての基準を
満たしている例である。

　一方、日本のチンパンジー研究をけん引した霊長類学者の西田利貞（1941-
2011）は、クローバーの基準のうちの普及、伝統、伝播において生じている
はずの、ある個体から別の個体へと情報が、遺伝子によらず後天的な学習に
よって伝達するということ自体が文化の本質だと考えた。そこで、「社会的
学習によって伝達され、社会の多くのメンバーによって共有され、世代から
世代へと伝えられてゆく情報で、単に地方的環境条件に対する適応ではない
もの」を文化であると定義した。この定義は、Lesson1 でも取り上げられて
いるタイラーの定義を一般化した表現にもなっていることに注意したい。

　たとえばチンパンジーの行動が群れごとで大きく異なっているというホワ
イトゥンらの結果に対して、社会的学習が果たす役割が大きいことは明白だ。
そこで現在、文化を持つと考えられる動物たちが、どのような社会的学習を
通じて情報伝達を行っているのかについて盛んに研究がすすめられている。

ヒトの文化と動物の文化の質的な違いを強調する考え

　ヒト以外の霊長類が文化を持つかどうかという議論には、常に文化の定義
の問題がつきまとう。もし文化の本質が先に述べたような「社会的に伝達さ
れる情報」にあるとした場合、ヒト以外の動物が文化を持つことは、紹介し
てきたようにすでに多くの動物から報告があり疑う余地はない。

　ではこのような意味での文化が、ヒトとヒト以外の動物の間で、「同じ」
ものなのだろうか、という議論に対しては大きく分けて二つの立場がある。
一つは、ヒトとヒト以外の動物の文化には、不連続で質的な違いがある、と
考える立場である。こうした立場は実験的手法によりヒトと類人猿の比較心

理学的研究を行っているトマセロ（M. Tomasello 1950-）などが主張している。これまでにヒト以外の動物から知られている文化的行動の多くは、単一の道具使用である。しかしヒトの文化においては、前の世代までに完成された文化的行動を前提とし、それらのうちいくつかが別の目的に応じて組み合わされることで新たに生み出される文化、つまり「累積的文化」が広範にみられる。トマセロらは、社会的学習といってもチンパンジー（そしてその他の動物の多く）は、観察により相手の意図を含めてその行動パターンをコピーするという意味の「（真の）模倣」を用いた学習を行わず、また他個体からの「積極的な教示」もないために、文化は生じてもそれが組み合わされ、累積的文化に発展することはないと考える。そしてこの点でヒトとチンパンジーなどの動物の文化は、質的に不連続なのだと主張する。

　たしかにチンパンジーの道具使用行動の社会的学習の大部分は、観察によって相手の行動の使用している物体や場所に注目するようになり、後は試行錯誤で個別に学習するタイプの「刺激強調」か、観察によって相手の行動の目的だけを理解し、後は試行錯誤で個別に学習するタイプの「目的模倣」のどちらかで説明が可能である。またチンパンジーが他個体に行動を積極的に教示する例もほとんど知られていないのである。

ヒトの文化と動物の文化の連続性を強調する考え

　ヒトとヒト以外の動物の文化には質的な違いはなく、連続的で量的な違いしかないと考える研究者もいる。この立場は、文化霊長類学の提唱者の一人で、フィールドワークにより野生チンパンジーの研究を続けるマックグルーなどが主張している。たしかにこれまでのフィールドワークからは、チンパンジーが（真の）模倣により、文化的行動を獲得したり、他個体に文化的行動を「教育」する例はほとんど知られていないことについては、彼らも認めている。しかし、仮にチンパンジーが（真の）模倣の能力を持たず、他個体に教示しないとしても、そのことがチンパンジーには累積的文化が生じないことの証拠になるだろうか。

　たとえば西アフリカ・ギニアで野生チンパンジーの研究を続けている杉山幸丸（1935-）は、チンパンジーの物質文化・技術に関して、一つの目的を

達成するために複数の異なる種類の道具を、順次用いたり、同時に複数の道具を用いたりする複合道具使用の例を多数あげている。

　ボッソウでは、「葉っぱスポンジ」と「杵つき」はともにそれぞれ独立の目的を持つ行動である。葉っぱスポンジとは、木のうろなどに溜まった雨水に、ちぎった葉っぱを口の中でぐちゃぐちゃに揉んでから水の中に入れ、それを引き出して口に入れ、水分を補給する行動である。杵つきとは、アブラヤシの樹頭で、アブラヤシの巨大な葉柄を、樹頭の中心に繰り返し突き立て、内部が崩れて樹液がしみでたところに手を突っ込み、樹液を手につけ、しゃぶる行動である。杉山は、時としてチンパンジーが杵つきをした後に、葉っぱスポンジを利用して樹液を吸う行動を観察した。

　これは一つの文化的行動の上に、別の文化的行動が積み重ねられた例と考えられる。つまりすでにある杵つき行動という技術に、葉っぱスポンジという異なる役割を果たす技術が累積的に付加されたのである。こうした報告が示唆するのは、仮にチンパンジーの社会的学習が模倣や教示を含まないとしても、ここで紹介したような複合道具使用行動が集団内に定着すれば、累積的文化が生じたと考えられる例がありうるということである。

　現在、飼育下のチンパンジーの群れで、こうした累積的文化が生じるかどうかを実験的に明らかにしようする研究も行われている。

行動を意味づける枠組みとしての文化

　ホワイトゥンらが取り組み、後に続く多くの霊長類学者たちが目指しているような、チンパンジーや他の霊長類の群れごとの行動パターンの目録を作るだけでは、その群れの文化の理解として不十分だという考え方もある。

　たとえばアメリカの文化人類学者のピーコック（J. L. Peacock 1937-）は、「文化とは特定の集団のメンバーによって学習され共有された自明でかつきわめて影響力のある認識の仕方と規則の体系（コード）」であると述べた。つまり行動に意味を付与する枠組みこそが文化であり、文化の研究は単に集団の行動パターンなどを寄せ集めて一覧表にしただけでは不十分だというのである。

　こうした文化の見方に従えば、チンパンジーの文化を考えるということは、

Lesson 3　動物と人間◎071

チンパンジーの行動が、彼ら自身にとってどのような意味を持っているのかを示し、またそれが彼らの他の行動や生活の全体とどのように関わり合っているのかを示すことに他ならない。しかし、こうした観点からのチンパンジーや他の霊長類の文化の研究について、マックグルーは「それは霊長類学者の気力をくじくような挑戦にみえる」と述べ、二の足を踏んでいる。

また社会人類学者のインゴルド（T. Ingold 1948-）は、（遺伝によらず）集団内の個体から個体へと伝達される情報、という霊長類学者たちが強調するような文化の本質についての見方自体を厳しく批判している。インゴルドは、情報といういわば動物や人間の身体から切り離された実体が個体から個体へとやり取りされる、という想定自体が、動物たち（そしてまた私たち人間）のインタラクションにおいて実際に生じていることとは異なっている、すなわちこの「伝達メタファー」自体が無効であると批判しているのである。

たとえ困難な試みであっても、ものいわぬ対象の動物が世界をどのように認識し、どのような意味の世界を生きているのか、そしてそのことが彼らの行動パターンなどとどう関わっているのかという観点に立つ霊長類の研究、あるいはたとえば彼らが特定のインタラクションができるようになってゆくプロセスを、伝達メタファー以外の観点で記述する霊長類の研究は、今後動物の文化をヒトの文化と同列に捉えてゆこうとする試みとして、大きなテーマとなってゆくだろう。そうした苦闘の一つとして、最後に私自身の研究を例にあげよう。

ニホンザルの「枝引きずり遊び」

冒頭で紹介したように、私はニホンザルのコドモの「物を伴った社会的遊び」の研究を続けてきたが、2004年夏に比較研究を行った結果、京都府嵐山の餌づけ群のコドモの間では定着し一般的に観察されていた「枝引きずり遊び」が、実は宮城県金華山の純野生群のコドモの間では定着していないことを見出した。一方で遊びの際に物を保持する行動はどちらの群れでも観察された。つまり嵐山と金華山の間では、「枝引きずり遊び」が定着している、いないという地域間変異があることがわかった。なぜこうした地域間変異が生じるのだろう。木の枝など遊びに伴うことのできる物は、どの群れでも環

境中に無数に見出せるから、こうした変異が環境の違いによって単純には説明がつかないのは明らかだ。

　サルの物の所有に関する行動は、その物の「価値」に大きな影響を受ける。他個体の保持する物の価値が高い場合には、個体間の社会的順位が明確なサル同士ではその物をめぐって直接争うことはない。したがってもし、遊びの際にコドモが保持する物の価値が高ければ、他のコドモは物の持ち手との遊びを抑制するだろう。つまり他個体に所有されている物を、遊びのターゲットとしてみなすかどうかは、その物の価値に影響を受けるはずだ。

　そこで、遊びに伴われる物の「食物としての価値」を調べるために、コドモが採食した品目のデータを収集し、食べられた日数・時間・量に応じて、「主要食物」、「補助的食物」、「レア食物」に分類した。そしてこれに食物にはなりえない石やプラスチックなどの「非食物」のカテゴリーを加え、遊びの際伴われた物が、どの分類に当てはまるかを検討した。

　その結果、嵐山のコドモが遊びの際に保持した物55品目のうち53品目（96%）までが、非食物、レア食物、補助的食物で占められたのに対し、金華山のコドモが伴った物7品目は、全て主要食物か、それを含む物であった。

　たとえば遊びによく伴われるヤマザクラの枝は、嵐山のコドモにとって食べられる物ではあるが補助的にしか食べない。嵐山のサルたちは、人間から餌付けされている。そのためたとえ食べられる物であっても、食物としての価値は低くなる。ところが、同じヤマザクラは食物の乏しい夏の金華山のコドモにとっては、主要食物であった。このように、それぞれの群れの環境条件、特に餌づけの有無によって、ある物（たとえそれが生物学的に同じ物であっても）の食物としての価値とその認識に群れ間で違いが生じるのである。

　純野生群の金華山ではコドモが遊びの最中に手にする物の価値が高いため、物を持つ個体との遊びは抑制される。餌づけ群の嵐山のコドモが持つ物は、価値が低いため、そうしたメカニズムは働かない。コドモたちは、繰り返される社会的遊びの中で、遊びの際に伴われている食物としての価値が低い物に対し、「遊びのターゲットとしての価値」を新たに付与するようになる。さらに、その物を保持することと、追いかけっこにおいて逃げ手の役割を担うことが連合し、伴われる物に遊びに特有の意味づけがなされるようになる。

Lesson 3　動物と人間◎**073**

こうして生み出された新たな社会的価値や意味が、嵐山のコドモの間に定着し、一方で金華山では物を伴った社会的遊びそのものが抑制されるため、結果的に、「枝引きずり遊び」が定着する、しないという地域間変異を生み出しているのだと考えられる。

金華山と嵐山の環境中に生物学的には同じ物が存在していても、その物の食べ物としての価値、すなわち「意味」が、二つの集団では異なる場合がある。つまり「食文化」が異なるのだ。そのことが、遊びの際に保持する物の価値の認識に影響を与え、一方では遊びが抑制されるが、他方では新たな社会的価値の形成を促し、パターン化した遊び方として定着する。つまり「遊びの文化」の違いとなって現れているといえるだろう。

文化霊長類学の今後の課題

「枝引きずり遊び」の例のように、霊長類が何に対してどのような価値づけをし、どのような「意味」の世界を生きているのかを知ることは難しい。また彼らの遊びのインタラクションが、「枝引きずり遊び」ができる個体から、できない個体へのある種の情報伝達という枠組み（すなわち「伝達メタファー」）で理解するのが妥当なのか、あるいは不適当なのかを私の分析で明らかにすることも現時点では困難だ。しかし私は、そうした「意味」と彼らの生活全体や各々の行動との関係をひとつひとつ明らかにしてゆき、また彼らの遊びのインタラクションで生じていることをより詳細にみることで、単なる行動パターンの目録作りとその比較だけの研究や、あるいは「伝達メタファー」を前提とした研究から、一歩先に進んだ文化研究が可能になるのではないかと考えている。

また、ホワイトゥンらが開始した行動目録を用いた地域間比較では、そのほとんどが、チンパンジーの道具使用行動・物質文化に関するものである。私たちが文化という言葉を使う時、たとえば挨拶などの社会的慣習をいう場合も多い。こうした例も霊長類の文化において確かめられてきてはいるが、数は多くない。今後こうした道具使用行動以外の文化の研究は大いに期待される。

❹おわりに　文化を考えるうえで霊長類が果たす役割

　ヒトの文化を考えるうえで、霊長類という存在は、切れない関係にあることをみてきた。第一に、私たちは、全ての動物の中でヒトに最も近縁な霊長類を扱うことによって、さまざまな文化の中で、いかに霊長類が特殊な存在として認識されてきたか、ということについて学んだ。文化によって、またそこに共存する霊長類の種によって、扱われ方は多様だが、一方できわめて一般的な霊長類の特別視が指摘された。それは、霊長類が動物とヒトの境界的存在だからであった。

　第二に、霊長類が文化を持つことが、さまざまな証拠から確かめられてきていることをみてきた。ヒトだけが文化を持ち自然から切り離され、他の動物は自然に属し文化は持たない、というステレオタイプな自然と文化の二元論はもはや説得力を持たない。むしろ、現在ではヒトの文化と霊長類の文化を積極的に比較し、両者の特徴を細かく明らかにしてゆこうとしている。ただしそこで用いられている「文化」の内容は、現状では限定されたものであることを学んだ。

　川村俊蔵や伊谷純一郎（1926-2001）をはじめとする初期の日本の霊長類学者たちは、最初から、採食品目、社会構造、社会行動なども文化的現象として捉えており、物質文化に偏った文化の研究の展開を冷ややかに見ていた。私たちは先輩たちの残した宿題に取り組み、霊長類の文化研究をすすめることで、かえって文化の概念を矮小化することのないようなアイディアを出していかねばならない。また、彼らのサルに対する研究手法もまた、私たち日本文化における動物観の影響を受けている可能性が指摘されている。当然、霊長類の研究の結果が、日本人のサル観に与える影響も出てくるだろう。今後の研究課題である。

　霊長類と向き合うことは、文化を考えることなのである。

Lesson 3　動物と人間◎075

■参考文献

○川村俊蔵（1965）「ニホンザルにおける類カルチュア」川村俊蔵・伊谷純一郎編著『サル——社会学的研究』中央公論社.

○クラックホーン，クライド（1971）『人間のための鏡』，光延明洋訳，サイマル出版会.

○黒田末寿（1999）『人類進化再考——社会生成の考古学』以文社.

○島田将喜（2009）「ニホンザルの遊びの民族誌——金華山・嵐山・幸島・志賀高原のコドモたち」亀井伸孝編『遊びの人類学ことはじめ——フィールドで出会った〈子ども〉たち』81-133頁，昭和堂.

○島田将喜（2015）「動物たちも遊びを楽しむ？」日本動物心理学会監修・藤田和生編著『動物たちは何を考えている？——動物心理学の挑戦——知りたいサイエンスシリーズ』第7章7－3.動物は自分のことをどれくらい知っている？，256-260頁，技術評論社.

○杉山幸丸（2008）『文化の誕生——ヒトが人になる前』京都大学学術出版会.

○ダーウィン，チャールズ（1990）『種の起源』上・下，八杉龍一訳，岩波文庫.

○ダグラス，メアリ（1985）『汚穢と禁忌』，塚本利明訳，思潮社.

○竹内潔（2001）「彼はゴリラになった——狩猟採集民アカと近隣農耕民のアンビバレントな共生関係」市川光雄・佐藤弘明編著『森と人の共存世界』京都大学学術出版会.

○浜本満・浜本まり子共編（1994）『人類学のコモンセンス——文化人類学入門』学術図書出版社.

○ピーコック，ジェイムズ・L（1988）『人類学と人類学者』，今福龍太訳，岩波書店.

○廣瀬鎮（1979）『猿』法政大学出版局.

○モリス，デズモンド／モリス，ラモナ（1970）『人間とサル』，小原秀雄訳，角川選書.

○Cormier, Loretta Ann（2003）*Kinship with monkeys: the Guaja foragers of eastern Amazonia*, New York, Columbia University Press.

○Masaki Shimada（2012）"Social object play among juvenile Japanese macaques in provisioned Arashiyama troop, compared with that of non-provisioned Kinkazan troop" In: *The Monkeys of Stormy Mountain: 60 Years of Primatological Research on the Japanese Macaques of Arashiyama*, Jean-Baptiste Leca, Michael A. Huffman, Paul L. Vasey (Ed.s), Cambridge, Cambridge University Press, pp.258-302.

○ Susan Perry and Joseph H.Manson（2003）"Traditions in Monkeys." *Evolutionary Anthropology*, 12, pp.71-81.

○ Whiten, A., Goodall, J., McGrew, W.C., Nishida, T., Reynolds, V.,Sugiyama, Y. Tutin, C. E. G., Wrangham, R. W. and Boesch, C.（1999）"Cultures in Chimpanzees." *Nature*, 399, pp.682-685.

■推薦図書

○亀井伸孝編（2009）『遊びの人類学ことはじめ——フィールドで出会った〈子ども〉たち』昭和堂.

○中村美知夫（2009）『チンパンジー——ことばのない彼らが語ること』中央新書.

○西田利貞『人間性はどこから来たか——サル学からのアプローチ』京都大学学術出版会.

○マックグルー, ウィリアム・C（1996）『文化の起源をさぐる——チンパンジーの物質文化』, 西田利貞監訳, 足立薫・鈴木滋訳, 中山書店.

○山極寿一（2008）『人類進化論——霊長類学からの展開』裳華房.

Lesson 4

環境と生活

文化はなぜ多様なのか？

山口未花子

❶ はじめに

　日本に暮らす私たちは、北海道から沖縄に至るまでの多様な環境や、四季折々に変化する自然に触れているために、自然環境と文化が相互に関係しているということをいわば当たり前のことと感じているのではないだろうか。たとえば東北の豪雪地帯の人びとが使うカンジキのような道具や、亜熱帯の沖縄でみられる台風に飛ばされないような背の低い家屋など、さまざまな地方でそれぞれの風土に根差した物質文化が創り出されてきた。だから、改めて「人間の文化はそれを取り巻く自然環境の影響を受けている」などといわれても、ピンとこないかもしれない。あるいはその逆で、一年を通じて快適な温度を保ち、季節ごとの虫の襲来や雨風の影響さえほとんど受けることのない東京のような都市のマンションの一室に住んでいるとすれば、自然の影響などほとんど感じないかもしれない。

　しかし人間も生物である以上、所与の自然環境に適応したからこそ今日まで生存しているのであり、またその歴史は進化という視点で捉えられるはずである。人間とはどのような存在であるかを問う文化人類学において、こうした観点は重要になるはずであるが、歴史をひもといてみると、文化はそもそも人間だけがつくるものと考えられていた、ということがわかる。「自然との関係」という生態学的な考え方が取り入れられるようになり、さらには生態人類学や文化生態学といった学問領域が形成されるまでに至るのは比較的新しい時代になってからである。

　本章では「生態」というキーワードを用いながら、人と自然との関係、進

化という視座を人類学がどのようにして獲得していったのかを歴史的に概観する。さらに、いくつかの事例を用いて、人と最も身近な自然である動物との関係とそこから導かれる理論について紹介したい。

❷新進化主義の潮流

「進化」概念の導入：新進化主義

　大航海時代に勃興した初期の人類学では、探検や植民地化によって新しく知ることになった「未開の」人びとや文化から、人間文化の多様さが明らかになり、珍しいものへの好奇心を原動力に、貪欲に新しい世界について知ろうという動きが活発だった。しかし人類学者は全てヨーロッパやアメリカの白人であり、自民族中心主義に貫かれていた。というより、当時それ以外の概念がなかったといってもいいかもしれない。時を同じくして隆盛を極めた博物学や生物学の概念を援用した進化主義のような考え方も出てきたが、結局、未開社会は文明社会へ至る前の遅れた段階である、というように自分たちの文明の優位性に立脚したものであったといえる。

　こうした態度を批判したのが、アメリカ人類学の父とも呼ばれるボアズ（F. Boas 1858-1942）である。彼は自民族中心主義や進化主義への批判として「どの文化もそれぞれ所与の環境への最適の適応方法として歴史的に形成されたものである」という考え方を示している。また、こうしたボアズの考えを導いたものが、エスキモーなど北米先住民についての文化の全体理解を目指した民族誌の記載であったことは、後述する自然誌の概念とも重なる重要な点であるといえる。ボアズはここから、「文化相対主義」という人類学の重要な概念を提唱するに至っている。ただしこのことは、一方で進化主義的な説明の完全な否定でもあり、進化論を文化に結び付けることが次第にタブー視されるようになっていった。その結果ボアズの弟子たちは、パーソナリティや文化の分類といった方向に研究を深化させていき、環境への適応や進化といった生態学的な概念が人類学において取り上げられるようになるにはさらに時を待つ必要があった。

　やがてボアズの弟子たちが教鞭をとる頃になると、若い世代から進化論の

COLUMN ① 文化進化論と新進化主義

　19世紀ヨーロッパでは、非西欧を植民地化する過程で博物学が勃興し進化論など
の新たな理論も生みだされた。ただし進化論とは決して生物にのみ当てはまる考え
方ではなく、社会学者のスペンサー（H.Spencer 1820-1903）らによって人間社会
の考察にも用いられていた。人類学においても、多様な文化が存在するのは欧米の
近代文明を頂点とする社会の進化の段階が異なるからである、という考え方の下に
タイラー（E. B. Tylor 1832-1917）やモーガンによって文化進化論が提唱された。
その背景には西欧の持つ帝国主義的な思考が垣間見られることは否めない。ただし、
当時はヨーロッパの外にすむ人びとは西洋人より劣った"人種"である、という考
え方が主流であったのに対し、文化進化論では社会の発達段階が異なるだけで、基
本的には同じ人間であるという考え方が示されたともいえる。
　20世紀初頭になると伝播論や機能主義が注目を浴びるようになり、さらにボアズ
学派から厳しく批判されたことによって、文化進化論はいったんは文化人類学の舞
台から姿を消してしまう。ところが1940年に入ると、モルガンを再評価し、エネ
ルギー使用量を進化の指標としたホワイトによって進化論は再び脚光を浴びる。ま
た、ホワイトと同世代のスチュワードは、それぞれの文化は環境への適応の結果で
ある、という多系進化論を展開し、ホワイトの進化論と自らの学説と区別した。さ
らにこの2人の弟子であるサーヴィスとサーリンズは、ホワイトの学説を一般進化、
スチュワードの学説を特殊進化として、どちらかが間違っているのではなくそれぞ
れが進化の異なる側面を説明しているのだと主張した。こうした一連の議論は新進
化主義と呼ばれ、のちの文化生態学や生態人類学へと受け継がれていく。

概念を援用して人間社会を捉えなおそうという者が現れ始める。たとえばホ
ワイト（L. A. White 1900-1975）は「人類の全ての文化を測定するのは年
間一人あたりのエネルギー捕捉量である」とし、人類文化の発展はどれだけ
エネルギーを捕捉したかという技術の革新によるものとして、狩猟採集時代
の身体エネルギーに依存していた段階➡新石器時代の農耕革命➡産業革命期
での燃料革命➡核エネルギーの時代という四つの段階を想定した。ホワイト
は進化主義を唱えたモーガン（L. H. Morgan 1818-1881）に影響を受けた
といわれているが、彼の新進化主義は自民族中心主義といった思想的な背景
を排した唯物主義的な考え方に貫かれており、何よりもエネルギーの捕捉量
によって文化が段階的に進化するという考え方は独自のものであった。

Lesson 4　環境と生活◎081

環境への適応：文化生態学

ホワイトの同時代人で、もとはボアズの弟子クローバー（A. L. Kroeber 1876-1960）に師事しながら、のちに新進化論者と呼ばれるようになった人物にスチュワード（J. H. Steward 1920-1972）がいる。文化の進化を普遍的なものと捉えたホワイトや、文化は歴史の所産であると考えた文化相対主義者らに対し、スチュワードは「文化は文化から生まれるという実りのない仮定に、文化以外の要因として地方環境を導入しているという点で相対主義や新進化主義の文化史の概念とはことなる」（スチュワード 1979）とし、地域ごとの生態学的環境によって、文化は異なる進化を遂げるという考えに立った。そしてホワイトらの進化論を単系進化、自らの進化論を多系進化と呼んで区別した。

ただし、スチュワードの業績をみると、むしろ重要なのは文字通り「生態」概念を文化の理解に導入したという点にある。彼は「文化生態学」という新しいパラダイムによって、文化は環境に対する適応手段であるとの考えの下、狩猟採集民を対象に人間の生活・文化と環境との間の生態学的な関係について研究を進め、後に続く生態人類学の基盤をつくったという点で現在に続く潮流をつくった。

ホワイトとスチュワードの弟子たち

ホワイトやスチュワードの提起した新しい理論は、次の世代に引き継がれていった。たとえばマーヴィン・ハリス（M. Harris 1927-2001）は、スチュワード学説を文化の唯物論と定義し、自らを文化唯物論者と名乗った。文化唯物論の基礎となるのは「人間の社会生活とはこの地球に生存するうえで避けることのできない実際的な問題に対する反応である」という前提であり、文化はそれぞれの社会における生態学的・経済学的条件や物質条件との関連で説明できると考えた。たとえば、イスラム教徒やユダヤ教徒における豚を食べることの禁忌は、分類上象徴的な意味づけをされているからという理由で生じたのではなく、もともと豚を飼育していた地域の環境が変化して豚飼育に不適なものとなり、ベネフィットに対するコストが最終的に高くつくようになったために宗教的な制裁力に訴えて全面禁止されるようになったと考

えたほうが現実的であり、逆に東南アジアや中国などで豚飼育が禁止されなかった理由をも説明するとしている（ハリス 1987）。

また、ホワイトとスチュワードに師事したサーヴィス（E. R. Service 1915-1996）とサーリンズ（M. D. Sahlins 1930-）は、師である二人の学説を統合し、ホワイトの普遍進化を一般進化、スチュワードの多系進化を特殊進化として、進化の異なる二つの側面を説明するものであるとした。たとえば、一般進化では環境への適応によってさまざまな文化が生じるが、これは必ずしも方向性を持つものではないが他方でエネルギー捕捉量の増大や社会組織の複雑化の増大といった側面からは、下位から上位へという方向段階的に進化する。特に特殊進化はのちに文化適応と呼ばれ、人類学においても広く浸透する考え方となった。

こうした新進化主義の潮流は一方で、適応とはあまりにも自明のことであるという指摘や、逆に人間の文化の多くが適応性に欠けたものであるという批判を生んだ。しかし人間の文化を考えるにあたって進化や適応という生態学的な概念が導入されたという点は大きな意味を持つといえる。

❸ 生態人類学の成立

アメリカの場合

ホワイトやスチュワードが文化進化論を唱えたのとほぼ同じ1930年代に、アメリカではカーペンター（C. Carpenter 1950-1975）による中米のホエザル研究から霊長類の野外研究が勃興した。こうした研究に刺激を受け、リー（R. Lee 1937-）やドゥヴォア（I. DeVore 1934-2014）らが狩猟採集民の生態学的研究を行うようになる。また、ジョンソン（A. Johnson 1941-）は動物行動学の分野で用いられていたタイム・アロケーションを応用するなど、もともと生物の生態や行動の調査に用いられていた手法が人類学の分野に盛んに持ち込まれるようになった。

こうした動向をけん引した一人がニューギニアのツェンバガ・マリンの研究で知られるラパポート（R. Rappaport 1926-1997）である。彼はオダム（E. P. Odum 1912-2002）の『生態学の基礎』（1974）によって一般に普及

した「生態系」や「適応」「ホメオタシス」といった概念を導入、食物や作業の定量化を推し進め、生態系の内側をめぐるエネルギーや物質のフローを記述するのに必要なデータを収集し、一般生態学と生態人類学とを統合することを目指した。彼はツェンバガ・マリンにみられる豚のカイコ儀礼を例にとり「宗教の機能は社会的に共有されうるシンボルを通じてコミュニティを統合させることである」という考え方を批判し、「儀礼も生態系に物質的に影響を与えるものであり計量可能」であるとした。しかしこのラパポートの言説に対して、栄養学的にはたんぱく質摂取の方法として意味がないという批判がなされた。ラパポートはこれを受け「儀礼のタイミングが戦争の時期と平和の時期のサイクルと同調することで傷ついた戦士に質の高いたんぱく質の摂取が保証される」と説明している。ただし全体としてみれば、儀礼の有効性は栄養学的なところにのみあるのではなく、地域集団間の関係を調整するうえで果たす役割にあるとの考え方を示している（Rappaport 1984）。また、ラパポートはホメオタシスのように、ある程度閉じられた空間で循環するような生態学的環境を想定していたが、こうした時間的・空間的な生態系の境界をどのように引くのかについても議論をよぶところであった。

　このように、スチュワードによって方向づけられた生態人類学という分野は、アメリカで発展しラパポートらが活躍した後は生物学を重視する傾向を強めていった。たとえばスミス（E. Smith）は、狩猟採集民の適応戦略に関する研究を行い、1980年代初期にはいち早く最適採食理論を取り入れた研究を行った。またアメリカ以外でもノルウェーの人類学者バルト（F. Barth 1928-2016）は、パキスタンをフィールドに三つの民族集団がそれぞれ異なる生態学的ニッチを排他的に利用しているとして、ニッチ概念を人類学に持ち込んでいる。

❹ 日本における生態人類学の展開

　日本における生態人類学は東大と京大、二つの大きな潮流によって特徴づけられる。その始まりから現在に至るまでの展開を概観する。

京都大学と生態人類学

　京大における生態人類学の始まりは1940年代に行われた今西錦司や梅棹忠夫らの海外遠征にさかのぼることができる。さらに1962年には理学部自然人類学講座、人類進化論講座が開設され、伊谷純一郎らが中心となって、人類進化の解明を目指す手がかりとしてアフリカを中心とした狩猟採集民の研究に着手した。その方法論は「バネ秤人類学」とも呼ばれるように、量的データを集め、そのデータから人間の生態を明らかにするやり方が中心であった。

　京大の生態人類学を特徴づけるものの一つは霊長類学との密接な関係である。そもそも人類進化論講座には霊長類学者と人類学者が混在し、活発な議論を繰り広げてきた。日本では、第二次世界大戦後すぐにニホンザルを対象とした霊長類の野外研究が再開され、そのフィールドはアフリカにおけるチンパンジーやゴリラ、ボノボといった類人猿へと拡大した。また、欧米での霊長類学研究が個体を重視した行動生態学的な傾向があるのに対し、日本では社会生態学的な傾向が強かった。さらには霊長類を生態学的な研究としてより人類学の中に位置づけることが重要であるという考えもあり、1980年代には霊長類研究から狩猟採集民の研究へとフィールドをまたいだ行動学的研究が盛んになった。こうした研究者の中から人類進化という視点のみに拘泥するのでなく、「インタラクション・スクール」と呼ばれるような相互行為に焦点を当てた菅原和孝や北村光二など多彩な研究者が輩出した。

東京大学と生態人類学

　一方、東大には、戦前より理学部の人類学教室で生態学的な視点を持つ研究がなされていた。とはいえ、明確に生態人類学的であるといえるような研究が始まるのは1950年代に渡辺仁が取り組んだアイヌの狩猟採集時代の生態の復元に関する研究を待つ必要があった。渡辺は日本の生態人類学的研究の中でも最も初期に海外で紹介された研究者でもあり、当時の生態人類学、狩猟採集民研究における金字塔ともいうべき Man the Hunter（1968）にも論文が掲載されている。渡辺の研究の特徴は東大の人類学教室で培った先史人類学的な視点と、人間の生活を活動系として時間と空間の軸の上に具体的

Lesson 4　環境と生活◎085

に位置づけて活動を分析する手法にあった。さらには活動の範疇を食物獲得活動、住居設営活動、身体保護活動、防衛活動、生殖活動、遊び活動、探査活動、休息と睡眠といった諸活動とともに儀礼的活動と審美的活動も含めるような全体的な視点を持っていた。

東京大学からは、時・空間のアスペクトから人間活動の個人レベルの利用を個体追跡による直接観察により研究した大塚柳太郎や、北方狩猟民の活動系における人と自然の初源的同一性や互酬性といった特徴を明らかにした煎本孝らが輩出した。

東大における生態人類学的の潮流の一つとして、鈴木継美を中心に、医学部につくられた人類生態学教室についても触れておく必要があるだろう。医学・保健学の立場から人間の環境的適応を具体的に明らかにするため食生活や疾病、人口などの諸問題を取り上げ、公害や環境変化が人間の体にどのような影響を及ぼすかといった公共人類学的な課題にも取り組んできた。

日本の生態人類学の特徴

日本における生態人類学の二つ（と人類生態学）の潮流は、京大が霊長類やアフリカの狩猟民研究から人類進化的な視点を強く持っているのに対し、東大では北方からニューギニアを含めた多様な地域における人類の環境適応という側面を強く打ち出すなど、それぞれに異なる特徴を持つといえる。しかし、京大と東大の生態人類学をけん引した伊谷と渡辺、二人の言葉は、それぞれが目指すところが同じところにあることを端的に示している。

伊谷は「生態人類学の最大の関心事は生活にあるから、どうしても人々が生きるその環境を重視しなければならない。その第一義的な課題は、ある地域における人々の生業基盤の解明にある。……第二は進化に対する態度である……20世紀後半の霊長類学は人類の進化にかかわるきわめて重要な成果の数々をもたらしたのだが、生態人類学はそれに呼応しうる位置を占めてきたといっていいだろう。前者は現世霊長類からの、そして後者は今日なお自然に強く依存して生きる人々からの、人類進化過程の諸問題の復元を目指してきたのである」（伊谷1995）と述べ、環境への適応としての生業基盤と、人類進化こそ生態人類学の明らかにするところであるとしている。

一方渡辺は「生態人類学は人の生活の自然史である。いいかえるとそれは自然界の現象としての人の生活の科学的研究である。生物は環境への適応によってその生命を維持している。生物個体がいとなむ、そのための一連の活動が生活である。そこで自然史からみた生活とは、生物が環境との関係を維持する手段であり、また生物が環境に対処するための適応機構である。このように生活は環境と密接不可分の関係にあり、したがって両者は一体のものとして理解されなければならない。生活の自然史的な意味や機能は環境との関連において、すなわち生態学的にとらえることなしには理解が難しい。この生活と環境との関係を生活の側（立場）から探究するのが生態人類学である」としたうえで、「人間と環境の関係を問題にするばあい、長期の展望を忘れてはならない。すなわち進化的にとらえる必要がある」（渡辺1977）とやはり環境適応と進化が生態人類学における重要な視点であることに言及している。

❺ 自然へのまなざし

狩猟採集社会の研究

　さらに、生態人類学が特に大切にしてきた方法論として、「自身があたかも自然の中の一つの要素であるかのように、自然の中に埋没して生活する人びと」（伊谷1977）である狩猟採集民や焼畑農耕民、牧畜民を対象としたフィールド調査の伝統がある。そうした人びととは、日々の糧を得るために関わらざるをえない自然に適応した生活様式を体現して教えてくれる存在である。特に狩猟採集民の研究は人間の歴史の99%以上を狩猟採集生活が占める（Lee and DeVore 1968）という点からも重要であるといえる。狩猟採集民の研究は霊長類、化石人類から連続して現生人類に至るまでの進化の過程を解き明かすうえで重要なパーツに関する知見を提供するものとなるだろう。

　環境適応について理解するためにも、狩猟採集民と自然との関わりを明らかにする必要がある。これは決して進化的な過程を解き明かすという点でのみ意味があるわけでなく、私たち現代社会を生きる人類の身体や心にも狩猟

採集民としての性質が維持されているということからも重要なのだ。認知考古学者のスティーブン・ミズン（S. Mithen 1960-）は「幼児は、言語、心理、物理、生物という少なくとも四つの領域の行動においては、世界についての直観的な知識を持っているらしい。そして、それぞれの領域内でのその直感的知識は、はるか昔の先史時代の狩猟と採集による生活様式と直接に関係しているように見える」としたうえで、「心が自然界についての学習のために特化した装置を持っている……そのような直観的生物学が、……先史時代の狩猟採集民に対する選択圧という形で説明できるだろうか。当然のことながらできる。あらゆる生活様式の中で、狩猟や採集という様式は、自然界について最も細かな知識を必要とする。これは現代の狩猟採集民を見れば明らかだ」（ミズン 1998）と述べている。すなわち人の心は生物を選択的に意識し、知ろうとし、分類しようとするような傾向を生得的に持っているのであり、それは本来人間が狩猟採集民であることの査証であるというわけである。これほど人間の心身に深く刻まれているものであるとするならば、人間とは何かを知ろうとした時、人間の狩猟採集民的側面についての研究が不可欠であることは自明だろう。

　狩猟採集社会の研究からは、移動性が高く蓄財しないこと、バンドのような小規模な集団、大型動物などが獲れた際の分配、社会の平等規範といった共通する特徴が明らかになっている。一方で、極北地域に暮らすエスキモー（イヌイット）の雪の家イグルーや、アフリカ、ザイール（現 コンゴ民主共和国）のムブティによる見通しの悪い熱帯雨林で有効な弓矢や網を使った狩猟など、北方から南方に至るまでさまざまな社会における環境適応の事例が知られている。

自然誌：文化と生態の人類学

　ここまで生態人類学が隣接する諸分野から刺激を受けながら、人類学の一分野として重要な位置を占めるようになるまでの過程をみてきた。しかし一方で、アメリカの事例でみたように批判されるいくつかの問題があることも事実である。その中でも特に重要かつ今後の展開において大きなカギになりそうなのが、文化という側面の欠落という指摘である。煎本（1996）は「生

態人類学は詳細ではあるが限られた範囲における人間行動の適応ということに焦点が合わされてきている。……人間の認識や世界観の役割を無視することになっている」とこの点を批判している。そして「人間を自然であると同時に文化であると考え、自然人類学と文化人類学の交叉する領域で人間の生活を研究対象とする。さらに生活とは様々な活動の体系であるととらえる。したがって、自然誌とは文化と自然が重なり合う人間の諸活動の体系的記録であるということになる」とし、科学的視点からの文化の記載の必要を説いた。

　こうした考えが日本の研究者から出てくることはむしろ自然なことであったかもしれない。日本の生態人類学は欧米にみられる二元論的な発想ではなく、全体論的な視点を前面に押し出した日本独自の生態人類学をつくり上げてきた。特に煎本の師でもある渡辺は、人間の活動における儀礼の役割を重くみて「人間の生態系を取り扱う場合には、物理・化学的技術的適応以外に超自然的環境と儀礼的適応の問題を忘れてはならない。これは人間の生態学において従来ほとんど無視されてきた分野である」と警鐘を鳴らしている。また、伊谷を中心とした京都大学の生態人類学者たちによる『人類の自然誌』（1977年、雄山閣）においても、自然誌という言葉が用いられ、生物学的側面と精神的側面、文化についても包括的な民族誌を描こうとする姿勢がみられる。実は全体的な視点、特に自然誌（史）の視点の重要性はスチュワードや広い意味ではボアズにまでさかのぼることができることはすでに述べた。そうした意味において、自然誌的なものの見方は人類学の原点とさえいえるかもしれない。

❻人と動物の織り成す社会

　自然誌の視点を持った研究をするにあたって、人間自身の身体や進化という側面とともに、周囲の自然環境との関わりが重要な要素であることは当然のことである。本節ではそうした自然の中でも「動物」という存在について考えてみたい。近年の人類学における「静かな革命」あるいは「存在論的転回」といった新しい潮流において自然と文化の断絶を乗り越えようとする動

きが顕在化する中で、その重要なアクターとして非人間、特に動物が重要な役割を果たしている（石倉 2016：Lesson1 参照）。そもそも自然環境の中でも動物は人間と最も近い存在として、人と人以外のものの中間に位置するような存在として捉えられ、つねに私たちの思考を刺激してきた。こうした動物観は Lesson3 で島田が示したような、動物の中でも霊長類、霊長類の中でも人間に最も近いとみなされる種が特に象徴的な存在とみなされていることに如実に表れている。さらに動物は、資源利用や精神文化といった側面からも重要な役割を果たしてきた。

　ここからは、筆者自身の研究対象であるカナダ先住民カスカと動物との関係を中心に紹介する。狩猟採集民を主に取り上げるのは、前節でも指摘したように人間は本質的には狩猟採集民であり、そうした人びとと動物との関係を知ることによって人と自然の相互関係の本質的な部分がみえると考えるからである。一方で、動物との関係や動物に対する考え方はアフリカなど他の地域と北米先住民とでは大きく異なっている。そうした違いについても比較しながら、人と動物との関わりからみえるものを探ってみたい。

カナダ先住民カスカと動物

　カナダ先住民カスカは、ユーコン準州からブリティッシュコロンビア州にかけての亜極北針葉樹林帯に暮らしてきた狩猟採集民である。狩猟採集民と一言でいっても、たとえば低緯度に暮らす人びとが 60 ～ 80％という高い比率で植物の採集に依って生計を立てているのに対し、高緯度の人びとは主に狩猟や漁労によって得られる動物性たんぱく質に依存する割合が高くなる（田中 1977）。カスカの人びとはまさに典型的な高緯度の狩猟採集民であり、内陸部に活動領域を持ち、鮭などの遡上がないことからも、陸生哺乳動物への依存度が高い民族であるといえる。

　ただし、狩猟採集民とはいっても、今日ではカナダ市民として集落に定住し、特に若い世代では現金収入の見込める仕事を持ち、休日などに狩猟を行うというような複合経済として狩猟採集活動が維持されている状況である。とはいえ古老世代はいわゆる狩猟採集社会の伝統の中で生まれ育ったため、文字を読み書きすることもできないという人が多い一方、狩猟採集の知識や

写真 4-1　ハンドゲームに興じるユーコン先住民

技術、世界観といったものを現代社会においても維持し、できるだけブッシュ（居住地以外の自然環境）で過ごすことを好む。

　筆者はこうした古老を中心に狩猟活動に同行して参与観察を行い、カスカの人びとの動物との関係についての自然誌の作成に取り組んできた。フィールド調査においては、狩猟者の移動パターンや速度、一日の活動における活動の内容とそれに費やす時間、狩猟の技術と捕獲の方法、捕獲した動物の解体、分配、加工、利用といった項目をまず明らかにした。基本的にカスカの人びとは定住集落に居住しているが、狩猟や罠猟を行うためのトラップラインを家族単位で所有していることが多い。トラップラインとは、法律上カナダ政府によって認定されるもので、所有者は一定の料金を支払ってこれを維持している。ただし金銭のやり取りをともなわない狩猟に関しては、先住民（Lesson7 参照）である限り、いつどこでどれだけ動物を獲ってもいいというのがカナダの法律であるため、他人のトラップラインでの狩猟も行うことができる。一方で、毛皮を売ることが多い罠猟に関しては、自分のトラップラインの中でしか活動することができない。また、自分のトラップラインでは狩猟小屋を建てたり、薪のために木をきるなどの行為も許可されている。そもそもカスカの人びとが所有するトラップラインは、伝統的に親族によっ

Lesson 4　環境と生活◎091

てブッシュを移動するためのトレイル（移動用の小道）や野営地なども含めて維持管理されてきたエリアに重なることが多く、狩猟するポイントなども熟知しているため、多くの人は自分のトラップラインで狩猟採集活動を行っている。このため、定住集落から数時間、人によっては一日をかけて移動する必要が出てくるのだが、こうした土地利用のあり方は定住集落周辺に偏りがちな狩猟圧を分散させる効果も生んでいる。

　また、季節ごとに狩猟対象となる動物は異なるものの、一年を通じて多様な哺乳動物を利用していることがわかった。カスカの土地では陸生の哺乳動物の中に大群をつくるバレングラウンド・カリブーやジャコウウシ、バッファローといった動物が生息していないため、一度に大量の動物を捕獲し、保存することができない。このためにつねに何かしら動物を捕獲する必要がある。したがって、両生類やネズミ、食虫類、コウモリ、モモンガ、シマリス、グリズリーを除いたほとんど全ての動物を食用、もしくは毛皮利用のために捕獲している。利用しない動物には、強い霊性が認められるものが多く、接触すること自体が禁忌とされることもある。一方利用する動物を分類してみると、「他の動物を食べる動物」すなわち肉食動物と、「他の動物を食べない動物」である草食動物というカテゴリーが存在することがわかった。このうち、他の動物を食べない動物だけが食用として適しているとみなされており、肉食動物は主に毛皮を利用するために捕獲される。

　狩猟に用いる道具は主にライフルであり、罠猟ではスネア、鋏罠の他にデッドフォール罠を用いることもある。狩猟を行う際は、親族を通じて継承された狩猟場を利用したり、個人の経験や知識を使うことはもちろんだが、狩猟動物との交渉や動物の守護霊の力を借りることによって、どこに獲物がいるのかを探し当てる。また、必要なだけしか殺さない、仔連れのメスは獲らないなどの規範がある。

　捕獲した動物はすぐに解体される。この際、草食動物に対しては、儀礼が行われる。一方肉食動物には儀礼は行われず毛皮を剥いだ遺骸は森の中においておく。草食動物、特に大型有蹄類は、集落に持ち帰った後、親族を中心に分配される。また、その年にはじめて獲れた獲物は、丸ごと古老に贈与するのがよいとされており、実際ほとんど一頭分の肉が古老に贈与される様子

写真4-2 ヘラジカの解体

が何度かみられた。ちなみにヘラジカはシカ科最大の動物であり、肉だけでも大きな個体のモノであれば数百キロになる。現在では、ヘラジカやカリブーなどの肉は大型の冷凍ストッカーに保存され一年を通じて利用される。このため、一家族で2頭のヘラジカが獲れれば、他の動物や店で購入する食糧と合わせてほぼ一年食べるに困らない。ただし古老世代では毎日のように野生の肉を食べるためそれくらいの量が必要になるが、若い世代ではその頻度が減るため、1年に1頭を捕獲してしかもそのうちの半分以上を分配してしまうという場合もある。ストッカーなどなかった時代には、多くの肉が分配に回され、また干し肉に加工して保存された。もちろん冬に獲れた獲物は春先までは保存することができたが、春から秋にかけては比較的獲りやすい小動物や魚などで飢えをしのぐことも多かったという。

　ここまで、カスカの狩猟の主に生態学的な側面について概観してきたが、カスカの狩猟活動の中には、宗教的な側面や儀礼が組み込まれているということに気づいただろうか。なぜこのような行動がとられるのかを、一つずつ事例をみながら解き明かしていこう。まず、狩猟に出かける際、獲りたいと

思う動物との交渉が行われる。これは、たとえば夢の中にその動物が出てきてくれるというようなかたちをとる。筆者はある時カスカの狩猟者と猟に出かけたが、目的の場所に到着するとヘラジカの新鮮な足跡が見つかったものの、そのそばにオオカミの足跡がついていたため、その場所での狩猟をあきらめたことがあった。この際、狩猟者は、「夢の中で今日みたヘラジカの足跡がついていたまさにその場所にヘラジカが立っていた。ヘラジカは自分の場所を教えてくれていた。でもオオカミがやってきたので逃げてしまったんだ」と解説してくれた。

　また、獲物が獲れた際にはその体の一部、気管や後ろ足の骨や舌の先を切り取ってブッシュにおくという儀礼がみられた。動物はライフルで撃たれ肉体の動きは止まってみえるが、その魂は気管などにまだ宿っている。だから気管を木の枝にぶらさげておいてやると、その気管に風が通ることで魂が息を吹き返し、血肉や骨、皮を身に付けて元のヘラジカに戻ることができる。そしてまた自分たちのところに肉や毛皮をくれにやってきてくれる、そのためにこうした儀礼を行うのだという。こうした儀礼を行うことでヘラジカの魂と肉体は再生を繰り返し消滅することはない。だからこそ、狩猟者に夢の中で居場所を知らせ、その肉体を贈与してくれるのだ。

　また、狩猟動物ではなく、それ以外の動物の助けを借りることもある。カスカの人びとは自分だけに力を貸してくれる特別な動物霊を「メディシン・アニマル（medicine animal）」と呼んでいる。メディシン・アニマルを獲得するため伝統的には成人儀礼（Lesson8 参照）であるビジョンクエストを行い、森の中をさまよいあるいて生死の境をさまようような状態になった時に、助けてくれる動物と契約するという方法が一般的だった。また、親族や親しい人から譲られることもあったし、それ以外にも個人個人で異なる獲得の方法があるという。ただしメディシン・アニマルに関することはあまり他の人に話すものではなく、その動物とカスカの個人的な関係であり、その契約内容も多様である。たとえばある猟師は、森の中でドラムを叩いて歌を歌うことでクマのメディシンを手に入れることができたのだが、彼によると、その能力はクマの五感を共有できるというものだという。クマが近くに来ると、「まるでアンテナでラジオの音をキャッチするように」クマの感じているこ

写真 4-3　ヘラジカの気管を木に下げる

とを自分もそのまま感じられるのだという。ある時は自分の後頭部を見下ろす映像がみえたので周りをみると、ちょうど後ろの崖の上からクマが顔を覗かせたという。また、多くの場合メディシンは狩猟を助けてくれる。メディシン・アニマルについていくと、自分が獲りたい動物のところまで連れていってくれるのだという。あるいはブッシュで道に迷った時に、キャンプ地までの道を教えてくれることもあるという。こうしたメディシンとの関係の中で、メディシン・アニマルの肉は食べないようにするなど特別な配慮をともなうこともあるという。

　これらの実践は一見すると迷信のようであり、わざわざ時間を割いて儀礼や宗教的行動をしたり、食べられるものの範囲を狭めることは不合理なことで適応的ではないようにみえるかもしれない。しかしカスカの人びとにとっては動物と自分たちが連続した存在であることの証であり、未来にもずっと動物を獲り続けることができるという保証でもある。こうした動物観や動物への態度は、まさに高緯度の狩猟民として動物なしでは生存が不可能であることや、狩猟対象となる動物が群れをつくらず森の中で発見するのが困難で

あるという動物との種間関係といった生態学的な要因が背景にある。少なくとも、動物に配慮し、関係が維持されていると考えることは狩猟を継続するモチベーションとしても重要だろう。また、資源利用という側面からも規範を守って無駄を減らし、動物と注意深く接することで狩猟の効率を上げている可能性もある。そもそも人間の心が抽象的な思考を行うこと自体が、情報処理などの側面から効率的であるためであるという指摘がある。ミズン（1998）は「人間の人格や性質を付与して動物を擬人化することは、動物の行動に関して西洋の科学者がもっている生態学的な知識をすべて理解して動物を見るのとおなじくらい有効な予測の道具になる」と述べるが、カスカの人びととはまさに抽象的な思考の力を使って動物と交渉している。したがって、こうした獲物を探す際の霊的な交渉や、捕獲後の儀礼も、カスカの人びとにとっては重要な適応戦略であるといえるのである。

北方先住民と動物

　自らの身を人間に捧げてくれる動物という考えや、動物霊の存在はカスカのみならず北米の狩猟民に広くみられる思考である。カスカと同じアサパスカン語族の事例からも、「逆転した供犠」としての動物–人間関係として、動物から身を差し出すという考えを表したシャープ（1994）や、罠から逃れたウサギが、わざわざ家の前まで来て息絶えた様子から、動物に内在する贈与について言及したナダスディ（2012）などの記述がある。

　動物に人格を認めるような思考は北米のみならず、北方先住民に広くみられるところでもある。シベリアの狩猟民ユカギールの研究者であるウィラースレフ（2004）は、「ユカギールは"エルクが狩猟者のことを気に入った時にだけ殺すことができる"という。それは決して動物が自分の命をあきらめて食料として差し出すことを望むということではないのだが、これによって示唆されるものはなんだろう？　むしろ、動物の興奮が撃たれることを引き起こす、というのが明白なアイデアたりうるのではないだろうか」と述べて、猟師と動物との性的な駆け引きとしての狩猟という見方を示している。

　北方狩猟民に共有される動物観を、生態との関係から考えるために、煎本（2007a、2007b）の研究を紹介したい。煎本によれば北方狩猟民の文化の特

質は動物との初源的同一性、超自然的互酬性、共生と循環の思想にあるという。すなわち人間と動物は本質的には同一のものであり、そうした考えの下での人格化された自然（動物）との贈与と返礼による相互関係であり、生と死の宇宙的循環の中に人間も位置づけられるような思考である。こうした思考は北方における狩猟を中心とした社会、生態、世界観と深く結び付いている。たとえば、同じくトナカイ（北米ではカリブー）に依存する北米の狩猟民チペワイアンと北方ユーラシアのトナカイ遊牧民コリヤークにおける人－トナカイ関係には違いがみられる。チペワイアンではトナカイと人間は直接交渉し、人格を持ち霊的存在でもあるトナカイが自らを与えるというかたちで肉が人間にもたらされ、敬意がそれと交換される。一方コリヤークでは、トナカイから肉を得るが、肉を得るためのトナカイの繁殖と健康はギチギと呼ばれる火の神とトナカイの主霊への供犠によって与えられるものとされる。チペワイアンでは人とトナカイは平等な関係であるのに対し、コリヤークではトナカイの霊性の喪失と新しい高次の存在として神が出現する。ここからは人－トナカイ関係が、野生のトナカイの生態に合わせ狩猟を通じた相互関係（チペワイヤン）を結ぶのか、飼育し、所有している動物との関係（コリヤーク）なのかという生態の違いと宗教観とが結び付いていることがみてとれるのである。

　以上、北方狩猟民における共通した動物観が明らかになったが、その背景には動物に強く依存して生存してきたという共通の生態学的な条件がある。また、狩猟から遊牧へという生業の移行によって、高次の神という存在が出現するという点からも、生態と宗教、世界観が深く結び付いたものであることがわかる。

アフリカの狩猟民と動物

　動物への依存度の高さという点から、北方における人－動物関係を中心にみてきたが、一方で生態人類学の重要な目的の一つである進化の視点からは、人類進化の舞台となったアフリカの事例も参照する必要があるだろう。

　アフリカの狩猟民における人と動物との関係として、菅原（2015）によるブッシュマンの事例を紹介したい。菅原はブッシュマンの中でもカラハリ砂

漠に暮らすグイの人びとを対象にフィールド調査を行ってきた。乾燥した草原地帯という環境の下、食生活としては70〜80％のカロリーを採集した植物から得るが、男性による大型有蹄類を対象にした弓矢猟や、中・小型獣を対象にした罠猟も行われている。グイの人びとにとって動物はたまに手に入るご馳走であるだけでなく、物語や日常の会話の中にも頻繁に登場する。一方で、ライオンなどの肉食獣に殺されるということも起きる。

　グイの言葉からグイの動物観についてみてみると、ナレ〈感づく〉という他動詞は「xの影響を受けて平常とは異なったことをする」という意味を持つ。たとえばある時二つのチームに分かれて猟に出て一方のチームがゲムズボックを仕留めたが、他方のチームは毒矢を射当てたエランドがなかなか絶命せず長い間逃げ回るということがあった。このエランドをやっと仕留めた後、グイの人びとは「あっちのゲムズボックのほうは死んでいたから、こっちのエランドはそれを〈感づいて〉なかなか死ななかったんだ」と語り合った。

　またズィウという言葉は予兆を表すのだが、それが最もよく使われるのは動物に生じる異変のことだという。たとえば夜行性のセンザンコウが昼に穴の外であおむけで寝ていたり、エランドをやりで刺した時にいつものように横向きでなくうつぶせに倒れたりするような異常は、人の死や病気といった不幸と結び付けて解釈される。こうした感覚はカスカの猟師にも共通する部分であり、動物の「普段の」行動を熟知しているからこそ、それとは異なる行動を認識できるともいえる。菅原はズィウが動物に多く現れることの理由を、動物が決して人間の意のままにはならない予測不可能な他者であること、すなわち動物という環境は容易には縮減しがたい複雑性の中で揺らぎ続けているからこそ、汲めども尽きない「異様さ」が発生し、それが俺の思いをかき立て続けるためだと語る。

　一方でブッシュマンの動物に対する態度の中には北方狩猟民とはかけ離れたものもある。特に、動物を殺して捨てておくような態度、あるいは動物で遊んだり、面白がるような態度は、少なくともカスカにおいてはたしなめられるものである。もちろん、毒のある蛇など反射的に殺す習慣があるほうが「適応的」である場合もあるだろうが、カスカの人びとは人を襲うこともあ

るクマやオオカミに対しても、できる限り無駄に殺すことを避け、殺してしまった場合は儀礼を行ったり、利用できる部位を利用したりする。

こうした相違からいえることは、狩猟採集民における人−動物関係も一様ではないということである。むしろ環境や動物に対して求めるものが異なる、北方と南方の人びとにおいてこうした違いが出てくるということは、生態人類学的な観点からみれば異なる環境への適応として当然のことともいえる。

❼ おわりに

本章では生態をキーワードに生態人類学的な考え方とその展開、そしてそこから派生した自然誌という方法論から、人−動物関係をみてきた。カスカをはじめとする狩猟採集民たちの動物観は、現代社会を生きる私たちが思いもつかないような見方を教えてくれたのではないだろうか。動物を殺すことで生き延びてきた北方の人びとが、動物とのつながりを維持しようとつねに動物を気遣う様子には涙ぐましいものがある。一方でアフリカの狩猟民は動物のよき観察者であり彼らの語る動物の世界はとても豊かであるが、動物を殺して捨ててしまったり、火であぶり殺したりといった残酷な側面を見せる。

果たして人間と動物の本来の関係はどのようなものなのかわからなくなってしまったかもしれない。しかし一ついえることはそうした違和感は私たちと彼／彼女らの生活する環境の違い、動物との距離の違いに由来するということである。なぜなら、私たちは私たちの育った環境、私たちが日常接する動物との距離から世界や動物をみているからだ。生態人類学的な見方は、私たち自身のものの見方や生活が、長い進化の歴史を持つとともに、動物や自然との相互関係の中でつくられてきたことを教えてくれる。それは決して現代社会を生きる私たちにとっても他人ごとではなく、私たちの生活もそうした歴史に接合している。さらにいえば日々動物を食べ、動物の遺骸を身にまとうということを私たちは現在もしているのである。こうした観点から動物との関係をもう一度見直すことは、私たち自身も世界を取り巻く自然や動物たちと連続した存在であることを改めて認識するきっかけになるのではないだろうか。

Lesson 4　環境と生活◎099

■参考文献

○石倉敏明（2016）「今日の人類学地図――レヴィ＝ストロースから『存在論の人類学』まで」中沢新一監修『現代思想』2016 Vol.44-5 3月臨時増刊号 311-323頁，青土社.

○伊谷純一郎（1977）「トングウェ動物誌」伊谷純一郎・原子令三編『人類の自然誌』441-533頁，雄山閣.

○伊谷純一郎（1995）「まえがき」秋道智彌・市川光雄・大塚柳太郎共編『生態人類学を学ぶ人のために』世界思想社.

○煎本孝（1996）『文化の自然誌』東京大学出版会.

○煎本孝（2007a）『トナカイ遊牧民，循環のフィロソフィー――極北ロシア・カムチャッカ探検記』明石書店.

○煎本孝（2007b）「北方研究の展開」煎本孝・山岸俊男編『現代文化人類学の課題――北方研究から見る』4-30頁，世界思想社.

○オダム，ユージン・P（1974）『基礎生態学』，三島次郎訳，培風館.

○菅野和孝（2015）『狩り狩られる経験の現象学――ブッシュマンの感応と変身』京都大学学術出版会.

○スチュワード，ジュリアン（1979）『文化変化の理論』，米山俊直・石田紝子訳，弘文堂.

○田中二郎（1977）「採集狩猟民の比較生態学的考察――とくにブッシュマンとピグミーの狩猟を中心に」伊谷純一郎・原子令三編『人類の自然誌』3-27頁，雄山閣.

○ナダスティ，ポール（2012）「動物にひそむ贈与――人と動物の社会性と狩猟の存在論」近藤祉秋訳，奥野克己・山口未花子・近藤祉秋編『人と動物の人類学』春風社.

○ハリス，マーヴィン（1987）『文化唯物論』，長島信弘・鈴木洋一訳，早川書房.

○ミズン，スティーブン（1998）『心の先史時代』，松浦俊輔・牧野美佐緒訳，青土社.

○山口未花子（2016）「狩猟と儀礼」シンジルト・奥野克巳編『動物殺しの民族誌』昭和堂.

○渡辺仁（1977）「進化と生態」渡辺仁編『人類学講座 12 生態』雄山閣.

○Lee, Richard and DeVore, Ieven（1968）*Man the Hunter,* Chicago, Aldine Publishing Company.

○ Rappaport, Roy（1984）Pigs for the Ancestors: Ritual in the Ecology of a New Guinea People, 2nd ed., New Haven, Yale University Press.

○ Sharp, Henry（1994）"Inverted Sacrifice." In: *Circumpolar Religion and Ecology,* Takashi Irimoto and Takako Yamada (eds.) University of Tokyo Press.

○ Willerslev, Rane（2004）"Not Animal, Not Not-Animal: Hunting, Imitaiton and Empathetic Knowledge among the Siberian Yukagirs." *Journal of the Royal Anthropological Institute*, 10, pp.629-652.

■推薦図書 ─────────────────────────────

○煎本孝（2002）『カナダインディアンの世界から』福音館文庫.

○木村大治編（2015）『動物と出会う　Ⅰ──出会いの相互行為』ナカニシヤ出版.

○木村大治編（2015）『動物と出会う　Ⅱ──心と社会の生成』ナカニシヤ出版.

Lesson 5

セクシュアリティとジェンダー
「性」の多義性とは？

椎野若菜

❶はじめに

　小さい頃、自分がどんなふうに育てられたか、思い出してもらいたい。男性ならば、おもちゃのピストルや刀、ブロックなどをもらったり買い与えられたり、ブルーや緑色の服を着ていなかっただろうか。女性ならば、人形やおままごとのおもちゃを与えられ、ピンクの服を着ていなかっただろうか。本当は、ピンクでなくブルーがよかったのに、と思った女の子もいたかもしれない。おままごとをしていたら、「女の子みたいね」といわれた記憶のある男性もいるかもしれない。それは周りの大人たちが持つ、男の子ならば、女の子ならば、という性別に基づくイメージにそって行動をとるように仕向けられた、という経験なのである。こうした、ある社会において男女それぞれに付されたイメージ、すなわち文化的につくられた性差のことを、社会科学ではジェンダーという。

　日本語の「性」という言葉は多義的であるため、このジェンダーという語も「性」という一語に含まれるともいえる。他にも、「性」という語は男女という性別の違い、性的な言葉や行為、性欲や性交そのものの性行為、そして名詞形の形態分類を示すこともある。しかし研究を進めていくうえでは、より明確な語句（テクニカル・ターム）が必要となる。何について明らかにしていくのか、きちんと整理しながら分析せねばならないからである。そしてその整理の仕方にもさまざまな議論はあるが、ここでは便宜上、日本語の「性」よりもかなり明確な意味の区分がなされている英語をもとに、用語の整理をしてみよう。

日本語で「性」の一言で示される領域を、英語に依拠すると、①性別の意のセックス（sex）、②ジェンダー（gender）、③セクシュアリティ（sexuality）の三つの言葉で表すことができる。

　①セックスは、男性（性染色体が XY）と女性（XX）というヒトの生理的、かつ肉体的な区別を指す生物学的なカテゴリーである。すなわち、精子と卵子の受精時に染色体の作用で決定される、オスとメスという性の違いを指している。

　それに対し、②のジェンダーは生物学的な性の差異に基づいて、社会集団や個々の文化が規定する地位であるとか、期待される役割や振る舞いを担ったカテゴリーを意味する。この役割とはたとえば、冒頭にあげた男の子ならばピストルや刀といった武器で戦争ごっこをすることが「男の子らしい」ので、そう演じることを期待されることである。いかなる社会においても、個人が自分自身は男であるか、女であるか、という性的アイデンティティ（自認）を確認するためのいろいろな基準を設けている。「男らしさ」「女らしさ」という価値観についての、社会的規範がある。ジェンダーは、個々の社会によって決められる性質のものであり、文化的なカテゴリーなのである。

　③セクシュアリティは、この三つの言葉の分類でいうならば性器結合を行う性交や、性的な事柄に関連する行動、と整理しておこう。たとえば前戯から実際に性交に至るまでの性的行為、またそう至らなくとも、それを促すような愛撫、言語表現、しぐさなどを意味し、異性装、自慰、同性愛的行為なども含まれる。性行動に関わるさまざまな事柄全般である。何が「性的」であるかは、社会によって、集団によって、また性別や年齢、宗教、階層、性格といったあらゆる属性を持つ個人によって、多様である。そしていうまでもなく、ジェンダーとセクシュアリティは概念として明確に分けられるものではなく互いは影響し合い、後者はより広く①、②をも包摂するともいえる。

　本章では、この「性」に含まれる②ジェンダーと③セクシュアリティが人類学においてどのように扱われてきたのかをみてみたい。そして筆者のフィールドワークからの事例を通じ、「性」というトピックを一つの切り口にすると、どのように異文化社会をみることができるか、考えてみたい。

❷ セクシュアリティ

　文化人類学における性の研究は近年まで、家族、親族、結婚、インセスト・タブー（近親相姦の禁忌）というテーマの中でジェンダーや性現象の問題をいくらか扱ってきたに過ぎない。人類学においてセクシュアリティの研究に端を発したのは、パプアニューギニアのトロブリアンド諸島において調査を行ったマリノフスキーといっていいだろう。彼は、長期調査をもとに1922年に発表した民族誌『西太平洋の遠洋航海者』の冒頭において、次のように述べる。「貞節とはこの原住民に知られざる徳である。信じ難いほど小さなうちに、彼らは性生活の手ほどきを受ける。無邪気にみえる子供の遊戯もみかけほど無害なものではない。成長するにしたがって、乱婚的な自由恋愛の生活にはいり、それがしだいにかなり恒久的な愛情に発展し、その一つが結婚に終わるのである」。彼は、特に島の人びとのセクシュアリティについて、『未開社会における性と抑圧』『未開人の性生活』などの多くの著作を残し、現在の人類学におけるセクシュアリティ研究の礎を築いたといえる。

民俗生殖理論

　ところがマリノフスキー以降、具体的な性行動や性表象を真正面から調査・分析したうえで親族間関係、結婚とのつながりが扱われることはほとんどなかった。人類学者があちこちの地域に出かけるようになってまず関心を引いたのは、どのようにして人間は妊娠し、出産に至るのかという生殖に関する民俗知識であり、それらは、社会によって異なる説明が存在するということであった。

　たとえば、中国の「男骨女血」や「男精女血」といった慣用句に代表されるような、男から骨、女から血を受け継ぐという生殖の観念は世界に広く分布してみられる。民俗生殖理論とは、こうした個々の社会が持つ特有の生殖理論のことをいう。ケニアの牧畜民チャムスの場合、受胎（妊娠）について、次のように説明するという。チャムス社会の民俗生殖理論については、河合香吏（1961-）が詳細な報告を行っている。

　人びとは、女性の経血と男性の精液が女性の性器内で混じることにより胎

Lesson 5　セクシュアリティとジェンダー◎105

児がつくられ始めると考えている。「子どもは男の精液に含まれる」といい、経血はその材料とみなされる。妊娠1～2ヶ月頃、胎児は血の塊に過ぎないが、2ヶ月後半には人間のかたちをなし経血で胎盤をつくり始め、胎児はここで安定して発育する。妊娠期間は9ヶ月であるといわれるが、父親のクラン（Lesson6の4節参照）によって妊娠期間が9ヶ月であったり10ヶ月であったりと、妊娠期間が異なる場合があるともいわれる。それゆえ、これを子どもが精液に由来するとみなす理由の一つにあげる。

　また、別々の男性の精液は互いに相手を壊すとされる。精液が女性の体内に入り胎児のもとがつくられつつある時、別の男性の精液が入ってくると先の男性の精液を壊し、ともに女性の体外に流れ出てしまう。経血と精液は、はじめはしっかりと固まっていない水っぽい状態にあり、両者が「しっかりとつかみ合う」には3日を要する。それ以後は、落ち着くので問題はないという。

　チャムスのように父からの精液と母の経血から子どもはつくられる、といった生殖理論があるのとは対照的に、生殖に男性は関与しないと考えていた社会があった。マリノフスキーが1910年代に調査したトロブリアンドの人びとは、死後の世界にいた祖霊（バロマ）が、この世に再帰するために精霊児（ワイワイア）に生まれ変わり、女性の頭から胎内に宿ると信じていたという。女性の子宮内に入った精霊児は、胎児となって母胎で月経によって発育し、やがて出産を迎える。男性の役割といえば、性交によって精霊児が降臨する通路を整えることで、精液は妊娠させるうえで何も関係しないと当時の人びとは説明したという。

　また他方で、生殖の説明の中に女性が排されている社会もある。ゴドリエ（M. Godelier 1934-）によると、ニューギニアのバルヤ社会では、子どもはまず男性の精液によってつくられる。一度女性の身体の中に固定され、女性の液体とまざる。胎児は精液のほうが優ったならば男性に、その逆ならば女性になる。しかし男性は、子どもを満足させるだけ充分な精液を与えられないので、繰り返し性交することで子どもを精液によって「養い」、そうすることで女性の胎内で子どもは成長するのである。かといって男性は一人で女性の胎内で子どもを育てられるのではない。それぞれの子どもは精液を生ん

だ父と、もう一人、すなわち超自然的な人類の父、太陽を持っていると考えられている。いずれにしてもこの社会では、女性は男性の精液によって胎児を形成し、やがて出産する。すなわち、女性は子どもを養育するための男性の精液を伝える媒介物に過ぎず、母親から子どもに与えられる母乳も精液からつくられたものであると考えられていたという。

性肯定・性否定社会

このように生殖理論だけをみてみても、非ヨーロッパ世界には性に関するあらゆる観念がみられることがわかってきた。この多様性をもとにベッカー（G. Becker 1941-）は、性的指向に関してポジティブか、ネガティブであるかで諸文化を類型化しようとした。セクシュアリティに対し、たいそうポジティブであるか、あいまいであるか、あるいは中性的指向であるか、ネガティブであるか、四つの枠を提示した。ここでは、ベッカーが大きく二つに類型化した性肯定社会と性否定社会のタイプについて触れておこう。前者の性肯定社会の典型的な例として、彼はマーシャル（D. Marshall 1919-2005）の報告した南太平洋ポリネシアのマンガイア社会をあげる。

性肯定社会

マンガイアの人びとの性的な行動について観察する限り、性的に自由放任的な社会であるといえるという。性的に積極的になれない人は、肉体を害するという信念すらあるほどである。男性の間では、さまざまな方法を用いて自分のパートナーに快楽を味わわせ、性交の時間を長くし、自分がオーガズムに達するまでに女性には何度もオーガズムに達してもらい、そして最後にお互いにオーガズムに至らねばならない、という義務があるという。そして多くのパートナーと性的関係を持つということ、婚前の性交渉、婚外の性交に関しても寛容な態度をとる。

性否定社会

他方、性否定社会の特徴として、文化的な性の否定、一般的な性の禁止、特別な性の規定、一人以上の性的パートナーを持つことの禁止があげられる。

ベッカーはその例として、ミード（M. Mead 1901-1978）が調査報告を行った第二次世界大戦以前の、ニューギニアのマヌス社会をあげる。当時、マヌスでは抑圧的な性規範が顕著にみられたという。マヌスの人びとは性的な事柄は全て恥や罪というふうにみなすので、性的な前戯、さらには夫が妻の胸に触れるといった行為ですら、禁じられた。女性は子どもの頃から、決して愛情や優しさを夫から期待しないように、性交とは痛いもので恐れと罪の意識をともなうと教えられるのである。

　ニューギニアの他の社会についても、性恐怖観念を持つために性交そのものをできるだけ回避しようとする傾向のある、性について否定的と類されるところがある。社会によっては、月経や産血は穢れたものとされており、それに代表される女性は穢れた存在であるという観念がある。そしてそうした穢れた女性との性的交渉を持つこと、また精液を無意味に放出することは男性を衰弱させるという「性恐怖観念」があり、それが男女の性行動を抑制する規範になっている。

　さらに、思春期前後の性行動を禁止する社会では、女性の処女性を重視する考え方が強くみられる。そうした社会では、結婚するまで、女性は貞節を守るべく両親や祖父母の監視の下で暮らし、結婚当日の初夜の後、花嫁が処女であったかどうか確認する儀礼が行われることが多い。中世西欧キリスト教社会、中東、エジプトなどのイスラーム社会などに顕著にみられる。

制度化された性行動

　ニューギニアの諸社会では、青年期の男性は同性同士の性行為を儀礼的に行う。少年期から青年期に達する若者が男性的な身体を獲得するためには、年長の男性から精液を分けてもらわねばならない、と考えられているのである。ニューギニアの多くの社会では、男性の精液と女性の血液が結合して妊娠に至るという民俗生殖理論がみられる。したがって少年の儀礼の第一段階は、少年の身体に蓄積した「ケガレている」とされる女性的なもの（血液や母乳）を取り除く洗浄儀礼である。鼻孔、ペニス、舌などに傷を付けて血を絞り出す瀉血、吐瀉などである。そうして中性の状態になったうえで、より男らしくなるために男性の身体を強くする活力源である精液を得なければな

らない。身体に精液を充満させることによって、判断力や理解力も増し、性欲や怒りという感情を持ち、戦争、狩猟、祭祀などにおいて男性的な活動を充分に遂行する能力を持ちうる、とされる。しかし少年は自ら男性としての活力源である精液を生産できないと考えられているため、年長の者から分け与えてもらわねばならないのである。その授受には直接的なもの、間接的なものがある。たとえばフェラチオや肛門性交によって精液を少年の体内に摂取する方法や、精液を少年の身体に塗布する、また精液の含まれている食べ物を少年に食べさせるといった方法である。このような授受を繰り返し行うことで、少年は男性らしくなると考えられている。すなわち、こうした社会の男性の中には、少年期に精液の受け手として半ば強制的に同性愛的行為を始め、やがてその与え手に代わり、そして両性愛となり、最後には異性愛へと変化していく者もいるのである。こうした性行動は制度化されているともいえよう。たとえばサンビア社会はアメリカの人類学者ギルバート・ハート（G. Herdt 1949-）の詳細な調査で知られている。

　結婚して子どもを得るためには生殖行為によって多量の精液を女性の体内に蓄積する必要があるため、精液は少しずつ失われていく。特に生理中の女性や出産後の女性のようなケガレた存在に触れると、精液を消耗するとされている。こうした社会の男性とは、男性の活力の源である精液の身体への充満によって成長し、精液の喪失によって年をとっていくと考えられているのである。

　以上、性に関してさまざまな価値基準、態度をとる社会があり、民族誌に描かれる伝統社会の性行動は、性を肯定する社会、否定する社会と分けてみられることを明らかにした。さらに性行動には制度化されたものがあり、ライフサイクルの時期によって求められる役割や性交の方法にも多様性が認められた。

　次に、これらの性に関する研究のうち、ジェンダーについて追ってみてみよう。

Lesson 5　セクシュアリティとジェンダー◎109

❸ジェンダー

　人類学においてジェンダー研究の第一歩を踏んだのは、マーガレット・ミードといってもいいだろう。彼女は、男と女にはどのような違いがあるのか、その生物学的な性差と、社会文化的要素はどのように関連して、それぞれのあり方を規定しているのかといった問いに挑んだ人である。まずポリネシアのサモアにおいては、思春期の少年少女を主たる対象として調査し、「思春期」という時期が人類に普遍的なものなのか、あるいは近代による所産であるのか、という考察を行った。またニューギニアにおいては、「男らしさ」「女らしさ」という特徴は、生物学的差異から来る先天的な気質であるのか、あるいはその社会の文化が作用してつくり上げられた後天的なものであるのか、という研究を行った。やがて彼女は南太平洋の他の島々においても調査を行い、当時のアメリカ社会をも対象にし、通文化的研究を進めていった。そして一つの集大成として代表作『男性と女性』を著した。ミードは自らが調査した諸社会の子どもたちがどのように大人の男女になっていくのか、その過程を具体的に検証し、それによってジェンダーは文化的構築物であるということを提示したのである。このような根本的な問題に正面から取り組んだのは彼女がはじめてであり、それゆえ半世紀以上経ったいまでも、彼女の著作は多くの人に読まれている。

　「ジェンダー」とは、まだ歴史の浅い言葉である。この語が社会・人文科学一般の学問の世界に導入され、1960年代以降、一つの概念として定着し

Keyword　**マーガレット・ミード**（Margaret Mead 1901-1978）

ミードは1901年アメリカ生まれ。ニューヨークのコロンビア大学でアメリカの文化人類学の父と呼ばれるフランツ・ボアズ、その弟子のルース・ベネディクト（R. Benedict 1887-1948）らと出会い、自らも人類学の道に進む。まずサモアで長期のフィールドワークを行い『サモアの思春期』を著した。やがてボアズの計らいでアメリカ自然史博物館の館員として1930年代に南太平洋の島々を調査し、35年には『ニューギニアにおける成長』、そして49年には代表作『男性と女性』、と次々に発表し、社会においてジェンダーが構築されるさまを描いた。

たのは、アメリカで興隆したウーマンリブ（Women's Lib〈liberation〉：女性解放運動）の影響が大きい。こうした背景のために、ジェンダー研究とフェミニズム（女性解放思想）とは切っても切れない関係にある。それゆえ先のミードの研究の中でも、ジェンダー構築のあり方を彼女がやや極端に諸社会を比較して描いたものが、特に取り上げられてきた経緯がある。

　人類学におけるジェンダー研究の歩んできた流れにはいくつかの特徴があるが、1970 年代にオートナー（S. B. Ortner 1941-）やロサルド（M. Rosaldo 1944-1981）らによって展開されたのは、レヴィ＝ストロースの提唱した自然／文化の二項対立の図式、すなわち男と女の関係は文化と自然の関係であるというモデルをふまえ、女性と生理的機能との関連を説明した主張であった。

　オートナーは、女性が身体的に出産という自然的機能に大きく関わるゆえ、自然に近いとみなされるのだとし、その一方で男性は出産機能を欠いているために、自らの創造性（種への貢献）を「人為的なもの」とせねばならず、その意味で男性は文化とみなされるのだとするのである。

　またロサルドは、どのような文化においても、男女のとる行動やその性質が「家庭内的」であるか「公的」であるかという対立の図式があり、そのほとんどの場合に家庭内的／公的＝女性／男性という図式がみられると主張する。ここでいう「家庭内的（ドメスティック）」とは、「ひとりないしそれ以上の母親とその子どもたちの周囲に直接に組織されている最小限の制度と活動様式」を指し、「公的（パブリック）」とは「個々の母―子集団どうしを結び付け、等級づけ、組織化し、または抱合するような活動、制度、結合形態」を指しているという。

　これらの主張はいずれも、自然／文化＝女性／男性、家庭内的／公的＝女性／男性という二項対立の図式を立てて世界の文化を分析したならば、女性の普遍的劣位性がみられる、と説明づけたものである。

　やがてこうした論に対し、さまざまな批判が寄せられるようになる。まず、二項対立の図式に当てはめ、説明する際に用いられているのが、生物学的根拠であること。これは、人間の性質や能力が生まれながら決まっているという生物学的決定論に陥ってしまい、女性の劣位は必然的で、不可避な事柄で

Lesson 5　セクシュアリティとジェンダー◎111

あると認めてしまうことになりかねない。

　また、「男と女の関係は文化と自然の関係か」という設定自体を問題とする批判が提出された。その理由として、男と女の対比が、必ずしも自然の対比とならない民族誌的事実が示されたのである。たとえばリーコック（E. Leacock 1922-1987）はイロコイ・インディアンの資料に基づき、次のように主張する。社会生活を家庭内領域と公的領域という二項対立に分けて考える見方は、ヨーロッパに当てはまる西欧的思考であり、非ヨーロッパ世界においては、家庭内領域と公的領域の区分は意味を持たない。そして、二項対立の図式は普遍的な分析枠組とはなりえない、と。

　やがて、このような西欧的視点に由来する二元論的分析モデルより普遍論を導くことから、それぞれの社会におけるジェンダーの多様性を調査・分析することに力が注がれるようになる。そして男女の生物学的違いとジェンダーの間に必然的な関係がないことを示そうとする流れ、すなわち生物学的差異ではなく、ジェンダーがいかに文化的に構築されるのか、社会によってジェンダーの中にも多岐にわたる多様性があることなどが調査され、記述する研究がなされた。

本質主義と構築主義の論争とジェンダー・カテゴリーの多様性

　1980年代以降になると、人類学はその「調査」の方法や民族誌（Lesson2参照）の書き方をはじめ、人類学の存在自体が批判されるという、危機の時代を迎えた。現在は未解決のまま下火になってしまっているが、議論は深く多岐にわたった。たとえば、人類学者は「一方的に」対象社会に入り込んで調査し、そのうえ、研究対象の社会や文化の全体像を捉えることができる専門家として、対象の人びとを「代表して」間接話法を使って記述するといった権威をふるってしまっている、という批判だ。人類学は、他者の文化を本質的なものとして提示してきたという、これまでの人類学という学問の礎に深く関わる本質主義批判を受けることになったのである。ある特定の集団の成員によって共有されている、慣習もしくは「文化」とは、過去から現在に至るまでながく受け継がれてきたのであり、それをその集団全体の知識の価値体系の総体と捉えよう、とするのが文化本質主義である。その考え方には、

歴史という視点が欠け、対象を固定化してしまう傾向がみられる。ジェンダーに関して批判された本質主義的な考え方といえば、かつて多用された生物学的な決定論を避けるものの、女性には女性としての共通の何かしらの属性が実在するのではないか、という主張である。つまり、ジェンダーといっても主に「女性」について扱うフェミニズム人類学における、研究者とその対象である「女性」のカテゴリーの関係性についての疑問がつきつけられたのだ。

　先述のようにジェンダーという語がフェミニズムに起因することからも、ジェンダー研究は欧米におけるフェミニスト、特にその多くは女性研究者によってなされることが多かった。主に女性が出産するという行為に注目し、男女という二つのジェンダーの二項対立的構図を描くことに収斂することから卒業した彼女たちは、やがて欧米のフェミニストのものさしによって、欧米社会における「女性問題」と同様のものを対象社会に求めるようになった。そして年齢、階層、性的指向、そして人種、民族などの違いから生じる多様な女性たちの問題を充分に考慮することなく、「第三世界の女性」の構図を欧米と対比するかのように描くようになったのである。またそうした傾向に対しても、批判が現れる。「同じ女性」であるがゆえに共有するものがある、とする本質主義的な考え方をベースにしている、というものだ。「女性」の中の多様性が、欧米中心的な視点によって、たとえば「第三世界の女性」と範疇化されてしまい、その中に押し込められた女性は抑圧され、また隠蔽されてしまっているのではないか、という指摘である。これらは、第三世界の女性たちや同性愛者の女性たちから発せられた。

　そして「女性」という存在は歴史的に、また社会・文化的に、時に政治的な権力とのかね合いで構築されたものであるとする構築主義的な考え方が出てきたのである。構築主義の考え方では、女性とは、それぞれの社会文化的、歴史的背景の下で時間の流れにそって個々に構築され変化するのであって、同じ女性であれば同質的であると考え、「女性」を画一化し女性の多様性を隠蔽してしまった、本質主義的思考への批判でもあった。

　こうした動きの中で、1990 年代になると再びジェンダーについての概念を再考する動きがみられた。人種や民族（Lesson7 参照）による違い、またジェンダーを捉える際のコンテクスト（脈絡）の重視、第三と呼ばれるジェ

ンダーの存在、ジェンダー・カテゴリーの多様性、歴史を通じた変化など、さまざまである。コンテクストを重視するのは、ジェンダーはコンテクストによって異なった現れ方をし、時に矛盾していたり、他の表象との関係が異なったりするからである。

　そしてまた、対象社会のジェンダーをみる際に、男女という単純な二つのジェンダーで範疇化してしまうと、その社会の持つ多面性が分析、描出しきれないことは多くの報告によって明らかになっている。社会によっては性別だけでなく年齢や世代、教育、経済力、階層などの違いによって、あるいはライフステージの段階によって、求められる役割、育て方／育てられ方も異なるからである。したがって対象社会をみる際には、さまざまな属性によって範疇化された、複数のジェンダー・カテゴリーが存在することを考慮しなければならない。男女という二つのジェンダーの下に細分化する、そのジェンダー・カテゴリー間においてもさまざまな権力関係が生じ、複雑な人間関係が編み出されているからである。たとえば、インドの女性は、出身地域やカースト、年齢や教育などによって大きく異なっているし、ニューギニアのファ社会の女性は、初潮前、月経のある、閉経後の三つのカテゴリーに区分されている。この社会では出産能力がジェンダー・カテゴリーを構成する重要な基準になっているのである。

第三と呼ばれるジェンダーの存在

　これまで、男女という二つの性別に基づいたジェンダーを基準にした議論の流れをみてきたが、ここでは、しばしば第三のジェンダーと呼ばれる、男でもなく女でもない存在が形成されている事例をみてみたい。

　インドネシア・南スラウェシのブギス社会には、チャラバイと呼ばれる存在がある。チャラバイとはブギス語で「偽りの女」という意味であり、そのカテゴリーに属する人の性別（sex）は基本的に男性であるが、異性装（トランスヴェスタイト：transvestite）し、言葉やしぐさなども女性のように振る舞う。彼らはしばしば、結婚式を盛大に行うのが好きなブギス人の結婚式のビジネスに携わり、客をもてなす料理の準備、披露宴を盛り上げる歌謡・舞踊ショーの演技を繰り広げる。基本的に、チャラバイには性転換の手術を

する人はなく、女性の心を持っているとされる。

　チャラバイになった人のほとんどが、幼い頃から女の子と遊ぶのが好きであったとか、母の仕事を一緒に手伝っていた、という話をする。また少年時代から自分の性器にコンプレックスを抱いており、親族や民間治療師にもチャラバイになる可能性をほのめかされた、といった経験を持つ人も多い。たいてい、中学校を終えるかどうかの年齢になった時、両親の家を出て一人暮らしの親戚の家や結婚式ビジネスをやるボスのところに行き、手習い仕事を始めることが多い。

　彼らは互いに固いネットワークを築いており、そこには団結心のようなものがある。その多くは同性愛者であり、また同性愛者であることを期待されたジェンダー役割、あるいは性指向があるといえる。しかし、中にはかつては妻子を持っていた者もいれば、チャラバイをやめて女性と結婚する者もいるのである。つまりブギス社会は、男性という性別を持って生まれてきたものの、女性としての性自認を自覚し、女装や「女性らしい」振る舞いをすることでチャラバイになろうとする男を受け入れる。ある人が性別と性自認との間にズレを示したとしても、後者を優先させ、チャラバイになることを認める。たとえその人が後にチャラバイをやめ、男性として女性と結婚し、つまりは「男」「女」というジェンダーの間を行き来したとしても、社会はそのありのままを認めるのである。こうした男でもない女でもないジェンダーという装置を備える社会は、ブギスだけでなく、東南アジア、ポリネシアにも広くみられる。また「第三の」ジェンダーと呼ぶこと自体、西洋の視点による、という議論がある。

ライフステージによるジェンダー

　対象社会をみるにあたって、単純な男女という二つのジェンダーが二項対立的に存在する、という視線だけでは、浅い理解しかできないことは先に述べたとおりである。

　人間はある社会に生まれ落ち、成人して結婚し、子どもを生み育て、年老いて最終的に死ぬというライフサイクルのあらゆる段階（ライフステージ）を経るわけだが、その段階ごとに男性、女性、あるいは時期によってそのど

Lesson 5　セクシュアリティとジェンダー◎115

ちらでもないジェンダーとも呼べるカテゴリーが形成され、そこに求められるものや役割がある。つまり、ジェンダーもその時間軸の下で変化しているのである。このステージとサイクルは、生物としてのヒトがたどる生物的サイクルを基準に、社会ごとに文化的、人為的につくられており、ステージごとにジェンダー・カテゴリーが形成されていると考えることもできる。

　筆者の調査するヴィクトリア湖畔に居住するルオの人びとの社会（巻頭地図参照）では、東アフリカ一帯によくみられる、発達した年齢組の社会組織は存在しない。しかし人びとの間では概念上、男女という生物学的性差（sex）を基盤に、それぞれジェンダー・カテゴリーが人間の成長と老いとともに明確に認識されている。それは表 5-1 のようなライフステージであり、成人になるための儀礼的行為の指標としてルオ社会が用意していたのは、抜歯であった。男女ともに下顎の 6 本の歯（犬歯 2 本、門歯 2 本、臼歯 2 本）を抜くのである。19 世紀末にイギリスによって植民地化され、ケニアが独立（1963年）という大きな変化を経験して以来、この慣行は他の伝統的慣行とともに現在ではみられなくなっているが、もともとステージ（2）「子ども」と（3）「成長期の男の子・女の子」の間に行われるべきものとされた。ある老人によれば、もしいい年頃の男子がまだ抜歯をしていなければ、女子はその男子に話しかけもしなかったという。また抜歯前の男子は、戦いに参加することも、狩りに行って肉を持ち帰ることも期待されていなかった。しかし抜歯を終えたばかりの男子は、村内での死者儀礼の際にはられたウシの皮を剥ぐ作業や、服喪の期間中に焚く特別な火のための薪集め、墓掘り、といった仕事をすることを期待された。女子の場合は水運びや料理を率先して行うよう期待された。

　抜歯を終え（3）の段階になると、男子はもう親の家屋で眠ることをタブーとされる。長男であれば後述（次項）のシンバと呼ばれる少年小屋を建て、そこで眠るようになる。すでに兄が建てていれば、兄たちとともに、その小屋で眠るようにいわれる。（4）「充分に成熟した男性・女性」の段階では、自分自身のシンバを建てることを期待される。女子といえば、（3）の段階の頃から、祖母の小屋で眠るようになる。そして（4）の段階になるとそれぞれ、結婚生活に向けた心構えや性に関する手ほどきを、男子は兄たちから、

116

女子は閉経を迎えた祖母から受ける。思春期の年頃になると、男女が過ごす領域が空間的に分離されるのである。

(5)「結婚するに充分な男性・女性」「楯をつくることのできる男」「料理をすることができる女性」は結婚できる段階であるが、結婚するのに充分とされる条件の一つに、男子は自分で戦う時のための楯づくりができること、女子は自分でスカートをつくることができる、というものがあった。イギリスによる植民地政策によって隣接して暮らす他クランや異民族との戦いはなくなり、楯づくりも自然と消滅し、いまや儀礼の時に使うほかほとんどみることがなくなったが、当時は戦いに行くのが男の役目であり、必ず楯と槍を持参していった。その楯は自分でつくったものであるべきだとされ、つくることができない者は戦いに行けない「弱い者」といわれた。女子の場合は戦いに行く必要はなかったが、楯をつくる代わりに 戦いの後のダンスで着用するスカートを自分でつくれなければならなかった。もしできなければ、男子と同様「弱い者」と呼ばれた。また結婚するためには、女性は料理が充分にできなければならず、率先して母の手伝いをするようにしつけられた。ルオ語で「女性が結婚する」という時に使う「テド」という語は「料理する」という意味なのである。

(6)「自分の家囲いを建てた男性」「子どもを持っている女性」の段階は、男性ならば村内で一人前と認められるステージである。ルオ社会は二～三世代にわたる父系の拡大家族が居住集団をつくり、その住居群から成る家囲いで暮らすが、男性は父の建てた家囲いから出て、自らの独立した家囲いを築きはじめて、一人前とみなされる。妻も夫の独立した家囲いにおいてはじめて、自分自身の小屋を夫に築いてもらうのである。

やがて(7)「長老・老女」の段階になり、自分の子どもたちも結婚し、孫もでき、村人からの相談も受ける長老となる。

また一夫多妻制をとるルオ社会の場合、忘れてはならないのが寡婦という存在である。結婚する年齢に男女差があるため、明らかに夫に先立たれる妻が多く、人生の半分以上を寡婦として過ごす女性も少なくないからである。ルオ社会では、結婚後に夫を亡くした場合、夫の類別的兄弟（親族名称上「兄弟」と呼び合う仲）から代理の夫を選んで「テール」と呼ばれる関係を持ち、

表 5-1　伝統的ライフステージ

ライフステージにおける出来事	男　性	女　性
誕　生	(1) 小さな子ども	(1) 小さな子ども
離　乳	(2) 子ども	(2) 子ども
抜　歯	(3) 成長期の男の子	(3) 成長期の女の子
少年宿（シンバ）建設（男）	(4) 充分に成熟した男性	(4) 充分に成熟した女性
結　婚	(5) 結婚するに充分な男性 楯をつくることのできる男性	(5) 結婚するに充分な女性 料理をすることができる女性
子どもの誕生家囲い建設	(6) 自分の家囲いを建てた男性	(6) 子どもを持っている女性
孫の誕生死	(7) 長　老	(7) 老　女

新たな結婚に類似した生活を始めなければならない。これは父系社会によくみられる慣行で、人類学で「レヴィレート（levirate）」と呼ばれてきた慣行である。既婚の男が死んだ場合、彼が残した妻を他の兄弟が代わりに引き継ぐことである。彼の死後に彼の妻と兄弟との間にできた子どもは、社会的には死んでしまった彼の子どもとみなされる。ルオ社会とは、皆婚社会であり、「男」と「女」はパートナーとして居るべき、という考え方がある。シングルでいることが極端に困難であり、女性は適齢となればすぐ婚出し、夫を亡くせば「レヴィレート」で代理の夫を持つ。シングルの男も「レヴィレート」で妻のような寡婦をパートナーにすることができるしくみにもなっている。

ルオ社会におけるジェンダー・カテゴリーの発現形

　ジェンダー・カテゴリーが視覚的に顕在化されるのは、人びとが暮らす生活空間、家囲い内の家屋の配置とそこでの行動のとり方と、人が死んだ時である。その家囲い内での、ジェンダー・カテゴリーによる空間利用の仕方ははっきりしているし、家囲いの建設や家屋の建設の作業の際にも、男女のジェンダー役割が明確に分かれているのである。

　人びとが家囲いの中で最も気を遣うのは、空間利用についての規範と、順

位についての規範である。前者については具体的に、父の家囲いとの位置関係、つまり父の家囲いからみて上下や左右といった方向、門の向きが特に考慮される。これは家囲い内における男女というジェンダーに基づいた順位によって範疇化される、ジェンダー・カテゴリーが家屋の配置に表象されているといってよい。もう一つ重要なのが、主に婚入順位、出生順位に従い物事を行わねばならないという規範である。

　ジェンダーに基づく家囲い内の家屋配置と埋葬場所を示した概念図（図5-1）を参照していただきたい。家囲いの上方の中央には、第一夫人の家屋（1）が配置される。内陸や丘の方向は上方とみなされ、川や水の方面は下方とみなされ、順位は上方から占められていく。家囲い内で行う物事をはじめに着手する、中心的存在である第一夫人の家屋が門より中心点を通った上方に位置する。家囲い内の左右の方向は、つねに第一夫人の戸口に背を向け門に向かって右側か左側かで判断する。右側のやや下方には第二夫人の家屋（2）が、左側のやや下方には第三夫人の家屋（3）、第四夫人がいればその家屋は第二夫人の家屋のやや下方に、第五夫人が新たに婚入してくればその家屋は第三夫人のやや下方に、といったように婚入順位にそって対角線上に右側、左側を交互に家屋の配置が決められている。こうした家屋建設の場所を実際に指定するのは、夫の役割の一つである。

　家囲いの長である夫自身の家屋は、アビラ（4）と呼ばれる。これは第一夫人の家屋の正面、すなわち家囲いの中央線に建てられることが多い。アビラとは、長とそれぞれの妻から生まれた息子たちが集い、父から子へさまざまな情報が伝授されたり、戒めを受けたり、あるいは子が親に相談を乞う場である。それぞれの妻たちが自分の炉から食事を持ち寄り、息子たちが集合し、父と食事をともにする場である。つまり家囲い内における、男性の空間である。息子の妻や娘たちは、母もしくは義理の母とともに、それぞれの母の家屋内か、その近くに建てられる台所の小屋でともに食事をとる。台所の小屋は、幼子の他、男性が入ることは好まれない、女性の空間である。

　先のライフステージのところで触れたように、14 〜 15 歳になった男子は自分自身の小屋、シンバを建てることが期待される。この場合も出生順位によって右側に長男（a）、左側に次男（b）、三男（c）はまた右側、四男（d）

は左側、というように母たちの家屋よりもさらに下方の門に近いところに、交互にシンバを建てる場所が父によってあてがわれていく。このシンバはガールフレンドを連れ込む場としても用いられるが、やがてパートナーを決めて結婚すると、引き続き婚舎として利用する。その後子どもが数人でき、自分自身の家囲いを建設し独立することで、一人前のルオの男性とみなされるようになる。

　ルオ人が生まれ、結婚し、死ぬのはこの家囲いの中であるが、それを建てる時、そしてその中で死んで埋葬されるまでの過程を、ルオは特に重視する。性別、年齢、既婚か未婚か、あるいは婚入順位などといった死者の属性によってジェンダー・カテゴリーが認識され、それを基準にして葬送儀礼の数や方法が異なるのである。乳幼児が死んでしまった場合は、男女ともに翌日にすぐ埋葬され、その後の儀礼はない。しかし成長し結婚できるような年齢になると、男女差が生ずる。未婚の女性の葬礼は同年代の男性よりもはるかに儀礼が省略される。子どもを持てなかった既婚女性のための儀礼も、大幅に省略される。しかしたくさんの息子や孫息子を持った長老が死んだ場合は多くの弔問者が集い、最多で14段階ほどに構成された葬送の儀礼がなされる。それ以降、遺族の懐によっては毎年、祈念の宴が開かれることもあるほどである。

　埋葬場所にも、ジェンダーが細かに反映される。たとえば、拡大家族の長はその家囲いの中心に、またその妻は自らの家屋の左側、息子は実母の家屋の右側である。したがって、ある家囲いに足を踏み入れてみると、その家屋の数と位置、盛り土がなされた墓があれば、家囲いの成員の構成と死者の属性を推測するのはさして難しいことではない。しかし未婚の成人女性は、家囲いの外に埋葬される。なぜなら、成人した女性とはシングルであるはずがなく、本来、結婚し夫のもとに埋葬されるべき存在であるので、生家の家囲い内に彼女の場所はないのである。

　こうして、ルオ社会にはライフサイクルにおける各ステージによって期待されるジェンダー役割があり、規定された空間でルオ人はそれに合うよう振る舞いながら成長し老いていくのである。

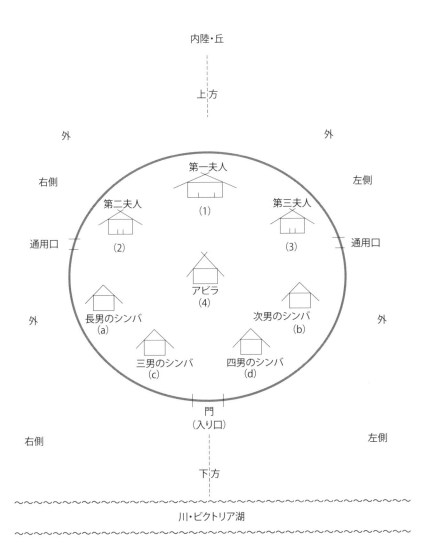

図 5-1　ジェンダーに基づく家囲い内の家屋配置と埋葬場所

❹ジェンダーとセクシュアリティ双方の視点

　日本語の性という語が、生物学的な性別（sex）、文化的に構築されたジェンダー、性行動（sexuality）、と多義性を備えるように、社会を考察するうえで、セクシュアリティかジェンダーのいずれかに注目するのでは限界がある。先述したように、両概念は人間がつくりだした後天的な、明確に区別できない互いに関わりあい存在する文化的概念である。実際の生活においては、男と女という対はあらゆる文化的要素と絡み合っているからである。社会によっては男と女という対だけでなく、どちらともいえない第三とも呼ばれるジェンダーもありうるし、それはジェンダー、セクシュアリティ双方の意味を含み「第三の性」といったほうが適している存在もある。インドのヒジュラのように、ライフステージのある時期に去勢し、同時にジェンダーも変わる存在も認められる。したがって、どのジェンダー・カテゴリーかに偏った見方をするのではなく、複数のカテゴリーをバランスよく、相互の関係性がセクシュアリティという要素の働きによってどのような複雑な絡み合いの様相を呈しているのか、みていく必要がある。

　先にジェンダー・カテゴリーについて整理したルオ社会の場合はどうだろうか。この社会の場合、セクシュアリティがジェンダー関係の大きな要になっている様子が明らかに観察できる。

　ルオ社会には、何か特別な機会に夫婦間で行わねばならない、「特別な性交」がある。その特別な性交とは、（a）結婚（初夜）の性交、（b）子どもが誕生した時の性交、そして（c）子どもが結婚する時の性交、また（d）亡くなった近親のための性交、（e）配偶者を亡くした場合の性交、そして（f）自分自身の新しい家囲い建設のための性交である。そして年間をつうじ定期的に行われるのが、（g）農事暦に基づいた農作業を始める時に行わねばならぬ性交である。これらは制度化された性行動ともいえるが、男性の場合は父として、夫として儀礼的に行うことが期待されるジェンダー役割であり、女性の場合は母として、そして妻としての重要なジェンダー役割である。またこの「特別な性交」は日常的な状態から、異なる状態に「移行」する時、あるいは「死」などが生じ異常事態になった時に、そのマーキングとしてなされ

122

写真 5-1 ルオの子どもたち

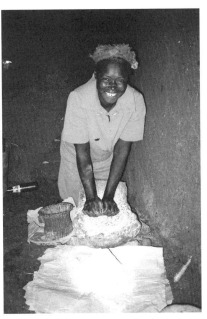
写真 5-2 粉ひきをするルオの既婚女性

写真 5-3 料理するルオの老女

る意味を持っている、とも考えられる。つまり、これらは夫婦が普通に行う「楽しみ」の性交とは全く異なる意味を持っているのである。

　ルオ社会では農作業として、主に耕作、播種、草取り、収穫がある。そのたびに、婚入順位と出生順位に従い「特別な性交」を行う。家囲いの長が多くの妻を持っている場合は、婚入順位に従って、夫は第一夫人から順に行う。息子夫婦も同一の家囲いに暮らしている場合、年齢順に、つまり長男夫婦、次男夫婦、といった具合に行う。こうした順番に従うのは、「年齢に尊敬の念があるから」と人びとはいう。こうした性交の意味は、ルオのセクシュアリティに関する慣習的規範と、それを違反した時に降りかかる制裁としての不幸に対する信念に大きく関わっている。特別な性交は日常から非日常、また日常という状態を変え、生活にリズムをつけると同時に、ルオ社会における順位、順番の秩序づけを行っていると考えられる。さらにそうした慣習的な性交は、それを行わねば超自然的な力によって不幸が訪れる、という信念に支えられ実践されている行動なのである。

　ルオ社会はこのように多様なジェンダー・カテゴリーが認められ、そのカテゴリー間の関係に慣習的規範、親族間の関係性における規範、不幸に対する畏れなどが介在し、それらがセクシュアリティと関係している。そうした場合、それぞれのカテゴリーに生きる人びとの実践的生活に注目しなければ、対象社会を詳細に描くことはできない。ジェンダーをめぐるいくつものイデオロギーが絡み合う中で、いずれかのジェンダー・カテゴリーに属する人は、他のカテゴリーに属す人びとと、たとえば権力や利害のかけ引きをして、生活を実践していると考えられるからである。

❺おわりに

　日本においても、近年の性に対する考え方は大きく変化している。性の商品化もいちじるしく進み、小遣いがほしい女子中学生、高校生とそれを「買い」たがる成人男性の利害が一致し、「援助交際」なる用語すら生まれた。さらにはそれによって利益を得ようと仲介的な役割を担う業者が増え、大きな社会問題になっている。一世代、二世代前には考えられなかったことが現

在、進行中である。近年、同性愛者のカミングアウトも少しずつ増えてはきたが、同性愛者を受け入れる土壌が育っておらず、まだ日本社会では生きづらいのが実情であろう。また、心と体の性が一致しないという状態を症状として「性同一性障害（Gender Identity Disorder：GID）」とまず医学的に日本国内で認知されるようになったのも最近のことで、1990年代である。そうした「症状」を持つ人の性別記載の変更を、家庭裁判所の審判を経たうえで認める「性同一性障害者の性別の取扱いの特例に関する法律（性同一性障害特例法）」が長年にわたる運動の結果、2004年7月16日に施行されたことは、まだ記憶に新しい。ただ20歳以上であり、婚姻をしておらず、子がいないこと、といった要件を満たしている、などの要件つきであり、さまざまなケースに対応しきれない問題は山積みである。

　教育現場でも対応がうまく追いつかない状況も多い。そのような中、2015年11月に東京・渋谷区と世田谷区が同性カップルに『結婚に相当する関係』と認めるパートナーシップ証明書の発行を開始した。

　ヨーロッパでは、法律の面では同性愛者に対し、比較的早くからポジティブな姿勢をとっている国が多い。同性同士の事実婚をパートナー登録によって認めることは、1989年にデンマークで始められて以降、ノルウェー、スウェーデン、といった北欧諸国で行われ、続いてフランスではパクス法案「民事連帯契約（pacte civil de solidarite：PACS)」が1999年11月15日に公布された。これは同性、異性カップルの共同生活にも法律上の夫婦に準じ税控除などが一部認められる法案である。その後、十数年をへてやっと同性婚法が2013年5月に成立した。ドイツも2001年8月1日から、同性同士の結婚を男女の結婚と同等に認める連邦法「生涯のパートナー法」を施行した。結婚の合法化にふみきったのはオランダであり、2001年4月、性別に囚われない同性婚法が認められた。国家の民法による制度化という点で、世界ではじめてであった。続いてベルギーでも2003年に同性婚容認法が発効された。2005年にはスペインで同性婚が合法化、イギリスでも同年12月に同性市民パートナー法が施行され、歌手のエルトン・ジョンが同法の下で「結婚」した。2013年には同性婚法が制定、翌年に施行された。アイスランドでは2010年6月に同性婚を認める法案が可決され法律が施行された同月27日に

シグルザルドッティル首相自身が長年の同性パートナーであった女性作家と正式に結婚した。イタリアでは 2016 年 5 月に同性間のシビル・ユニオンが異性カップルと全く同等の権利は認められないものの法制化された。アメリカでも、2004 年 5 月に全米史上はじめて、マサチューセッツ州で同性カップルに正式な結婚証明書が発行され話題となった。続いて 2009 年にはアイオワ州、バーモント州、ニューハンプシャー州、ワシントン D.C. と同性婚が合法化された。その後も州による法の内容の差異、施行前の住民投票で法案が廃止されるなど多くの議論を経た後、2015 年 6 月、アメリカ全州で同性婚法案が可決された。

このように欧米諸国では、国家の法としては同性愛者の権利を守る対処が早くから取り組まれてはいるが、人びとのその受け止め方は都市と地方、老年と若年、宗教的な人、宗教に関心のない人、によって大きな差がある。北欧においてもまだ、ホモセクシュアルであることを大きな声でいえない土壌があり、カミングアウトするのはまだ容易ではないという。対応も、どういったレベルの「法」が施行され、養子縁組、財産相続の権利などの内容は各国で大きく異なる。同性カップルは異性カップルよりもはるかに差別的対応があるのは事実である。

アフリカでは、南アフリカ共和国だけがアパルトヘイト撤廃後の新憲法の条項に人種、性別、性的指向による差別を禁止する文言を入れて以来、やがて 2006 年 11 月に同性婚を合法化した。しかしその他のアフリカ諸国では同性愛的行為はタブーであることが多く、30 以上の国では犯罪となる。しかしここ数年でケニアでも渡英し同性婚をした人のニュースや、2010 年 2 月には国内で同性婚を試み阻止されるニュースが報道された。反対勢力が優勢ではあるが、以上の状況からもセクシュアリティに関する意識の変化がうかがわれる。

どのような社会においても、人間は人間関係の網の目の中に生きている。その人間関係とは、ジェンダーあるいはジェンダー・カテゴリー間の関係としてみることができ、そしてその関係の要にはセクシュアリティという要素が絡んでいることが多い。したがって対象社会の理解のために観察・分析するに当たって、ジェンダー、ジェンダー・カテゴリー、そしてセクシュアリ

ティに注目することは、その社会のどのテーマをみるにつけても一つの切り口として有効であろう。このことは、具体的事例をあげたケニア・ルオ社会の場合からも明らかであった。したがって性研究とは、性行為へと収束してしまうセクシュアリティ研究でもなく、それぞれの社会に固有なジェンダー構造、権力の構造、多様な倫理、あるいは宗教的概念などがあるということを前提に、セクシュアリティとジェンダーという双方の視点もしくは要素に注目することで、人間関係の意味そのものの研究へと展開していくことが期待される。

■参考文献 ─────────────────────────

○伊藤眞（2003）「女の心をもつ〈かれら〉──インドネシアのチャラバイ」松園万亀雄編『性の文脈──くらしの文化人類学4』226-249頁，雄山閣.

○オートナー，シェリ（1987）「女性と男性の関係は，自然と文化の関係か」『男が文化で，女は自然か？──性差の文化人類学』，山崎カヲル監訳，晶文社.

○河合香吏（1994）「チャムスの民俗生殖理論と性──欺かれる女たち」高畑由起夫編『性の人類学──サルとヒトの接点を求めて』160-203頁，世界思想社.

○椎野若菜（2000）「『ルオ人』として死ぬということ──ケニア・ルオ社会における死者の範疇化と葬送方法について」『比較家族史研究』第14号，69-91頁.

○椎野若菜（2009）「ケニア・ルオ社会の『儀礼的』セックスとは」『セックスの人類学』39-69頁，春風社.

○棚橋訓（1987）「同性愛小考──パプアニューギニア，サンビア社会の事例から」松園万亀雄編『文化人類学──性と文化表象』121-132頁，アカデミア出版.

○マリノフスキ，ブロニスラフ（2010）『西太平洋の遠洋航海者──メラネシアのニュー・ギニア諸島における，住民たちの事業と冒険の報告』，増田義郎訳，講談社学術文庫.

○ Becker, George（1984）"The Social Regulation of Sexuality: A Cross-Cultural

Lesson 5 セクシュアリティとジェンダー◎**127**

Perspective." In: *Current Perspectives in Social Theory*, Volume 5, pp. 45-69, JAI Press.

○ Godelier, Maurice（1986）*The Making of Great Men—Male Domination and Power among the New Guinea Baruya*, translated by Rupert Swyer. Cambridge, Cambridge University Press.

○ Herdt, Gilbert. (ed.)（1994）*Third Sex, Third Gender-beyond sexual dimorphism in culture and history*, New York, Zone Books.

○ Leacock, Eleanor（1978）"Women's Statues in Egalitarian Society: Implications for Social Evolution." *Current Anthropology* 19, pp. 247-255.

○ Marshall, Donald（1972）"Sexual behavior on Mangaia." In: Donald S. Marshall and Robert C. Suggs (ed.s.), *Human Sexual Behavior: Variations in Ethnographic Spectrum. Englewood Cliffs*, New Jersey, Prentice-Hall, pp.103-162.

○ Meigs, Anna（1990）"Multiple Gender Ideologies and Statuses." In: P. R. Sanday and R. G. Goodenough ed.s, *Beyond the Second Sex*, Philadelphia, University of Pennsylvania Press.

■推薦図書

○新ヶ江章友（2013）『日本の「ゲイ」とエイズ——コミュニティ・国家・アイデンティティ』青弓社.

○奥野克巳・椎野若菜・竹ノ下祐二編（2009）『セックスの人類学』春風社.

○國弘暁子（2009）『ヒンドゥー女神の帰依者ヒジュラ——宗教・ジェンダー境界域の人類学』風響社.

○窪田幸子・八木祐子編（1999）『社会変容と女性——ジェンダーの文化人類学』ナカニシヤ出版.

○窪田幸子（2005）『アボリジニ社会のジェンダー人類学——先住民・女性・社会変化』世界思想社.

○椎野若菜（2008）『結婚と死をめぐる女の民族誌——ケニア・ルオ社会の寡婦が男を選ぶとき——』世界思想社.

○椎野若菜・的場澄人（2016）『女も男もフィールドへ』古今書院.

○須藤健一・杉島敬志編（1993）『性の民族誌』人文書院.

○田中雅一・中谷文美編（2005）『ジェンダーで学ぶ文化人類学』世界思想社.

○チョンシー，ジョージ（2006）『同性婚——ゲイの権利をめぐるアメリカ現代史』，上杉富之・村上隆則訳，明石書店.

○ハート，ギルバート（2002）『同性愛のカルチャー研究』，黒柳俊恭・塩野美奈訳，現代書館.

○比較家族史学会編（2015）『現代家族ペディア』弘文堂.

○ミード，マーガレット（1961）『男性と女性——移りゆく世界における両性の研究：現代社会学叢書』上・下，田中寿美子・加藤秀俊訳，東京創元社.

○山本真鳥編（2003）『性と文化——性の総合講座』法政大学出版局.

Lesson 6

家族と親族
親と子は血のつながっているものか?

田川 玄

❶はじめに

　家族とはあなたにとってなんですか。そう質問されるとどう答えるだろう
か。「かけがえのないもの」「切っても切れない関係」「血がつながっている」、
あるいは「うっとうしい」ものかもしれない。

　家族は社会問題として取り上げられることも多い。法を犯したものには、
常に彼あるいは彼女の家族が問われる。「普通」の家族に育った若者が罪を
犯すと人びとは「なぜ」と首をかしげる。その家族は世間から非難され始め、
やがては「異常さ」が暴き立てられることもある。じつは「普通」ではなかっ
たというのだ。

　ところで、意外に私たちは他人の家族について知らない。自分の生まれ育っ
た家族こそが「普通」の家族であると思っている。他人の家族生活をふと知
るとその違いに驚かされたりする。他人との性格の違いは「違うのが当たり
前」と気にならないのに、家族の様子が異なっていると驚くのだ。

　このことは、私たちにとって家族がいかに「当たり前」のものであるかを
示している。生まれた時からそこにいるからこそ、自分にとって家族の存在
は「自然」のものとなっている。

　しかし、冒頭に述べた言葉のほかに、私たちは家族についてどのように語
ることができるのだろう。いやむしろ、これほど当たり前であるからこそ、
私たちは家族について多くを語ることができないのではないか。文学や映画
でしばしば家族がテーマになる理由は、日常における家族の語り難さに由来
しているのかもしれない。

本章では他の文化に生きる人びとの家族を知ることによって、当たり前で語り難い私たちの家族をはっきりした輪郭で描き問い直す。はじめに家族の理論と歴史を示し、私たちにとって当たり前のように思う現在の家族の姿が地域や時代によって多様であることを示す。次に文化人類学では家族という狭い範囲ではなく親族という大きな範疇の中で論じられることを述べ、その理論と民族誌の事例を示す。最後に親族研究の新しいトピックである新生殖技術を取り上げ、それがどのように展開されているのかについて触れる。

❷ 家族の理論

核家族という概念

「核家族（nuclear family）」という言葉は現在、日常的に使われているが、そもそもはアメリカの人類学者のマードック（G. P. Murdock 1897-1985）によって提唱された分析概念である。核家族とは結婚した男女とその子どもがともに居住する人の集まりであり、性生活、経済活動、子どもの出産、養育と教育といった機能を持ち、人類社会に普遍的にみられる。こうした家族のあり方は、現在の私たちになじみ深いものである。

核家族が普遍的であるというのは、それが図6-1に示すように単独に存在しているということだけではなく、いくつかの核家族が結合することによっていわゆる大家族が成り立つということである。

文化人類学において複婚家族や拡大家族といわれる家族の形態をみてみよう。複婚家族は、図6-2で示すように一人が複数の配偶者を持つ一夫多妻制あるいは一妻多夫制によって成立する。たとえば、一夫多妻制は夫を、一妻多夫制は妻を要として複数の核家族が接合する。

一方、拡大家族には、直系家族と合同家族という形態がある。直系家族は、図6-3のように親夫婦と結婚した一人の子どもの核家族によって成り立ち、既婚の子どもを要として二つの世代の核家族が結び付いており、それぞれの世代に一組の夫婦がいる。また、合同家族とは、図6-4のように一つの世代に何人かの結婚している兄弟姉妹がおり、複数の核家族が異なる世代だけでなく同じ世代内にみられる。このように、核家族は単独にあるだけでなく全

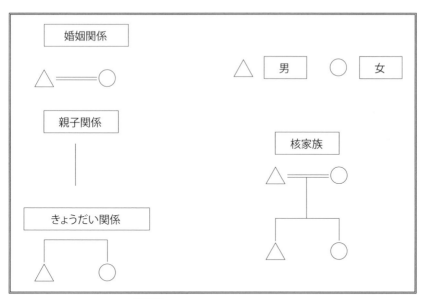

図 6-1　親族関係を表す記号と核家族

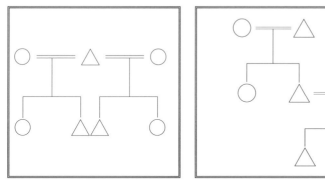

図 6-2　複婚家族のモデル　　図 6-3　直系家族のモデル

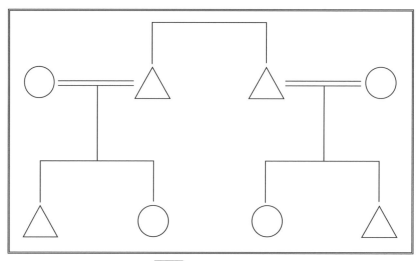

図 6-4　合同家族のモデル

ての家族の形態を成り立たせている最小単位として機能しているというのがマードックの主張である。

核家族はいつどこにでもみられるか

しかし、核家族の概念は、さまざまな社会の家族の姿が示されることによって普遍性が否定される。しばしば取り上げられる事例は、インド南西部のドラヴィダ系ナーヤル・カーストにおいて18世紀にみられたタラヴァードと呼ばれる母系の集団である。その当時、タラヴァードは兄弟姉妹と姉妹の子どもたちから成り立ち、ナーヤルの人びとはこの集団に生まれ育ち生活していた。つまり、タラヴァードは生殖、社会化（教育）、経済活動の機能を持っていたのだ。

ところが、タラヴァードには私たちの考える夫婦の関係は存在しなかった。母親はいるのだが、父親あるいは母親の夫という地位がなかった。タラヴァードには夫婦の性生活が含まれていなかったともいえる。それでは、いったいどのようにこの集団の女性は、子どもを妊娠し出産することができたのであろう。

この集団に夫婦という関係は存在しないと述べたが、じつのところ結婚式に相当する儀礼は行われていた。この儀礼はターリ結びの儀礼と呼ばれ、初潮前の少女たちを対象に10年に一度開かれていた。選ばれた男性が少女の首にターリというひもをかけ、二人きりで3日間過ごすが、この間に性交渉のあるなしは問われなかった。ターリ結びの儀礼は周辺の他の地域では結婚式に当たる。結婚式の相手は夫といえるが、彼はタラヴァードの一員とならなかった。3日間過ごした後、この男性はターリのひもを引きちぎるが、これは他の地域で離婚を成立させる行為に相当し、二人が再び会うことはなかった。

　ターリ結びの儀礼を終えると、女性は複数の男性と性関係を持つことができた。この関係は「いっしょにいる」という意味を持つサンバンダムと呼ばれた。

　サンバンダムの男性は年に3回、女性に贈り物を贈らなくてはならないが、必ずしも永続する関係ではなかった。女性が妊娠すると、サンバンダムの男性は女性と助産婦に贈り物をすることによって、妊娠に関わったことを公に認めた。

　それでは子どもの父親はいったい誰であろう。私たちの感覚からすると、妊娠に関わったことを認めた男性であるように思える。ところが、彼は「リーダー」を意味する「アチャン」と呼ばれただけで子どもになんらかの責任を持つことはなかった。じつは、父親といいうる男性はターリ結びの儀礼の相手であり、彼は「父」を意味する「アッパン」と呼ばれた。アッパンが死ねば女性とその子どもは喪に服するが、アチャンの場合は喪に服すことはなかった。

　こうしたナーヤルのタラヴァードに対して、マードックの提示した分析概念である核家族は役に立たない。タラヴァードは性関係をともなった夫婦関係によって成り立っていなかったからだ。夫あるいは父親が存在しなかったのだ。

　このような事例をみると、核家族の概念が想定していた家族の形態と機能は、全ての家族に当てはまらないことがわかる。夫婦とその子どもという、一見最小の単位をさらに分解して、母とその子どもの関係を家族の基礎とす

Lesson 6　家族と親族◎135

る見方もある。しかし、家族の厳密な定義を求めて最小限度の定義を行うことによって何が理解できるのであろうか。最小限度の単位に分解することによって、逆に家族の概念はあまりに貧弱なものになってしまう。また、家族の機能とされる経済活動や教育は、親族や村落あるいは社会全体によっても担われるはずである。これらの機能を家族に限定する視点は、家族を閉鎖された集団とみなす私たちの家族観から来ている。結局は、イギリスの社会人類学者のエドマンド・リーチ（E. R. Leach 1910-1989）のいうように、家族をいろいろな要素に分解しても、あらゆる社会に当てはまり比較できる母型は存在しないのかもしれない。

❸ 家族を歴史的に位置づける

西欧の近代家族

皮肉なことにこうした家族を追い求める姿勢こそが、私たちにとっての家族を象徴しているように思われる。それを示すように歴史学者や社会学者は、現在、家族にとって最も重要なこととみなされている親子や夫婦の親密さや愛情が、歴史的にどのように生まれてきたのかを明らかにしている。

たとえば、アリエス（P. Aries 1914-1984）は、『〈子供〉の誕生』という著書で、中世までのヨーロッパの子どもと家族の観念がどのようなものであったかを示している。17世紀までのヨーロッパでは、「大人」と区別され、愛情を持って保護、教育される「子ども期」という観念がなく、7歳くらいになると一人前の仕事ができない「大人」として共同体の生活に加わり社会化されていった。また、家族には愛情や親密さを表す必要はなく、そうした場はむしろ共同体の中に見出されていた。しかし、17世紀から学校制度が整い始めて子どもの教育期間が長くなるにつれて、家族は愛情を注ぐべき場に変化していった。

ショーター（E. Shorter 1941-）は、中世から近代に至る家族の感情の歴史を示し、近代の欧米にみられる家族の特徴として、ロマンティック・ラブ（性愛の感情）、母性愛（子どもを思う親の愛情）、家族愛（共同体の家族への干渉の除外とプライバシーの確立）の三つをあげる。

ショーターによれば、中世のヨーロッパで人口の大部分を占める農民にとって、家族は愛情によって成り立っているのではなく、生きていくために必要な結び付きであった。また、生きるために妨げとなる子どもを手元で育てずに里子に出すことが多かった。さらに、家族の内と外との境界はなく、人びとは家族よりも村落共同体に愛着を感じていた。ただし、当時の人びとが家族に愛情を全く感じていなかったというより、家族の何に愛情を感じ、それをどのように表現するのかが現在とは異なっていたということであろう。少なくとも当時の家族の姿は、現在、私たちが当たり前としている家族の特徴とはずいぶんとかけ離れているようだ。

　現在、欧米にみられる家族は近代の一時期に生まれてきたものに過ぎない。近代社会において家族とは、愛情によって結婚した夫婦と、彼らの性愛関係から生まれた子どもが血縁によって結ばれ、全体として愛情という情緒によってつながっていることが前提とされる。これを近代家族と呼ぶが、こうした家族は「結婚＝生殖＝愛情」という見方に支えられている。これは近代の西洋だけでなく、現在の日本の家族にも当てはまるであろう。

日本の家族の歴史

　私たちは、昔の日本の家族がどのようなものであったとイメージするであろう。多くの人びとの思い描く家族の姿は、夫婦と子どもというような少人数の核家族ではなく、祖父母やオジ・オバとイトコなどを含む大家族や、長男が家を継ぎ財産を相続し、両親と同居する直系家族ではないだろうか。

　しかし、実際には地域や階層によってさまざまな家族の形態があった。たとえば、北関東や南東北地方では第一子が女性であれば、彼女が家を継ぐ姉家督といわれる制度があり、一方、西日本では末子相続の慣習があった。1920年に行われた日本最初の国勢調査によれば、54％が核家族に該当し、直系家族の世帯は31％に留まっていた。もちろん、これは平均寿命が短く、同居してまもなく老親が死亡し結果として核家族の形態となっていたと考えられるが、どちらにせよ現在しばしばノスタルジーの中で語られる大家族は、決して多くはなかったのである。

　日本が近代国家への道を歩み始めた明治時代に、国家が家族の形態と機能

に直接関与するようになった。1870年代に明治民法の戸籍制度が施行され、江戸時代の武士の家族制度をモデルにしたいわゆる「家」制度がつくり上げられた。家制度では家長である戸主に強い権限が与えられ、妻と子どもはその保護の下で暮らし、妻は夫の戸籍の中に入り夫の氏の姓を名乗ることになった。この制度は、近代国家体制を確立するために政府によって創造されたものであり、家族は村落共同体や広い親族組織から離れ、国家の直接的な管理下に置かれた。文化人類学者の伊藤幹治（1930-2016）は、家制度の創造によって、天皇家の神話的な祖先である天照大神を国民全体の祖先とし、天皇家と国民の各家との関係を本家と分家の関係に置き換えるという家族国家観がつくり上げられ、天皇家の下で強固な国民統合が可能になったと指摘する。

　しかし、この段階で夫婦と二人の子どもから構成され、夫・父親は主に外に仕事に出かけ、妻・母親はいわゆる「専業主婦」として家事と育児を受け持つという、第二次世界大戦後の日本で一般的にイメージされる家族のかたちが現れたわけではなかった。昭和時代の初期までは、多くの女性は農家や商家の嫁として働いており「専業主婦」はほとんど存在していなかった。戦後の「高度経済成長」といわれる経済発展と産業構造の変化にともない都市に人口が集中し、多くの男性が給与生活者となる一方で女性は結婚とともに男性の就業を支えるために家内労働に従事するという夫婦間の分業が生まれ、現在の日本の近代家族が形づくられたことを、家族社会学者は指摘する。

　こうした家族の歴史的な変遷をみると、私たちに最も身近でありそれがために自然なものである家族の姿は、時代によって容易に移ろうものであることが明らかになろう。

❹社会の成り立ち──親族の理論──

　すでにみたように私たちの考える家族は、近代に成立した一つの形態である。とはいうものの家族は、形態や役割の相違はあるにせよ、全ての人間社会に存在しているように思える。この家族というテーマは、文化人類学では、より広い範疇である親族というテーマに包括される。

19世紀の文化人類学の創成期の学説である文化進化論から、親族は中心的なテーマであった。その当時のアメリカの文化人類学者であるモーガン（L. H. Morgan　1818-1881）は、人類が野蛮から未開、そして文明へと進化していったという前提に立ち、同様に結婚と家族のあり方も、一集団内の兄弟姉妹の結婚からなる血縁家族、集団婚からなるプナルア家族、一対一ではあるが排他的な同棲をともなわない男女の関係からなる対偶家族、一夫多妻婚からなる父権家族、一夫一妻婚からなる一夫一婦制家族へと進化していったと考えた。彼がこのような考えに至った資料には、「未開」社会の親族名称がある。

　ハワイでは父親の兄弟を「父親」と、母親の姉妹を「母親」と呼ぶが、モーガンはこうした親族名称が兄弟姉妹婚の時代の「残存」であると考えた。文化進化論ともども彼の仮説は資料の用い方と論理の問題からすでに否定されているが、ここで触れておきたいことは、なぜ彼が先に述べた親族名称と兄弟姉妹婚とを関係づけたのかである。その理由は、モーガンにとって「父親」とは「母親と性交渉して子どもを生ませた男」としか捉えていなかったということにある。つまり、彼はハワイで父親の兄弟が「父親」と呼ばれる理由を、子どもの母親が父親とその兄弟全てと夫婦関係にあった証拠と考えたのであった。こうしたモーガンの誤りから明らかになることは、他の文化の理解ではなく、皮肉にもモーガンが疑いを持たなかった西欧の近代家族の観念である。

　文化進化論からフィールドワークに基づいた個別の文化の研究へと文化人類学が進展していった中で、親族の領域はいわゆる「未開」社会を分析するうえでの中核的なテーマであり続けた。親族は社会の最も基本的な構成要素であると考えられてきたからだ。ここでは親族用語の説明とともに、親族に対する人類学の二つの考え方を簡単に示してみよう。

親族集団の分類

　親族集団は、個人を中心にした集団と祖先を中心にした集団に分けることができる。エゴ（自己）基点集団は英語の学術用語ではキンドレッド（kindred）が使われる。日本語では大体、自分を中心にして母方・父方の親族関係をた

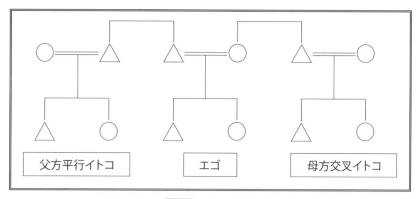

図 6-5　イトコの関係

どる親戚や親類という言葉に当てはまる。キンドレッドは個人によって範囲が異なるため、集団というよりは範疇とみなすことができ、状況によって役割も変化する。一方、祖先基点集団は特定の祖先を共通に持つ人びとの集まりであり、出自集団という用語が使われる。

親族の理論

　具体的に親族論に入る前に、親族関係を示すための記号を紹介しておこう。文化人類学では○や△といった記号を使い親族関係を表現する。たとえば、未婚の男女とその両親からなる核家族は図 6-1 のようになる。また、エゴ（自己）を基点にするとイトコの関係は図 6-5 のようになる。父方平行イトコとはエゴにとって自分の父親の兄弟の子どもを指し、父方交叉イトコとは自分の父親の姉妹の子どもを意味する。

　文化人類学の親族理論は、出自理論と縁組理論（あるいは連帯理論）の二つに分けることができる。この二つの理論は同じ現象を全く異なる視点から描いている。

出自理論

　出自とは個人と祖先の関係のたどり方であり、親子関係が鎖のようにいくつも結び付いているつながりである。この出自という関係を通じて、祖先を

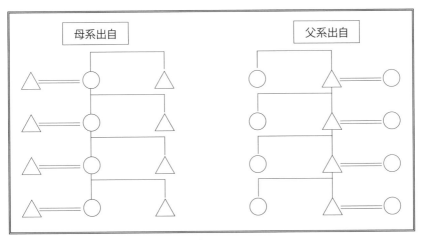

図6-6 単系出自

同じくする人の集まりである出自集団に所属する資格(成員権)、財、社会的な地位などが伝えられるが、このうち最も基本的なものは出自集団の成員権である。個人からみれば、ある特定の出自に生まれることによりその集団に所属することになるが、集団からみれば集団を再生産するために生まれてくる個人を取り込む規則である。

　出自集団は、枝分かれのようにいくつも分節し社会を構成する。それらが政治的な単位として働いたり、土地を所有したり、戦争を行ったり、あるいは祖先祭祀や儀礼を行うこともあるが、全ての人間社会を通じて共通する機能はない。

　出自のたどり方には大まかに二つある。一つは単系出自であり、もう一つは双系出自である。図6-6で示すように、単系出自はさらに父系と母系に分けることができる。父系出自とは、父親だけを通じて子どもに出自集団の成員権が伝えられる規則であり、子どもは全て父親と同じ出自集団に所属する。一方、母系出自とは、母親だけを通じて子どもに出自集団の成員権が伝えられる規則であり、子どもは全て母親と同じ出自集団に所属する。ここで誤解がないように付け加えるが、母系であるからといってその母系の出自集団には女性だけが所属するわけではなく、母親を同じくする子どもたちは男であ

ろうが女であろうが母親の出自集団に所属する。父系出自集団についても同じである。

これに対して双系出自の規則では、父と母の両方をたどるものであり、個人はその両者の出自集団に所属することになる。

出自集団には2種類あり、一つは成員たちが明確に互いの系譜をたどることのできる集団である。これをリネージ（lineage）と呼ぶ。他の一つは成員が必ずしも系譜をたどることができないが漠然と同じ祖先を持つと考えられている集団である。これをクラン（clan）と呼ぶ。

出自理論は、社会が出自集団によって構成されていることを前提とし、誰を出自集団の成員とするのかという規則や、出自にそって何が伝えられるのか、そして出自集団が担う機能から、個別の社会の成り立ちを明らかにしようとする。この考え方に従えば、結婚という制度はすでに存在している出自集団の間で取り結ばれる関係ということになる。

縁組理論とインセスト・タブー

これに対して、誰と結婚するのかという視点から、社会の成り立ちを示そうとする考え方がある。これは、出自集団相互の結婚の関係から縁組理論と呼ばれる。ここでは、この理論のもとになっているフランスの文化人類学者レヴィ＝ストロース（C. Levi-Strauss 1908-2009）のインセスト・タブーの説明から社会の成り立ちについて示していく。

インセスト・タブーとは近親者との性交渉の禁止のことを指すが、しばしば近親者との婚姻の禁止という意味で使われる。この禁止は全ての人間社会にみられる規則であるといわれているが、禁止の範囲はさまざまである。レヴィ＝ストロースによれば、この規則は、全ての人間社会に普遍的にみられるという意味で自然に基づく規則であり、性交渉の禁止の範囲が社会によって多様であるという点において、文化に基づく規則である。

それではインセスト・タブーはなぜあるのだろうか。たとえば、近親者同士の性行為の禁止は本能的な嫌悪に基づくものであるという考え方があるが、本能的に嫌悪するのであれば、社会的に禁止する必要はない。遺伝上の問題のある子どもが生まれる可能性があるという理由も、インセスト・タブー

の説明にはならない。インセスト・タブーの範囲が社会によってさまざまであるからだ。たとえば、父方平行イトコはインセスト・タブーの対象であるが、遺伝的に同じ距離にある父方交叉イトコはその対象とならない社会がある。遺伝上の問題という説明では、この事例を説明できない。生物学的な説明だけではインセストタブーは説明しきれないのだ。

　このような生物学的な説明の他に、家族関係が混乱することを防ぐという説明がある。たとえば、父親と娘が結婚すれば、娘は同時に彼の妻となり、父親は同時に夫となり、家族内の役割が重なってしまう。さらに彼らの間に子どもができれば、その子どもと母親は同時にきょうだいになり、子どもにとって父親は同時に祖父になる。このように家族内の役割が重なり、家族関係の混乱が生じる。

　この説明は家族内の関係に限定した見方であるが、レヴィ＝ストロースはインセスト・タブーを集団間の女性の交換の命令として捉える。父親や兄弟と娘や姉妹との性交渉の禁止によって、彼女たちは誰と性交渉するのだろう。その禁止の範囲外の男性たちである。その男性たちはといえば、自分たちの娘や姉妹との性交渉が禁止されている。つまり、女性は一定範囲の男性を性の対象としないことによって、それ以外の男性を性の対象とすることになる。このインセスト・タブーによる女性の交換の命令は、外婚制というかたちで現れる。外婚とは、自分の集団内部の成員とは結婚できず、外部から結婚相手を見つけなくてはならないという規則である。男性は自分の親族や家族の範囲外の女性と結婚し、自分の親族や家族の女性は他の親族や家族の男性と結婚することになる。これは結婚を通した女性の交換である。

　レヴィ＝ストロースは、女性の交換を「限定交換」と「一般交換」の二つのタイプに分ける（図 6-7 参照）。「限定交換」とは、二つの集団から成り立つ社会において、片方の集団の男性が、もう片方の集団の女性と結婚する制度である。二つの集団を A と B とすると、集団 A は、妻となる女性を集団 B から受け入れ、同時に A は自集団の女性を妻として B に与えるというように、二つの集団は、女性を与え合う互酬的な関係である。

　一方、「一般交換」では、社会が三つ以上の外婚集団から成り立つことが前提となり、限定交換のように、妻の与え手である集団に自分の集団の女性

Lesson 6　家族と親族◎**143**

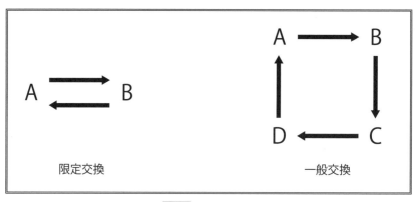

図 6-7　女性の交換

を婚出させることはない。たとえば、集団 A、B、C、D を想定した場合、A は B に自集団の女性を妻として与えるが、B は自分たちの女性を A に与えるのではなく、C に与える。同様に C は D に女性を与え、最後に D は A に妻となる女性を与える。つまり、女性は A ➡ B ➡ C ➡ D ➡ A というように一方向に流れ、全体として社会を女性が循環する。この場合、限定交換のような互酬性がないように思えるが、女性の循環の中で考えると、A は B に女性を与えることで、D から妻となる女性を受け取ることができるため、間接的に互酬的関係が成立している。

　レヴィ＝ストロースは、この 2 形態を「基本構造」と呼び、全ての婚姻の形態がこれらを組み合わせるか、あるいは変形させたものであると述べる。

　先述したように、インセスト・タブーとは特定の範囲の女性との性交渉を禁止することによって、女性の交換を命じる規則である。ここで重要な点は、はじめから交換する主体として親族や家族が成立しているのではなく、禁止することによって交換の主体としての家族と親族がつくり出されることである。したがって、一定の範囲の性交渉の禁止の規則をともなう結婚という制度によってこそ、親族や家族という集団が生まれ、同時に社会全体がつくり出されていることになる。

❺ 家族・親族のきずなとは

親子のつながりとは何か

　私たちは親と子の血がつながっているという。一方で血がつながっていなければ、それは「本当の親子」とはいわれない。これはなぜであろう。たとえば、ながく自分を育てた両親が生みの親でないことがわかった途端に、一度も手も握られたことのないような人物を、「血のつながった」「本当の親」として追い求めることがある。先ほどみた近代家族の要件である家族の間の愛情は、この血のつながりに求められることがしばしばである。血がつながっているから親子であり、自然の情としての愛情が湧くといわれる。その逆に血がつながっているにもかかわらず子どもに愛情を抱けない場合は、異常なこととされる。

　それでは、そもそも血のつながりとはなんであろうか。この問いに対して、多くの人は生物学的なつながりを説明するかもしれない。つまり、男性の精子が女性の卵子に受胎することによって、胚が形成され胎児になるというものだ。そして、この説明においては、父親とはその精子の持ち主である男性であり、母親は自分の体内に受胎し出産した女性となる。しかしながら、これは近代の科学によって明らかになった生殖の過程である。日常的に用いている血のつながりという言葉と人間の生殖に関する科学的な説明は、本来は関係ない。

　一方で、体外受精などの現代の新生殖技術の発展によって、医療現場における生殖過程は複雑になっており、誰が本当の父親であり母親であるのかについて混乱が生じるような場面もでてきた。このような体外受精児をめぐる親子関係の混乱は、生殖に関わった人物が社会的にも子どもの親であるべきであるという考え方によるところが大きい。

　しかし、歴史的・文化的には、このような考え方を持つ社会が全てではない。このため、文化人類学では、生殖に直接に関わった人物と社会において親として認められている人物とを一致すべきものとはみなしておらず、「生物学的父親」であるジェニター（genitor）と「社会学的父親」であるペイター（pater）とに区分する。生物学的父親とは、それぞれの社会の生殖理論にお

いて子どもの生殖に実際に関わった人物のことを指すが、社会学的父親とは、社会的に子どもの父親であると認められた人物を意味する。また、社会学的父親は男性であるとは限らず、女性でもありうる。同様に、母親に対しても実際に出産した人物をジェニトリクス（genitorix）、社会的に母親として認められた人物をメイター（mater）として区分する。

　私たちの社会では、生物学的な親こそが本当の親であるとみなすが、その逆に社会学的な親こそが本当の親であると考える社会もある。私たちの社会と彼らの社会との間にはどのような相違があるのであろうか。それを示すために、メラネシアのトロブリアンド諸島民、北東アフリカのスーダンに住むヌアー人、エチオピアのボラナ人という三つの社会の事例を取り上げ、彼らの親子関係がどのように成り立っているのかを明らかにしていこう。

メラネシアのトロブリアンド諸島民

　1910年代にトロブリアンド諸島民を調査したイギリスの文化人類学者マリノフスキー（B. K. Malinowski　1884-1942）は、トロブリアンド諸島民は妊娠の原因を性交渉と考えていないことを示した。トロブリアンド諸島民は母系社会で、結婚すると妻は夫の村に居住する夫方居住婚をとる。しかし、子どもは父親とは異なる出自集団に所属するため、彼が成長すれば父親のもとを離れて、母親の兄弟の住む村に移り住む。父親はタマと呼ばれるが、それは「母親の夫」という意味でしかないという。この社会において、父親は生殖過程においてその役割が認められておらず、子どもとの間に肉体的な連続性はないと考えられる。彼らにとって妊娠するということは、母方の死者の霊がトウマという死者の島から再びこの地に下り、母親の頭から体内に入り子宮へ運ばれ、母親の経血によって胎児が形づくられることである。この生殖過程における父親の役割とは、性交渉によって霊児の通る道筋をつくることでしかない。

　したがって、子どもと父親との間には、肉体的な連続性は認められていない。父子の間に「血のつながり」など必要ないのだ。しかし、父親は子どもをいつくしみ育てる。子どもが父親に似る理由は、父親がいつも子どもを抱いて世話することの結果であると語られる。また、未婚女性の妊娠は非難さ

れるが、その理由は子どもを抱いて世話をしてやる父親がいないことである。しかし、父親がいつくしみ育てた子どもの中でも、息子は成長すれば父親の下を離れ、母親の兄弟（母方のオジ）の村へ移ってしまう。そもそも子どもは父親とは異なる母系の出自集団に所属しており、自分が相続するべき財産のある村に移り住むのである。

　人類学の用語で語れば、この社会にはジェニターはおらずペイターのみが存在する。この事例から私たちは何を学ぶことができるであろう。私たちは、性交渉の結果が妊娠と出産であり、親子は「血のつながり」といった肉体的な連続性を持つがゆえに、愛情が湧くのであると考える。しかし、これは全ての社会にとって親子の愛情の妥当な説明とはならない。なぜならば、トロブリアンド諸島民の父親と子どもとの間には「血のつながり」のような肉体的なつながりは認められていないが、彼らは父親として愛情を持って子どもを育てるからだ。また、私たちが「血のつながり」の結果として語る親子が似るという事象も、トロブリアンド諸島では、愛情をもって育てた結果として語られる。彼らは私たちの考えるような一連の生殖過程と子どもへの愛情との関係を認めていない。

北東アフリカのヌアー人

　イギリスの文化人類学者エヴァンズ＝プリチャード（E. E. Evans-Pritchard　1902-1973）は、1930年代に北東アフリカのイギリス領スーダン（現在の南スーダン）でヌアー人の調査を行った。ヌアー人は、結婚に際して花婿側から花嫁側の親族へ30頭のウシを贈らなければならない。結婚の贈り物を文化人類学では花嫁代償（bride price）あるいは婚資（bride wealth）と呼ぶ。これにより夫は妻の産む子どもの父親として認められる。妻が家出をして他の村で愛人と生活し子どもを出産したとしても、その子どもは正式に結婚をした夫の子どもとされる。

　花嫁代償として30頭のウシを用意することは容易ではない。用意のできる前に死亡してしまうこともある。こうした場合は、彼の親族がウシを30頭用意し彼の名前で女性と結婚をする。これを文化人類学では死霊婚と呼んでいる。この場合、実際に結婚生活を送るのは死亡した男の親族の男である

Lesson 6　家族と親族◎**147**

が、彼らの間に生まれた子どもは全て、死んだ男の子どもと認識される。同じように、結婚している兄弟が死亡した場合は、その未亡人といっしょに他の兄弟あるいは近親の男が生活をすることがあり、これはレヴィレート（levirate、Lesson5 の 3 節参照）結合といわれる。レヴィレート結合以降に、未亡人と新たにいっしょになった男との間に生まれた子どもは、たとえ生物学的な父親が亡夫の兄弟であったとしても、全て亡夫の子どもとして認められる。

　また、ヌアーでは、文化人類学で女性婚と呼ばれる結婚形態があり、女性が自分の名前で 30 頭のウシを用意し、花婿として結婚することができる。この場合、実際に性交渉を行うのは他の男性であるが、その男性と彼女の妻との間に生まれた子どもの父親は、30 頭のウシを花嫁側の親族に贈った女性である。

　このようにヌアー人の結婚の慣習は、私たちからみると、女性が花婿として結婚したり、死者が結婚したりするというように一見多様であるようにみえるが、実は一貫している。それはその名前の下、花嫁代償としてウシを用意した人物が、夫となり、その妻の生んだ子どもの父親となるということである。つまり、ジェニターが無条件にペイターとはなりえず、妻の親族にウシを贈った人物こそがペイターとなるが、そのペイターの生死や性別は問われないのである。

　それでは、ヌアーと私たちの親子関係ではどこが異なっているのであろうか。私たちの親子関係は、夫婦と性行為の当事者、そしてその結果生まれた子どもの父母という複数の関係が一致するべきものと考える。しかし、ヌアーの社会ではこれらの関係を分けることによって、さまざまな結婚のあり方を柔軟につくり出しているといえる。その中で「血のつながり」のような肉体的なつながりは、父親と子どもの関係を本質的に成り立たせているとはされない。

エチオピアのボラナ人

　エチオピア南部にはボラナという牧畜を主な生業としている人びとが生活している（巻頭地図参照）。大学院生だった私が 1990 年代にボラナの人びと

の間ではじめてフィールドワークした時のことである。彼らは二言目には「お前は結婚しているのか」と尋ねた。独身であると答えると、必ず早く結婚しないといけないと忠告され、さらにはお前のためにここで妻を探してやるなどと冗談めかしにいわれた。ボラナ人によれば、子どもを持つために結婚しなくてはならないのだという。そのようなことをいわれ続けたせいで、私はだんだんと結婚したくなってきた。しかし彼らのいう結婚し子どもを持つということは、私の思っていたことと異なっていた。彼らが真っ先にあげる子どもを持たなくてはならない理由は、「名前が消え去らないようにする」ことである。それでは「名前が消え去る」とは、いったいどういうことなのだろうか。

　ボラナ人の名前体系には私たちの考える「苗字」はなく、自分の名前の次に父親の名前が来る。たとえば、ボルという名前の男がいて彼の父親の名前がリーバンであればボル・リーバンと呼ばれ、さらにその後に祖父の名前が来る。これを延々とさかのぼれば、そのまま父方の系譜となる。私の滞在した村では少ない人でも7世代、多ければ14世代程度まで名前をさかのぼることができた。もし、自分に子どもがいれば、子どもは「子どもの名前＋自分の名前」で呼ばれ、系譜が連続していくが、逆にもし自分に子どもがいなければ、死後に自分の名前が呼ばれることはなくなり系譜も途切れてしまう。

　しかし、結婚しても妻が子どもを出産するとは限らない。そのような場合は近親から養子をとる。また、たとえ夫に子どもがなく死んだとしても、寡婦となった妻の産む子どもは全て死んだ夫の子どもであり、その子どもは自分の名前の次に亡父の名前を名乗るため、彼の名前がなくなることはない。

　ところで、ボラナ人は男女ともども婚外性交渉に熱心である。結婚は出自集団の関係を築くものに対して、婚外性交渉は個人が自由に取り結ぶことのできる関係であり、結婚が個人の意志で解消されることはめったにないが、愛人関係は当人たちの気持ち次第である。婚外性交渉では女性は主体的に振る舞うことができるのだ。

　婚外性交渉によって、既婚女性が妊娠し出産することはよくある。それでは、既婚女性と性交渉を行った夫ではない男性は、その子どもにとってはどのような人物になるのであろう。私たちの社会では、実際に子どもの生殖過

程に関わった人物を「本当の父親」と認定するが、ボラナ人にとってその子どもの本当の父親はあくまでも出産した女性の夫である。

　一方、既婚女性の婚外性交渉の相手とその結果生まれた子どもは、互いに「アッベーラ」と呼び合う。ボラナ人は父親とアッベーラを区別する。父親はその子どもを名づけ養育する。アッベーラはその子どもに援助を行うこともあるが、それは父親としてではなくあくまでもアッベーラという立場からのものである。肉体的な連続性がすべて父子関係になるわけではなく、アッベーラの愛情も父子関係の中で語られることはない。なお、妻の愛人関係は夫が知っている場合もあるし知らない場合もある。

　ボラナ人にとって父子関係の本質は肉体的な連続性ではなく名前のつながりである。ある父親は次のようにいう。「子どもの父親は母親の夫である男だ。たとえアッベーラがいても親子関係にとってはなんでもない」。そう語る彼の子どもは長男以外はすべてアッベーラがいるという噂を聞いたことがある。アッベーラとして誰かの子どものジェニターであったとしても、子どもと名前のつながりを持つペイターとならなくては、ボラナ男性にとってはなんの意味もないのである。

　それでは、女性の名前はどうなるのであろうか。じつは女性の名前は男性とは異なり消えてなくなるだけである。未婚女性はその名前の次に彼女の母親の名前を名乗るが、結婚後は自分の名前の次に夫の名前を名乗る。女性は結婚すると生まれの出自集団を離れて夫の出自集団の成員となり、その所属を変える。

　女性は名前が残らないと述べたが、ボラナ人は生殖過程に母親の物質が直接的に関与しないと考えている。その民俗生殖理論によれば、男性の精液が女性の子宮に入り、「ミルクが固まりヨーグルトになるように」「血が固まり」胎児になる。子宮の中で固まる血とは女性の経血ではなく、男性の精液のことである。ボラナ人は子どもの誕生に際して女性の物質が関わることを否定する。子どもの肉体の起源は生みの父親のものであるというのだ。子どもと母親とのつながりは、「腹」という言葉で表され、同じ母親から生まれた子どもは「同じ腹」といわれる。

　系譜には父親の名前のみが残り、子どもの肉体的な起源は父親の精液にあ

写真6-1 ボラナ人によるラクダの乳しぼり

る。こうしたボラナ人の家族のあり方をみると、著しく父性が強調されていることがわかる。それは父系出自集団によって構成されるボラナ人の社会原理の一部である。しかし、母親の愛人関係によって、父親と息子の名前の連続性と肉体の連続性が一致するとは限らない。ボラナ人の既婚女性は結婚によって成立した家族の中に、彼女が主体となる愛人関係をつくり子どもを産む。彼女たちは家族の中に愛人関係とその子どもという情緒的な関係を結んでいるようにみえる。

このようにボラナ人の家族のあり方をみると、夫婦、父子、母子の関係のそれぞれ拠りどころが、ずれていることに気がつく。近代家族の中を生きる私たちにとって、それは結婚と生殖と愛情の三位一体の家族関係に収斂することを拒否した姿のようにも思える。

親族と家族の意味――「血のつながり」とは？――

いままでみてきた三つの社会の親子のあり方から、私たちは何を知ることができるだろうか。私たちは「血のつながり」という言葉で親子の関係を語る。そこには肉体的なつながりがあり、したがって自然な情として愛情が湧

いてくるという考え方である。しかし、日本語でも「肉親」「血肉を分けた兄弟」などといういい方があるように「血のつながり」とは、肉体に関する表現の一つに過ぎない。問題は、なぜそれが自然なものとして何かしらがつながっているかのように感じるのかである。

　実際につながっているわけではないのであれば、それは私たちの想像の力によるものであろう。性交渉という肉体的な接触、女性が胎児を身ごもり出産すること、それにまつわる血や精液といったものから、私たちは「血のつながり」といった肉体的な連続性を親子の間に見出してきたのだ。そこから連想されたものとして、血や肉、骨といった肉体にまつわる表現を行っており、それが奇妙にも逆に親子関係の根拠づけに使われているということであろう。そして、結婚・生殖・愛情の三位一体となった小規模な近代家族では、さらに凝縮して家族の親密さが語られる。私たちはこうした表現によって家族を経験するが、そこから抜け出ることは難しい。しかし、これまで示した

COLUMN ❶　親族研究への批判

　1970 年代から 80 年代にかけて親族研究は大きな批判にさらされる。その一つが親族体系は政治や経済関係をともない、はじめて意味を持ち、他の社会体系から独立した実体的なものではないという批判である。また、親族研究では先に示した学術用語や概念によって通文化的な比較が行われてきたが、こうした概念や学術用語にも疑問が投げかけられる。それらはそもそも欧米、特にイギリスの親族のあり方をもとにしており、普遍性がないというのだ。このため、あくまで便宜的にそれらの用語を使用するべきであると述べる研究者もいる。

　さらに、親族研究は、人類学の研究対象として設定していた「未開」社会が自分たちの「複雑な」社会とは異なり、その全体が親族組織によって成り立っているという前提に立つもので、これは文化進化論から続いている偏った前提であるという批判や、親族という概念の根底には欧米流の「血のつながり」という生殖による生物学的な連続性が含まれているという批判がなされてきた。

　このため近年では実体として親族そのものを論じるというよりも、政治経済やジェンダーなど多様なコンテクストの中で親族が扱われるようになり、親族研究は多様化している。新生殖技術も、親族研究の新しいテーマの一つである。

家族のあり方は、こうした親子をめぐる語り方に異なる様相を付け加えてくれる。

❻新生殖技術と家族・親族

これまで、さまざまな社会の親子関係を知ることによって、自然なものと思い込んできた家族と親族のあり方が、文化的な枠組みによって成り立っていることが明らかになった。

それでは、性交渉、妊娠や出産といった「自然」とみなされる性と生殖の過程を人工的に操作する新生殖技術は、私たちの親子関係にどのような影響を及ぼしているのであろうか。

新生殖技術は不妊症への対策として発達してきた。その方法は人工授精（Artifical Insemination：AI）と体外受精（In Vitro Fertilization：IVF）に分けられる。

人工授精とは、医療器具により精液を直接に子宮に移植する方法で、夫の精子を用いる配偶者間人工授精（Artifical Insemination by Husband：AIH）と、夫以外の男性の精子を用いる非配偶者間人工授精（Artifical Insemination by Donor：AID）がある。非配偶者間の人工授精では、親族の男性や精子バンクから精子を入手する。精子バンクから提供される場合、現在多くの国では精子提供者の名前を明らかにしないが、人工授精によって生まれた子どもがそれを知った後に「本当の父親」が誰であり自分自身が「誰であるのか」を知るために精子提供者の名前を探し出そうとすることがある。

一方、体外受精とは卵子と精子を女性の体外で人工的に受精させることである。受精卵の細胞分裂が進んだ胚にしてから子宮に移植する。配偶者間で行われる体外受精の他に、卵子と精子のどちらか、あるいは両方に夫婦以外の第三者から提供されたものを使用する方法もある。

また、妻の代わりに第三者の女性に妊娠と出産を依頼する代理出産では、出産を担う女性は代理母と呼ばれる。代理母には、依頼した夫婦の受精卵を子宮に移植して、妊娠・出産するホストマザー（host mother）という方法と、依頼者の夫婦の夫の精子を人工授精して、妊娠・出産するサロゲートマザー

Lesson 6　家族と親族◎153

（surrogate mother）という方法がある。サロゲートマザーの場合、生まれた子どもに対して代理母と夫の双方は遺伝的な関係を持つが、妻は遺伝的には子どもと無関係となる。

　この他に精子、胚、卵を凍結保存する補助技術がある。この技術により、精子や卵子の採取をその都度行う必要はなくなり、体外受精の効率化や患者の負担が軽減される。さらに、保存された亡夫の精子によって妊娠し子どもを出産することも可能である。これは、死者の子どもを得るという点では先に述べた北東アフリカのヌアー人の死霊婚の慣習と似ているが、親子の関係の本質を遺伝学的な関係に求めるという点において、両者は相容れない。

　新生殖技術は、母性と父性をこれまでにないかたちで分割する。母性は生物学的な母と社会的な母に分けられるだけでなく、前者はさらに「卵子の母」と「妊娠・出産の母」に分割される。また、社会的な母は、子どもの「養育」、母親になることの「意志」「選択」をした母親ともいいかえることができる。

COLUMN ❷　誰が親か？　アメリカのベビーM事件

　夫婦と代理母の関係の中で、いったい誰が子どもの母親であり父親であるのかの混乱が生じているのだろうか。ここで、1980 年代にアメリカ・ニュージャージー州で起こったベビー M 事件という訴訟事件を取り上げてみよう。この訴訟は、代理母と依頼者夫婦の間で争われた。

　代理母となった女性は報酬と引き換えにある夫婦の夫の精子を人工授精され、妊娠、出産した。代理母は親権を放棄し子どもは依頼者である夫婦の養子となるはずであったが、出産後に報酬を受け取らず子どもを引き渡さなかった。このため夫婦が子どもの引き渡しを求め訴訟を起こした。第一審では代理母契約を有効とし、代理母の親権を認めず、夫婦の夫を父親としてその下で子どもが育てられるという判決を下した。最終的に州の最高裁判所の判決によって、代理母契約は無効とされ代理母となった女性の親権が認められ、子どもと契約者夫婦との養子縁組は破棄されることになったが、子どもが養育される環境を鑑み、子どもは父親である依頼者の夫婦の下で育てられることになり、代理母には訪問権のみが与えられた。

　結局、ここで争われたのは誰が本当の親であるのかという問題ではなく、誰が育てるべきかという問題であった。判決は離婚による子どもの養育をめぐる裁判と同じく、子どもの育つ環境が優先された。この点では、代理母という制度がそれまでの西欧の親子関係を揺るがしたとはいえまい。

同様に父性も、人工授精における精子提供者である生物学的な父と社会的な父に分けられる。

　また、新生殖技術は、性交渉、妊娠、出産という生殖過程から性交渉を取り除く技術である。子どもを欲しているが不妊に悩む夫婦は、第三者との性交渉を介することなく妊娠と出産のみを手に入れることができる。その中で、結婚・生殖・愛情の三位一体化した近代家族のイデオロギーは残る。

　新生殖技術が親族や家族の意味について多くの問題を提起する一方で、愛情と血のつながりによって成り立つ小規模の家族というアメリカの中心的な親族イデオロギーは変わっていないことを研究者は指摘する。アメリカの親族イデオロギーでは、子どものいない夫婦は不完全な家族であり、血のつながった子どもを持ち家族をつくることは夫婦の目標とされる。この目標を達成させるために、新生殖技術が進められている。代理出産にせよ人工授精にせよ、夫婦どちらかとは生物学的につながることができる。その一方、子どもと生物学的なつながりのある精子提供者やサロゲートマザーの存在は弱められ、夫婦と子どもからなる家族の一体感が強調される。

　新生殖技術は、その社会であるべきとされる家族のかたちを目指すが、すでにある家族のあり方と新生殖技術が合致しない矛盾点も同時に浮かび上がらせる。そして、その矛盾を覆い隠すように、既存の親族イデオロギーが強調される。既存の親族イデオロギーにそったかたちで新生殖技術が展開されるといえる。たとえば、韓国では強い父系原理があり、多くの人びとは父親と血のつながった男児が生まれることを望む。このため、韓国では男性の不妊症に対する新生殖技術が発達してきた。つまり、男性の血統を残すことが新生殖技術の目的とされてきたのである。

　また、1990 年代半ばの調査によって、イスラエルの新生殖技術をめぐる興味深い事例が報告されている。その当時イスラエルは世界で最も一人当たりの生殖補助クリニックが多く、不妊治療の高い技術と低廉な治療費によってヨーロッパや中東からも多くの患者が集まる、新生殖技術の拠点となっていた。イスラエルはユダヤ人によって建国された国家であるが、ユダヤ人女性にとって出産し母親になることは、女性の権利というより宗教的な義務と捉えられる。一方、不妊治療は健康保険によって補助されているが、これは

政治的な理由から政府が政策としてユダヤ人の人口増加を促進しており、不妊治療が国家と国民（Lesson7 参照）の再生産と直結しているためである。このようにイスラエルでは宗教的・政治的な必要性によって、新生殖技術が発達している。

　特に正統派のユダヤ教徒にとっては、不妊治療がユダヤ教の教義と合致しなくてはならず、ユダヤ教の僧侶（ラビ）は、教義の再解釈によって新生殖技術において発生する性、生殖、父性、母性の教義上の問題の解決に進んで取り組む。たとえば、男性不妊症では非配偶者の精子を使う人工授精が試みられるが、これは姦通をめぐる議論に発展する。多くの僧侶の解釈では、人工授精で同じユダヤ人の精子を使用した場合、受胎と性行為は切り離されて考えられず、夫の同意があるとしても、人工授精は夫以外の男性との性的関係を持つ姦通とみなされ、妻は夫と性交渉を行うことが禁止されるほか、それによって生まれた子どもには不義の子どもという烙印が押される。また、人工授精によって、一人のユダヤ人男性の精液から生まれた男女が、そうとは知らずにインセストを犯す危険も想定される。

　しかしながら、非ユダヤ人の精子を人工授精において使用する場合は、精子提供者が非ユダヤ人であるため、ユダヤ人と同じ法を課せられず、姦通の問題でも、それがユダヤ人同士の関係を想定しているために、問題にされない。同時に非ユダヤ人の精子提供者の父性は認められず、子どもたちはユダヤ教の慣例法規上の父親を持たないとされる。したがって、インセストの問題は回避され、ユダヤ人でなければ、同じ提供者の精子から生まれた子ども同士が結婚しても問題はない。精子提供者がユダヤ人か否かを問わず「ユダヤ人であること」は母系によって伝えられるため、生まれた子どもは全ての面でユダヤ人と認められる。

　ここで明らかになることは、新生殖技術がそれぞれの文化に合わせて行われているということである。私たちの文化が血のつながりに家族を見出しているのであれば、こうした新生殖技術の発展は、その考え方によって推し進められているといえよう。そして、「血のつながり」よりも「科学的」なものとして遺伝子の親子関係が追求されるが、遺伝子によって語られる内容は、顔が似ているなどのようにこれまで「血のつながり」によって語られてきた

ことと同じである。結局は、新生殖技術はこれまでの私たちの親子関係の想像によって展開されるものでしかないのである。

しかし、その一方で新生殖技術は私たちの親族や家族の領域に異なる要素を持ち込んでいる。現在の家族は異性愛を前提としているが、新生殖技術によって同性愛者のカップルも子どもを持つことができるようになった。また、操作不可能な自然の領域にあった生殖が、新生殖技術によって操作と取引が可能なものとして考えられるようにもなった。報酬をともなう代理母や精子提供者の出現は、これまではかけがえのない関係であった家族が貨幣によって商品が売買される市場取引の領域へ移行したことを意味する。

このように新生殖技術の領域は、現在の家族イデオロギーを目指しつつも、矛盾するものも含んでいる。新生殖技術を追求することによって、私たちはどこまで新しい親子のあり方を想像することができるのであろうか。

❼ おわりに

本章では、主に文化人類学の視点から家族や親族を語ってきた。時代や社会によってさまざまな家族の姿がそこにある。現在の私たちの家族の姿は、結婚と生殖と愛情の一体となった近代家族と名づけられるものである。それは外部から隔てられた内部の親密な関係を想定している。

しかし、インドのナーヤル・カースト、メラネシアのトロブリアンド諸島民、北東アフリカのヌアー人やボラナ人は、それらの関係を家族に集中させるのではなく、むしろ分散させて家族や親族をつくり出している。それは「血のつながり」を重視する私たちの家族のあり方とは異なっている。

一方、新生殖技術の発達は「血のつながり」という近代家族のイデオロギーによって進められている。けれども、この新生殖技術の活用は、これまでの家族の概念では想定されていなかった要素を持ち込んでいる。この不安定な要素がどのように家族のあり方を揺るがすのかは、いまだ不透明である。

最後に、私は本章のはじめに家族を語り難いものと述べたが、さまざまな家族の姿を知ることによって、自分たちの家族について新しい言葉を得ることができたであろうか。家族について語り出そうとする瞬間、私たちは自分

Lesson 6　家族と親族◎157

の家族の見方に囚われて語ってしまうようなもどかしさを覚えるかもしれない。しかし、それを感じた時こそが自分たちの生きている家族を捉え直す第一歩となろう。

■参考文献

○アリエス，フィリップ（1980）『〈子供〉の誕生——アンシャン・レジーム期の子供と家族生活』，杉山光信・杉山恵美子訳，みすず書房.

○伊藤幹治（1982）『家族国家観の人類学』ミネルヴァ書房.

○エヴァンズ＝プリチャード，エドワード・エヴァン（1985）『ヌアー族の親族と結婚』，長島信弘・向井元子訳，岩波書店.

○岡田浩樹（2002）「新生殖医療は儒教の下僕か？　——韓国社会における受容と対応」『民族学研究』第66巻4号.

○落合恵美子（1994）『21世紀家族へ——家族の戦後体制の見かた・超えかた』有斐閣.

○金城清子（1998）『生命誕生をめぐるバイオエシックス——生命倫理と法』日本評論社.

○ガフ，キャサリン（1981）「ナヤールの婚姻と定義」村武精一編『家族と親族』，小川正恭他訳，未来社.

○グッドイナフ，ワード・ハント（1977）『文化人類学の記述と比較』，寺岡襄・古橋政次訳，弘文堂.

○清水昭俊（1989）「『血』の神秘——親子のきずなを考える」田辺繁治編著『人類学的認識の冒険——イデオロギーとプラクティス』同文舘.

○ショーター，エドワード（1987）『近代家族の形成』，田中俊宏他訳，昭和堂.

○竹田旦（1970）『「家」をめぐる民俗研究』弘文堂.

○長島信弘（1985）「社会科学の隠喩としての家族」『現代思想』第13巻6号.

○浜本まり子（1994）「血縁」浜本満・まり子編『人類学のコモンセンス——文化人類学入門』学術出版社.

○マードック，ジョージ・ピーター（1978）『社会構造』，内藤莞爾監訳，新泉社.

○マリノフスキー，ブロニスラフ・カスパル（1999）『未開人の性生活』（新版）（抄訳），泉靖一他訳，新泉社.

○モルガン，ルイス・ヘンリー（1958・61）『古代社会』上・下，青山道夫訳，岩波文庫.

○吉田禎吾他（1991）『レヴィ＝ストロース』清水書院.

○リーチ，エドムンド・ロナルド（1985）『社会人類学案内』，長島信弘訳，岩波書店.

○レヴィ＝ストロース，クロード（1977・78）『親族の基本構造』上・下，馬淵東一・田島節夫監訳，番町書房.

○ローウィ，ロバート（1979）『原始社会』，河村只雄・河村望訳，未来社.

○ Kahn, Susan Martha（2000）*Reproducing Jews: A Cultural Account of Assisted Conception in Israel*, Durham, NC and London, Duke University Press.

○ Ragoné, Heléna（1994）*Surrogate Motherhood: Conception in the Heart*, Boulder, CO., Westview Press.

■推薦図書 ────────────────────────────

○小田亮（2000）『レヴィ＝ストロース入門』ちくま新書.

○金城清子（1996）『生殖革命と人権──産むことに自由はあるのか』中公新書.

○出口顕（1999）『誕生のジェネオロジー──人工生殖と自然らしさ』世界思想社.

○ドンズロ，ジャック（1991）『家族に介入する社会──近代家族と国家の管理装置』宇波彰訳，新曜社.

Lesson 7

民族と国家

集団意識はどのように生まれるのか?

シンジルト

❶ はじめに

　我々は、普段「○○人は……である」という表現をよく耳にする。新聞、テレビなどのマスメディアを通じて、「民族紛争」「民族運動」「民族浄化」という言葉も見聞きする。さらに、教科書を通じて「○○民族」に関する知識を学ぶこともある。では、日本人の持つ民族観とはどういうものなのか。

　私がある大学で学生に、「日常表現における『民族』」という題で小論文を書かせたところ、自分は日本「国民」であり「民族」ではない、「民族」とは他者を指すという回答を多く得た。そのような回答は、たいていマサイや「首長族」などを扱ったテレビ番組から発想されたものだ。そこでは民族が、経済的に「遅れている。自給自足。汚れた水を飲む。獲物を丸ごと食べる」、文化的に「上半身裸。昔から何一つ変わらない風習や考え方を守り続ける少数者の集団」と表現される。民族イコール「未開人」との認識である。また、民族とは、社会的な「弱者」と同一視される傾向があるようで、アイヌ民族、琉球民族、在日韓国・朝鮮人、被差別部落（民）と呼ばれる人びと、ネイティブ・アメリカン、ユダヤ民族などの名があげられる。

　さらに、「ドイツ人は無口で頑固、中国人は料理がうまいが怒りっぽい、アメリカ人は自己中心的、フランス人はタカビシャ、黒人は身体能力抜群、白人は知能が発達、アジア人は勤勉」というように、民族を「国民」や「人種」の気質や身体的特徴に置き換える傾向もみられる。むろんこれは大学生に限らない。とりわけ国民と民族を混同する傾向が日本人一般にみられる。よく知られるように、サッカーのワールドカップの際、ナショナルチームを

Lesson 7　民族と国家◎161

国民一丸となって応援する中で、ようやく自らが日本人であることを意識しその意識を共有したという人が多い。これ以外に日本人に自分が日本人であることを意識させられる機会といえば、海外旅行でコミュニケーションの問題を経験する時や日本国内における「外国人犯罪」関連のニュースを見聞きする時だろう。しかし、日本人、外国人といった表現は、国籍を意味するもの（国民）であり、民族を意味するものではない。

　このように、日本人は民族を、（A）自分たちから遠く離れた「未開人」「弱者」を指す概念として用い、（B）また別の場合には、国民、人種などに置き換えて捉えている。要するに、日本人の民族観の特徴はあいまいである。しかし、あいまいでは済ませられない、民族をめぐる状況が国内外で進行している。世界各地で民族紛争が勃発し、新たな経済的問題が発生したりすることもある。日本もかつてないほど多民族化が進んでいる。アイヌや琉球などの先住民族、在日韓国・朝鮮人といったオールド・カマーに加えて、世界各地からやってくる「ガイジン」たちが、ニュー・カマーとして日本で活躍し始めている。さらに国際化が進む現在、多くの日本人が海外に赴き、さまざまな仕事に携わっている。地球上には190余りの国があり、6000種以上の言語がある。異なる言語文化を持ち、190余りの国家を構成する民族の数は、数千に及んでいるとされる。

　国内外のいずれにおいても、我々は自分と異なる相手（他者）の文化を知ることが重要である。そのため、民族を理解することが重要である。人間の文化を研究対象とする文化人類学では、文化の担い手とされる民族が常にキーワードとなってきたからだ。そこで、日本人のあいまいな民族観を捉え直すのが本章の目的だ。2節では国民や人種と、3節では意識と、4節では国家との関係において民族のあり方を描く。5節では多民族状況における民族のあり方をみる。これらを通じて他者理解のカギとしての民族という概念の重要性を理解していく。

❷民族のあいまいさ

民族の定義

広辞苑（第六版）によれば、民族とは「文化や出自を共有することからくる親近感を核にして歴史的に形成された、共通の帰属意識をもつ人々の集団」という。そのうえで「特に言語を共有することが重視され、宗教や生業形態が民族的な伝統になることも多い」と強調される。そこで民族は、言語・宗教・生業形態・帰属意識の4要素で定義されていることがわかる。さらに同辞書は、民族は「人種・国民の範囲とも必ずしも一致しない」と丁重に断る。なるほど、納得する。

だが、「日本民族」を探してみたら、該当項目はなかった。大和民族を調べてみたら、「日本民族に同じ。➡日本人」とある。日本民族がないのに、日本民族に同じと説明されても困る。この説明の仕方は定義を要しないほど日本民族は自明であるという前提で成立している。仕方なく矢印に従って、日本人という項目をみた。そこには、日本人とは「①日本国に国籍を有する人。日本国民。②人類学的にはモンゴロイドの一。皮膚は黄色、虹彩は黒褐色、毛髪は黒色で直毛。言語は日本語」とある。

上記を整理すると、日本民族＝日本人＝日本国民＝「皮膚は黄色、虹彩は黒褐色、毛髪は黒色で直毛」という特徴を持つ人種（モンゴロイド）＝日本語を操る者となろう。修飾語である「日本」を外してしまえば、「民族＝国民＝人種＝言語」という等式がみえてくる。これは上記「民族は必ずしも人種や国民の範囲と一致しない」との断りと論理的に矛盾する。辞書における「民族」と「日本民族」をめぐる定義にみられる矛盾した特徴のら列は、前節の（A）（B）の捉え方とどこかで似かよっているような気がする。

「日本民族」という概念と、それを説明する際に用いられた国民、人種、言語などの要素との関係をもう一度確認しよう。「国民」とは国家の統治権の下にあり、国家を構成する人間のことだが、ここでは「日本国に国籍を有する人」を指す。「人種」とは人間の生物学的な特徴による区分単位とされるが、ここではモンゴロイドを指す。同辞書によれば日本語は「日本民族の言語。語彙や文字の点で中国語の影響を受ける。系統に関しては、モンゴル

語などと同様アルタイ語族の一つ、……」とある。

では、これらの要素が備わっていれば日本民族（人）といえるのだろうか。自分のことを例にあげていうと、私はじつは中国に国籍を持つモンゴル人である。私のように中国語もモンゴル語もできる人間にとって日本語は学習しやすいし、また、身体的特徴からいっても、私は日本人と同じいわゆるモンゴロイドである。それでは、最後に日本に帰化しさえすれば、日本民族（人）になるのか。道理はそうであっても現実は別である。たとえ帰化したとしても、「本物」の日本人が私をどうみるだろうか。私が自分自身のことを「何人」「何民族」と考えるかにもよるだろう。しかし、少なくともこの際、民族と国民は必ずしも一致しないことは理解できよう。

なんらかの客観的な要素が先にあって、その自然の流れの中で、日本民族（人）という概念が生まれたのではない。むしろ、なんらかの要請に応じてその概念が先に生まれ、概念の強化のために諸々の要素に意味を与えられたと理解すべきであろう。実は「民族（minzoku）」という語は和製漢語である。西洋のネイション（nation）などを意識しながら、概念としての「民族」は1890年前後に形成され、天皇制ナショナリズムのキーワードとして次第に

COLUMN ❶　「ネイション」系の民族表現

ネイション（nation）は「生まれ」を意味するラテン語 'nasci' の派生語であり、①国民国家（nation state）を構成する「国民」、②国際連合（United Nations）を構成する「国家」、③国民国家を形成する諸民族のうちの多数派民族（majority nation）を意味する。

ナショナリティ（nationality）はネイションの派生語であり、①国民性、②民族性、③国籍、④ citizenship の対立概念である民族籍、⑤支配・被支配に関わらず国民国家を構成する民族、⑥多数民族の対立概念である少数民族（national minorities）を意味する。

ナショナリズム（nationalism）もネイションの派生語であり、①国民主義（国民の利益・団結を高めようとする思想。植民地における土着の支配民族が目指す独立運動）、②国家主義（国家を人間社会の中で第一義的に考え、国家権威を絶対視する立場。全体主義・国粋主義）、③民族主義（民族の自主性を確保・発展させようとする思想。国家に対する少数民族の分離・独立運動）を意味する。

使われ始めた。そこで、「民族（nation）」という概念の発祥地であった西洋の歴史的状況を確認することが重要だ。

人種と民族

先ほど私は自分自身のことを「いわゆるモンゴロイド」だといった。というのも私には、民族的な違いの根底に、「人種」という生物学的な人間分類があるという世間の「常識」が無視できなかったからだ。しかし、ここでこの「常識」的な誤解を払拭しなければならない。なぜなら、「人種」（race）という概念も文化的・政治的なものであり、科学的に証明されたものではないからだ。人種といえば、まずは、何を連想するだろうか。人種間の共存共栄より、むしろ人種差別（racism）だろう。人種差別を実践したものとして、ナチス・ドイツのユダヤ人虐殺、アメリカの黒人差別、南アフリカ共和国のアパルトヘイト、オーストラリアの白豪主義などがあげられる。そもそも人種で人類を分けようとする考えはなんのために、何に基づき、いかに生まれたのか。

大航海時代（15世紀以降）において、ヨーロッパ人は航海や貿易の対象地としてのアフリカやアジアに到達し、自分と異なる外見や習慣を持つ人間集団と遭遇したことから、人間同士の差異への関心が高まり、彼らによって「人種」概念が発明された。「人種」概念の祖となったのは、「分類学の父」とも呼ばれるスウェーデンの博物学者、生物学者リンネ（C. von Linné 1707-1778）だ。彼は、人間をホモ・サピエンスと命名し、白、赤、黄、黒の4人種に区分した。人種分類を体系化したのは、ドイツの医学者であり人類学の父と呼ばれるブルーメンバッハ（J. F. Blumenbach 1752-1840）であった。彼は、1806年に、皮膚の色や頭のかたちなどの身体的特徴の地理的分布に基づき、人間をコーカサス、モンゴル、エチオピア、アメリカ、マレーという5つに分類した。現在使われている「コーカソイド（白色人種）」「モンゴロイド（黄色人種）」「ネグロイド（黒色人種）」などの人種名もこの分類に由来する。

「人種」の分類要素は多くあったものの、決定的なものがなかった。それゆえに、人種分類の数が3～200種類以上にまで及んだ。そして、「人種」

Lesson 7　民族と国家◎**165**

という概念は、ヨーロッパ人による新大陸「発見」、その土地に対する植民地支配、また、奴隷制度を正当化するための根拠となった。さらに、人種の間に優劣の差異があるとする偏見に基づく人種主義は、19世紀のヨーロッパにおいて、社会進化論（人間社会において強い者が生存競争に勝ち残り、社会はそういった強い人間によって進化するという論理）と結び付くことによって急速に発展した。たとえば、ヨーロッパ人は胎児の段階において、エチオピア人からモンゴル人、そして白人への進化を繰り返すというような、人種主義的進化論が当たり前のように受け入れられていた。

　こうした人種主義を最も露骨なかたちで実践したのが、その後のナチス・ドイツだった。ヒトラーは人種を、文化創造者、文化支持者、文化破壊者に分類し、文化創造者はアーリア人、文化支持者はその他のヨーロッパ人やアジア人（日本人を含む）、文化破壊者はユダヤ人としたのである。ヒトラーの独特の人種分類にみられるように、人種は文化とも深い親和性を持っている。彼の「人種」観の背景には、18世紀後期からさかんになった「民族（Volk）思想」もあった。近代資本主義の発展と伝統的な共同体の崩壊によって生じた個々人のつながりの希薄化を食い止めるため、「民族」という集団的な範疇が重要な存在として登場してきたのである。ここでいう民族とは、個人を超越した、一つの実体として考えられていた。民族に人種主義的進化論の思

COLUMN ❷　「エトノス」系の民族表現

　エトノス（ethonos）は古代ギリシア語に由来し、都市国家のうちの住民（デモス）に対して、その背後地の住民を指す言葉であった。当時、異民族を指すギリシア語は別にあり、バルバロイであった。人類学が誕生した19世紀以降の欧州においては、エトノスはもっぱら異民族や未開人を意味するようになった。民族とも訳される。

　エスニック・グループ（ethnic group）はエトノスからの派生語である。国民国家の枠組みの中で、他の同類の集団との相互作用の下に、出自や文化的アイデンティティを共有する人間集団を指す。民族集団とも訳される。

　エスニシティ（ethnicity）は、アメリカの人種や移民問題研究の過程で、1950年代に生まれた用語である。エスニック・グループあるいはその一部の構成員が、その伝統文化の背景の下に意識的・無意識的に表出する心理的・社会的特性やアイデンティティの有り様の総体を指す。民族や民族性とも訳される。

想が結び付けられ、アーリア人種・民族（その典型がドイツ人）の優越性と、非アーリア人種・民族（その典型がユダヤ人）の劣等性が主張されたのである。その結果、600万人ともいわれるユダヤ人が虐殺された。

　このように、社会集団同士にみられる宗教的、言語的、文化的な違いを、生物学的な遺伝の差異に還元してしまうのが、人種主義の特徴である。歴史的にみて、いわゆる宗教、言語、文化などの差異に基づく「民族」概念は、「人種」概念と深く結び付けられ、そのため、民族の間に乗り越えられない本質的な壁があると主張されていた。その主張が国家権力と結合すれば大きな悲劇を生み出すことがナチス・ドイツの歴史によって証明された。第二次世界大戦後、こうした人種概念のあいまいさ・危険性に対する反省から、社会集団の言語文化的な特徴は後天的なものであるという認識が広く共有されるようになったのである。1951年、ユネスコが「人種と人種差の本質に関する声明」を発表し、人種概念の不当な使用を戒めた。研究領域においても、言語文化的な特徴や政治経済的な差異は人種ごとに固定的なものではなく、ある状況下においては変化し融合することが可能であり、人種や民族概念も

COLUMN ❸　部族、少数民族、先住民族

　部族（tribe）とは、一定の地域内に居住し、共通の言語・文化・慣習を有し、同族意識を持つ集団だとされる。しかし文化人類学者がよく使ってきたこの語は、「未開民族」「原始民族」という社会進化論的な文脈で理解される場合が多い。事実、「部族」と「民族」とを区別する客観的根拠がなく、近年「部族」が「民族」にとって代わられつつある。

　少数民族（national minorities, ethnic minorities）とは、多民族国家において、支配的な民族集団とは異なる言語・文化・慣習を持ち、社会の周縁部や被支配的な地位に置かれている、相対的に人口の上でも少数となる民族を指す。

　先住民族（indigenous people）とは、べつの地域からやってきた異文化・異民族的な起源を持つ人びとが形成し、運営している国家によって支配・抑圧されている民族とその子孫を指す。世界先住民族の人口は3億人と推測される。

　少数民族と先住民族との間に本質的な違いはない。しかし、現状として、自らが先住民族であり、先住権を主張できる少数民族は、ほとんどが、日本、北欧、オーストラリア、ニュージーランド、カナダ、アメリカなど先進諸国に限られている。

やがて消滅可能だとの考え方が優勢を占めるようになった。

そこで登場してきたのが、同化論である。一つの国において、その国の合理化と近代化とともに、人間同士の同化が進めば、肌の色や顔のかたちなどの身体的特徴、あるいは宗教や言語、生活習慣などの文化的な特徴によって、人びとを差別することが必然的になくなる、というのがこの学説である。この学説は主に移民国家アメリカで発展したものであり、その前提には移民としてのエスニック・グループは、社会文化的にアングロサクソン系のアメリカ主流集団に同化すべきという考えがある。そのため、イデオロギー的には反人種差別を貫くが、公民権運動をめぐる人種対立やエスニック紛争の発生などを目前にして、説得力ある説明を出せなかった。

❸ 注目される民族意識

民族意識の強調

1960年代後半からは、旧宗主国や独立した被植民地国家においても先住民族運動、少数民族問題や民族紛争などが活発になった。この状況をどうみればよいか。それまで民族といえば、共通の文化を担う集団単位のことを指すのが当たり前であった。しかし、上記の民族現象の突出を背景にして、もはや諸々の文化要素を網羅することで民族を理解することができなくなった。同時に、同化主義的な学説も説得力を失いつつあった中で、「民族の現場」に近い文化人類学者は、あらためて民族を考えることを時代に要請された。そこで、1970年代から文化人類学において「民族」そのものが重要なテーマとして扱われるようになった。

まず文化と民族の関係が点検された。一つの民族は常に一つの言語文化と重なり合うわけではなく、両者を互換的に用いることはできない、というリーチ（E. R. Leach 1910-1989）の考えが、民族を社会的相互作用の中で動態的に捉えていく議論の先駆となった。そして、アカデミックな民族研究への影響という点では、いわゆる客観的な文化でなく、主観的な帰属意識（民族意識）に注目したバルト（F. Barth 1928-2016）が出発点となった。

バルトは多くの国や地域で調査を行ってきた。彼の民族をめぐる議論は、

主に現在のパキスタン北西部スワート地方のパターン（パシュトゥーン）人社会で行った調査経験に依拠している。パターン人内部の南北の文化差の問題、パターン人と南の隣人バルーチュ人や北の隣人コヒスタン人との相互作用にみられる、パターン人の集団意識の特徴を考察したものである。それらを通じて彼は、民族の文化内容より民族間の境界やそれを維持する民族意識の重要性を指摘する。自他ともに承認された帰属意識こそが民族の核心であり、意識の作用する場が民族集団であり、場の存続は境界の維持によって実現されるという。その境界の維持には必ずしも共通の言語、慣習、信仰などの「客観的な」文化的特徴を必要とはしないと分析した。

　文化指標が常に変化するにもかかわらず、民族という社会集団が存在し続けるという、民族の持続的メカニズムを解明するために、境界や主観的帰属意識を概念の中心に据える立場を提唱したバルトの境界論は、民族研究の方向を転換する建設的な意義を持った。しかし、その境界やその境界を維持する民族意識のメカニズムに関するバルトの言及は十分ではなかった。

民族意識の源泉

　バルトの境界論をめぐる議論の再展開、すなわち彼の提示した主観的な民族意識の源泉となるものは何かをめぐって登場してきたのが、「道具論」と「原初論」である。コーエン（A. Cohen 1921-2001）に代表される道具論者は、民族集団は共通の利益を追求・獲得するために組織化されるものだという。そのため、いわゆる民族運動は、各集団が集団及び個人の利益を追求するためのものに過ぎない。また、民族紛争と称されるものの内実も、利益政治の枠内における稀少資源（政治的・社会的・経済的諸価値を含む）をめぐる集団間紛争なのであるという。したがって、民族意識も従来考えられているほど固定的なものではなく、むしろ状況に応じた成員の「判断」によって変化しうると解釈した。さらに、民族の名、そして血縁関係、生活習慣、言語文化といった民族を表象する諸要素も、効果的に人びとの力を動員し、特定の目的遂行のために意図的に操作される道具に過ぎないと主張した。

　道具論と反対に、人びとは共通の利害によってではなく、血縁や親近感に基づく「原初的紐帯」とも呼ぶべき非合理的な感情によって特定の民族に属

Lesson 7　民族と国家◎169

するのだというのが、原初論者の立場である。原初論の先駆者の一人である
ギアツ（C. Geertz 1926-2006）は原初的紐帯を「直接的な接触と血縁関係を
もつこと、特定の宗教集団に生まれたこと、特定の言語ないしそのうち一方
言をしゃべること、あるいは特定の社会慣習に従うことに由来する所与性を
意味する」と定義する。換言すれば、親族・祖先、宗教、言語、習俗などに
対する人間の原初的な愛着を指す。そして、彼は原初的紐帯には、個人の情
愛や実際上の必要性とか共通の利害、あるいは課された義務の結果であるだ
けでなく、その紐帯そのものになんらかの計り知れない重要性が存在すると
指摘する。また、その紐帯の強さは状況によって異なるが、「ほとんど誰に
とっても、どの社会でも、そしてたいていどの時代でも、そうした結び付き
は社会的相互作用から生まれるというよりは、むしろ自然な親近感から生じ
るように思える」と強調する。さらに彼は、原初的紐帯による意識を国民と
しての意識に置換することは不可能だと主張した。彼は、民族意識と国民意
識が別物であると強調することで、国民統合のための同化論を批判した。

❹ 国民国家にとっての民族

否定される民族

　現在、人間社会において、国家は最大の政治主体だ。ある国に民族が存在
するか否か、どれくらい存在するかは、その国の判断・規定次第である。統
治する民があまりに異なり過ぎると国家は困る。そのため、言語文化に基づ
く民族の特色を削り落とし、その代わりに同じ国の民という同胞意識を想像、
創造しなければならない。これは文化的な均質化、意識的な一元化を意味す
る国民統合である。統合の度合いが高まるにつれ、国民と民族を混同する、
最終的には国民としての意識しか残らない状況が生じる。この高度な統合状
況は、明治以降、百数十年をかけて国民統合に励んできた今日の日本におい
て顕著にみられる。

　では国民としての同胞意識はどのようなもので、どのように誕生したか。
ナショナリズム（国民主義）の生成過程を研究してきたアンダーソン（B.
Anderson 1936-2015）は、まず、国民とはイメージとして心に描かれた想

像の政治共同体であると定義し、その特徴を次の4点において論じる。①いかなる小さな国民であろうと、それを構成する人びとは、その大多数の同胞を知ることも、会うことも、あるいは彼らについて聞くこともなく、それでいてなお、ひとりひとりの心の中には、共同の聖餐のイメージが生きているから国民は想像されたものである。②たとえ10億の生きた人間を擁する最大の国民ですら、可塑的ではあれ限られた国境を持ち、その国境の向こうには他の国民がいるから国民は限られたものとして想像される。③この国民の概念は、啓蒙主義と革命が神授のヒエラルキー的王朝秩序の正統性を破壊した時代に生まれたから国民は主権的なものとして想像される。④国民の中にたとえ現実には不平等と搾取があるにせよ、国民は、常に、水平的な深い同志愛として心に思い描かれるから国民は一つの共同体として想像される。さらに、彼は、ナショナリズムの想像力を可能にしたのは、印刷・出版（小説・新聞）等コミュニケーション技術に代表される「出版資本主義」だったと分析した。

　アンダーソンの議論は、国家や国民という共同体の過去とのつながりを分断し、それを近代の産物として相対化することによって、その流動性、任意性を把握することを可能にした。アンダーソンの近代ナショナリズムの起源をめぐる議論の形成は、インドネシア研究者である彼のインドネシア・ナショナリズム形成に対する関心と関わっていた。

　国名であるインドネシアという語は昔からあったのではなく、1850年代頃から使用され始めたものである。オランダ植民地時代に当該地域は「東インド」と称されていた。独立前まではインドネシアという名の使用はあいまいだったが、ナショナリズムの影響を受け、独立を求める植民地のナショナリストにとって植民地支配の用語である「東インド」は受け入れられるものではなかった。そこでインドネシアという名が新しい響きを持って現れた。インドネシアは「インドネシア共和国」の独立宣言によって、漠然とした地域名から確固とした国名になった。インドネシア領内には二百数十の民族集団があるが、政府は、インドネシアは一つの民族からなる国家であると主張する。つまりインドネシア民族である。しかしながら、インドネシア語において民族に相当する語は「バンサ」であり、国民や市民を指す表現として「ワ

Lesson 7　民族と国家◎171

ルガ・ヌガラ」というものがまた別にある。この「一つの民族」という主張は、国家の国民統合の要請によるものである。

このような近代国民国家の形成は、新旧両派の宗教的対立による「三十年戦争」を終結させるため1648年に締約されたウェストファリア条約を契機に、すなわち、ヨーロッパにおける王権国家の権威の崩壊とともに始まっていた。

近代国民国家の三大要素は、主権、領土、国民である。国際社会においては主権国家に優劣がなく相互に対等で、国内においては国家の主権は絶対至高である。その国家を構成する国民は同じ民族であることが理念ではあるが、現実にはありえないことである。そこで、国家によって、具体的にいえばその国家を構成する支配民族によって、その国における他の民族の存在を認めない現象がみられる。

たとえば、イギリス、ドイツ、フランス、スペインそして日本などのような旧植民地宗主国は、アフリカ・アジア・アメリカ大陸などにおける自らの植民地に関しては、さまざまな基準で人種や民族を見出していくが、自国内の民族集団について全く言及しない。そして、いわゆる新興国家においても民族の存在を認めないところが多い。たとえば、上記インドネシア以外、トルコも世界最大の少数民族といわれるクルド民族（2000〜3000万人）のうち約半数を抱えながら、「トルコ共和国の全住民はすべてトルコ人だ」という建国の精神を貫いていたのだ。他に類似する国にフィリピンやスーダンなどもあげられる。こういった民族の隠蔽によって、均質的な国民による国家の達成に努めている。

承認される民族

均質的な国民を求めるのが国民国家だが、国民国家自体は、特定の言語や文化を持つ民族集団によって主体的に運営される。異なる民族集団を均質な国民としてまとめていくには、必ず統合の基準を要する。その基準となるのが優勢な地位にある民族の言語や文化である。前出のような、民族を認めない国と違って、自ら多民族国家であることを認める国家もある。こうした事例は、マルクス主義的な民族同化理論——社会主義革命により社会主義的な

民族が登場し、最終的には社会主義的な民族間の同化・融合が生じる——を信奉してきた旧ソ連や中国などの社会主義諸国にみられる。

　建国当時、旧ソ連は、外国との戦争に備えて、連邦の結束を図るためロシア共和国以外の14の民族共和国の樹立やロシア民族以外の120ぐらいの各レベルの民族の存在を承認した。しかし、レーニンは「社会主義は第1位にあり、民族闘争は第9位にある」とし、民族自決の要求は階級の利益に従属すべきだとした。また、スターリンはマルクス＝エンゲルスの「歴史的民族＝革命的民族」と「歴史なき民族＝反革命的民族」の分類に従って、ロシア民族を歴史的民族に、周辺諸民族を歴史なき民族に位置づけた。こうした周辺諸民族は、1930年において、ソ連革命の裏切り者として強制移住させられたり、民族の名称が辞書などの書籍から削除されたりするような出来事があった。さらに同化政策を推進するため「ソビエト民族」の実体性をうたい、実質上、ロシア民族への同化を促進する民族理論が誕生する。

　一方、もう一つの多民族国家である中国においてはどうであろうか。「民族」という語が日本から中国に移入され使われ始めたのは、1895年頃だった。それは当時中国を支配したマンシュウ（満洲）人による清王朝の滅亡、漢人による国民国家の樹立のためだった。現在中国でいう「民族（minzu）」は、国家の認定を受けた56の民族（漢族＋少数民族）のことを指す。共和国設立後の1950年代から、民族問題の解決という理念の下で、中国政府は多くの学者を少数民族地域に派遣し、民族名称・人口・言語・歴史的状況を調査し、それらをもとに民族識別事業を行ってきた。その結果、計55の少数民族が公に認定された。そして呼称上の差異を排除するため、全ての民族がたとえばモンゴル族やチベット族のように「○○族」と名づけられた。中国内の民族に言及する文脈でいう「族」は「民族」を指す。

　しかし1960年代から70年代末までは、民族問題は階級問題と同一視され、少数民族の人びとの伝統文化、風俗慣習などが否定され、破壊された。内モンゴル自治区においては数万人のモンゴル族の知識人や一般民衆が犠牲者となる民族的な弾圧事件があり、新疆ウイグル自治区では数万人のイスラム系少数民族が集団で国外脱出する事件もあった。

　1980年代に入って、中国の方針は少数民族の利益を守る方向へ転換した。

Lesson 7　民族と国家◎**173**

当時、長い政治運動で少数民族側に積もった鬱憤が表れ始めていた。ルーツ探しや自らの伝統文化を復活しようとする動きが活発になり、民族意識への希求が高まった。他方、就学や就職における優遇政策のすきまをねらい、戸籍上、漢族から少数民族へ民族帰属を変更する例が増えた。また、少数民族の内部から単独の民族として再度識別してもらいたいとの声も出始めた。さらに、多民族国家ソ連や東欧諸国が、民族問題をきっかけの一つに解体し始めた。そこで、中国政府にとって国内の諸民族を凝集に向かわせる理論が必要となったのである。

統合される民族

　国民統合のための理論として登場したのが「中華民族多元一体論」である。この理論の生みの親は、人類学者・費孝通（Fei Hsiao-Tung 1910-2005）だった。費は民族を三つの層に分けた。第1は中華民族、第2は56の民族、第3は56民族の諸下位集団だ。費は自らいっている民族が民族を包括することが概念上不明確であると認め、そのようにいう理由を西洋との比較において説明する。①西洋にこのようないい方がないことは、中国と西洋の「民族」との間に完全に統一した含意がないことを表す。②漢族は多くの起源の異なる人びとが混合し形成した複合体で、複雑な混血体だ。強制より自主的な同化のほうが主流だった。③西洋の諸民族は名実ともに一つの共同体にはなりえないが、中国の各民族は、君の中に我あり、我の中に君あり、互いに離れがたい状況にある。④「中華民族」は概念として、近代における各民族の人民が日本など帝国主義勢力の侵略に抵抗する中で形成された。

　そこで、中華民族多元一体論の骨子として費は3点を強調した。①中華民族は中国領内56の民族を包括した民族実体であり、56民族の総称ではない。56民族は分割不可能な統一体となっており、一層高い次元の民族意識を持っている。多元一体の構造において56の民族が基層であり、中華民族が高層である。②多元から一体への結合過程において凝集機能を果たした中核的な存在が漢族だった。この一体化によって生まれた民族は漢族でなく、高い次元の同定における民族、中華民族だ。③高い次元の同定は低い次元の同定を代替ないし排除せず、異なる次元の同定が並存することが可能なだけでなく、

異なる次元の同定に基づいて（56の民族）それぞれ固有の特徴を発展させることによって、多言語的・多文化的な全体を成すことさえ可能だ。したがって高次元の民族は実質上、一つの統一体でありながら多元的複合体でもある。

　費の多元一体論の論文が発表された1990年代から中国の民族研究の論調はほぼ多元一体論一色になり、「中華民族」を題とする出版物が急増した。だが、多元一体論に対して批判がないわけではない。国内の少数民族学者からは、「中華民族は政治的概念であり、民族学上の名称ではない」のような異論があった。そして海外からも、費の「多元一体論」を「民族階梯論」とみる学者が現れた。内堀基光（1948-）は、多元一体論は「中国国民の一体性を民族という用語で表現することで、第二層以下の民族を相対的に格下げし、民族としての分離主義的傾向の芽を早いうちからつみ取ろうとする、極めて政治的な含意をもつもの」と指摘する。つまり費は、第二層の民族は英訳語ナショナリティと「ネイションとの意味関連を逆手に取り、同一の議論の中で両者に民族という同一の語を用いることによって、用語上の混乱を政治的に最大限利用していた」とその本質を分析したのである。

　このように、国家と民族との関わり方がいろいろあるが、均質的な国民を欲する国家にとって、民族はライバルであり戦略的なパートナーである。国家によって、民族の存在を認めない場合もあれば、個々の人間をあえて民族の範疇に区画し、国家の管理下におくことを通じて、統合していくという場合もある。

❺ 民族意識のリアリティ

ソッゴという社会

　国家との関わりの中で、少数民族とされる人びとが、いかに自分たちの民族を認識し、さらにその認識がいかなる社会的現実の形成に関わっているのか。ここでは、中国の一モンゴル人社会の事例を通してみてみたい。チベット高原に位置する中国青海省・黄南チベット族自治州・河南モンゴル族自治県（河南蒙旗）は、住民4万人を有するモンゴル族社会である（巻頭地図参照）。

Lesson 7　民族と国家◎**175**

彼らの先祖は 17 世紀にこの地にやってきた。いま、彼らの第一言語はチベット語となり、服装、生活習慣などの面でチベット化が顕著である。周囲チベット族住民との間でいわゆる「客観的」な文化差異はほとんど存在しないにもかかわらず、彼らは、モンゴル人であるという意味で、周囲のチベット人からチベット語で「ソッゴ」と呼ばれ、またそのように自称する。1980年代、学校教育のモンゴル化を図り、他のモンゴル人地区からモンゴル語教員を招聘し、モンゴル語教育運動を興し、民族意識の健在ぶりを示した。1990年代、周囲のチベット地域との間で牧草地をめぐる武力紛争が激化し、「民族紛争」の様相を示す。

17 世紀から河南親王に統帥されていた河南蒙旗モンゴル人（ソッゴ）が周囲チベット地域を支配してきた。そこで、彼らはチベット文化を最大限に吸収し、自らの統治を強めた。自らの支配地域で、チベット仏教圏内でも第

COLUMN ④ モンゴル族とチベット族に関するデータ

中国領内のモンゴル族（Mongolian）人口は 598.18 万人（2010 年）。主に内モンゴル自治区（118 万 km²）、新疆ウイグル自治区、青海省、甘粛省、黒竜江省、吉林省、遼寧省、河北省などに分布する。モンゴル語はアルタイ語族モンゴル語派に属す。13 世紀初期にウイグル文字をもとにモンゴル文字がつくられた。モンゴル文字は表音文字で、左から右の縦書きである。伝統的な生業が牧畜であるが、東北三省や内モンゴル自治区東部には農耕もある。モンゴル語で、モンゴル（人、民族）は「monggol (humun, undusuten)」と発音される。中国以外、モンゴル系の人は主に、モンゴル国、ロシア連邦ブリヤート共和国とカルムイキア共和国などに居住する。

中国領内のチベット族（Tibetan）人口は 628.22 万人（2010 年）。主に、チベット自治区（122 万 km²）、青海省、甘粛省、四川省、雲南省に分布する。チベット語はシナ・チベット語族中のチベット・ビルマ語派に属す。7 世紀インド系文字をもとにチベット文字がつくられた。チベット文字は表音文字で、左横書きである。

30 個の子音文字（右下を参照）と4 個の母音記号とからなる。生業は農耕と牧畜である。中国以外、チベット系の人は主に、ブータン、シッキム、ネパール北部、インド西北部、パキスタン東北部に居住する。

チベット文字

2の規模を誇る寺院・ラブラン寺を建立し、モンゴル人の若者を集団で出家させた。貴族を中心にチベット人との政略結婚も頻繁に行われた。そして、一般民衆のチベット語の学習も奨励されていた。

他のモンゴル地域から地理的に分断され、チベット文化を受け入れる過程で、河南蒙旗のソッゴは「ソッゴ的なもの」を独自に築いてきた。たとえば、家畜「ソグ・レゲ」（モンゴル羊）、衣装「ソグ・ザヘ」（モンゴル式革製長服）の呼称などである。これらの「ソッゴ的なもの」とは、周囲チベットのそれと酷似しながらソッゴ的であり、ソッゴ的と称しながら他のソッゴ（モンゴル）地域のそれとは外形を異にするのである。

たとえば、ソグ・ザヘのモンゴル的特徴といっても、河南蒙旗の人や周囲のチベット人以外には区別できないほど微妙なもので、一般的にいわれる伝統的なモンゴル服とは異なる。そのデザインがユニークであるというより、品質の面で優れ、ものによって十数年着用してもかたちや保温性が変わらないといわれる。「ソッゴ的なもの」の通用範囲は、河南蒙旗のソッゴとその周囲のチベットに限られる。同様にソッゴというは名称もかつては、河南蒙旗を指す場合にだけ用いられていた。

ところが、20世紀に入り、河南蒙旗は政治的軍事的な影響力を失った。

Keyword 河南蒙旗における2種類のモンゴル服

ナーダム祭りの期間中、河南蒙旗の中心地で、偶然出会った二人の若者である。右側の若者が着用しているのはカバー付きの「ソグ・ザヘ」である。左側の若者が着用しているのはモンゴル国や内モンゴル自治区など河南蒙旗以外のモンゴル地域でもよくみられる、いわゆる一般的なモンゴル服である。後者のほうはモンゴル語教育運動がスタートした時期とほぼ同じ時に河南蒙旗に現れた。現在、ナーダムなどの祭りで、若者や子どもがよく着用する。とりわけ祭りの多い夏になると、河南蒙旗において2種類のモンゴル服が並存するようになる（1999年撮影）。

Keyword 河南蒙旗におけるモンゴル語教育

1980年代までは河南蒙旗の学校教育はもっぱらチベット語で行われてきた。民族母語であるモンゴル語の復活を目指すべく、85年から教授用言語としてモンゴル語を学校教育に導入した。河南蒙旗で学習されるモンゴル文字は、内モンゴル自治区など外部モンゴル地域で使用されている伝統的なモンゴル文字(黒板参照)である(1999年撮影)。

そして1954年中国に統合され、非ソッゴの人間による直接統治を受けるようになった。漢人、ムスリム、外部モンゴル人などニュー・カマーの到来によって、河南蒙旗地域の多民族化現象が生じた。さらに、統合にともなって行われた人口調査を通じて誰もが、自分は「何族」であるかを明確に認識させられた。自らが自己完結した存在ではなく、他の地域にも多くいる諸々のソッゴと同様、「モンゴル族」という名の下にあるという意識を持つようになった。

そこでいくつかの「モンゴル的なもの」が現れた。それらはたとえば、河南蒙旗のソグ・ザへと異なる、内モンゴルやモンゴル国などでみられるいわゆる一般的なモンゴル服、河南蒙旗の人間が使用してきたチベット文字と異なる伝統的なモンゴル文字、河南蒙旗にはなかったモンゴル語式の祭りの名称、「ナーダム」などの出現である。

民族範疇の領有

河南蒙旗社会(チベット語を主な交流手段とする、河南モンゴル族自治県及びその周囲の身近な生活圏)内部においては、ソッゴという名称の範囲は、状況に応じて伸縮する傾向がみられる。つまり、ソッゴという名称は、使わ

れ方によって、河南蒙旗内部の全ての地域集団を指す場合もあれば、その一部の集団だけを指すこともある。彼らがソッゴ的なものを強調してきたことからわかるように、ソッゴという範疇は抽象的なものではなく、チベットという範疇との相関関係の中で、上記いくつかの視覚的に弁別可能な生活要素がソッゴ的なものとして強調されて、成立している。ソッゴは、そのような目にみえる違いを用いて、自分たちとそれ以外の人びととを区別し、両者の間を線引きしてきたのである。

　そのような目にみえる違いは、ソッゴとそれ以外の人びととを区別するだけでなく、場合によっては、ソッゴ同士の対立の中でも登場することがある。河南蒙旗を構成する6つの郷の中で最も人口の多いニンムタ郷（日本の郡に相当）の住民はチベット族だったが、1980年代モンゴル族に民族的帰属を変更した。ニンムタ郷以外の河南蒙旗五郷の人びとからみると、ニンムタ郷はソッゴらしくない。なぜなら、自分たちの持っている、ソグ・ザヘなどソッゴ的なものがニンムタ郷にはないからである。さらに、それを理由に、ニンムタのモンゴル族への帰属を疑問視する。しかし、近隣チベット族などさらなる「他者」との紛争などのコンテクストにおいては、河南蒙旗五郷の人間はニンムタ郷住民をソッゴだと認め、ソッゴの範疇をニンムタまで拡大する。

　他方、日常生活において五郷からのステレオタイプを受け入れ、ソッゴではないというニンムタ郷の住民も、周囲のチベット族との牧地紛争という状況においては、ソッゴとしての意識が芽生える。ソッゴ範疇は牧地紛争のコンテクストにおいて最大の拡がりを持ち、ニンムタ郷を含む河南蒙旗と周囲のチベットとの行政的な境界と一致する。

　このように、ソッゴの境界づけは、河南蒙旗の人びとが自ら属する特定集団をソッゴ範疇に置き換えること、すなわちソッゴという民族範疇を領有することで成り立っている。

民族範疇の譲渡

　しかし、これはソッゴの境界づけの一パターンを反映するに過ぎない。河南蒙旗の人びとは国家によって「モンゴル族」という公定民族の範疇に包括された。河南蒙旗の人びとはそれを自称と同じ「ソッゴ」という語で表現す

る。ソッゴという名称が公定民族の意味で用いられても、河南蒙旗社会内部に関する限り問題はない。そこでは自称と公定名称の意味内容が一致するからである。しかし、河南蒙旗社会が新たな権威に対置される状況の中でみると、ソッゴという名称とモンゴルという公定名称の中身は大きくずれてくる。河南蒙旗社会外部では、河南蒙旗のソッゴをはかる基準「ソッゴ的なもの」を超越した「モンゴル族的なもの」がモンゴルの指針とされるからである。

そこで、河南蒙旗の人びとは、公定ソッゴに属する他地域のモンゴル（外部モンゴル）人とのずれを実感する。河南蒙旗の人びとは、外部モンゴル人に、彼らにはモンゴル族として欠けているものがあることを意識させられる。中でも、彼らが自分たちに「欠けている」と強く意識するのは、モンゴル語やモンゴル文字である。モンゴル語とモンゴル文字はソッゴ外部のモンゴル人にとってみれば、モンゴル文化の中心である。それを有しなかった河南蒙旗の人びとは、「本物のソッゴ」ではないと認めざるをえない。河南蒙旗ソッゴと外部モンゴルの対置において、河南蒙旗の人びとの民族の語りが状況に応じて流動的になる。

普段ソッゴを自称するものが、彼ら（外部モンゴル人）こそ真のソッゴであるといい、自分たちのことをチベット人と呼び換える。つまり、ソッゴの自称を相手に譲るのである。このアンビバレンスは、外部のモンゴルをソッゴの中心とみなして、その視点から自分たちを捉えようとするからである。河南蒙旗で行われてきたモンゴル語教育は、自分たちと外部モンゴルとのみぞを埋めようとする意志の表れである。ソッゴ＝モンゴルとは何かについて、自分たちソッゴの基準がもはや通用しない以上、それは外部から導入され、模倣されなければならないのである。

このように、真のソッゴとみなす相手（外部モンゴル人）との相互作用において、その相手にそれまでの自称としてのソッゴを譲り渡すことがみられる。これがソッゴの境界づけのもう一つのパターンである。

民族意識のリアリティ

河南蒙旗の人びとの民族意識は、自ら所属する地域集団とソッゴという範疇との関係においては、自己の一方には、ソッゴ範疇の領有がある。他方に

は、ソッゴ範疇の譲渡が配置されるかたちで成り立っている（図7-1参照）。

河南蒙旗の事例でみてきたように、民族（ソッゴ）という範疇は、一見して交渉相手との相互作用の中で生まれ、変わり、さらなる相互作用の中で再構築されるかのようにみえる。しかし、人びとの民族意識は流動的に展開されているものの、それには一定のパターンがみられる。自民族について想像する範疇の範囲は全員に共通ではなく、相互にずれがありながら、民族意識のパターンを共有するのである。互いに共有するパターンの中において、意識の対象である民族が意味づけられる。

少数民族といえども、人びとは毎日民族を意識しながら生活しているわけではない。だが、民族のコンテクストで自らの経験や境遇を解釈することが多い。河南蒙旗の人びとの民族意識はアンビバレントだが、恣意的ではない。人びとは、モンゴルやチベットといった民族範疇に出入りするが、そのやり方には一定のパターンがみられた。このパターンにみられる民族意識は、やがて人びとの日常的な言動を拘束し、人びとを動員する原動力にさえなる。そういう意味で、民族意識はリアルなものにもなるのである。

河南蒙旗の人びとは、国家の公定民族の枠組みに従えばモンゴル族であり、いわゆる客観的な文化指標に従えばチベット的である。しかし、彼らは、公定民族の枠組みにも、客観的な文化指標にも囚われない領域における民族（ソッゴ）意識をリアルに展開している。もし私たちが、ソッゴ意識の成り立ち、そのメカニズムを理解できるのならば、彼らの社会において起こった紛争や運動が、なぜ、いかに「民族紛争」や「民族運動」に発展するかを理解することができよう。

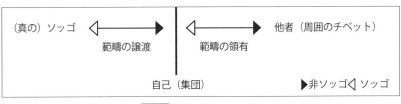

図7-1 民族意識のパターン

❻ おわりに

　多くの日本人にとって、民族は国民や人種と混同しやすいあいまいなものである。このあいまいさは、一般の人に限るものではなく、いわゆる専門家にも当てはまる。文化人類学関係の書物を読めばわかるが、○○民族といった表現が必ず登場する。しかしなぜそう呼ぶのか。その接尾語である「民族」は何を意味するのか。誰も説明してくれないのである。いや、しないのではなく、ほとんどの文化人類学者にとって「民族」は説明しにくい用語である。同時に、それなしには自らの学問が成り立ちにくいほど、「民族」は厄介である。

　歴史において「民族」は人種などの概念・範疇とともに、差別、争い、虐殺といった不幸な出来事と関わってきた。その背景には、民族とは歴史的に永続する、客観的要素に基づく実体であるという、いわゆる本質主義的な認識があった。これまで紹介してきた民族をめぐる諸理論において、いまや、民族意識は状況に応じて構築された虚構だという、いわゆる構築主義的なアプローチが、学問的な民族理解において有力視されている。「民族」はまさに西欧近代が生んだ植民地主義・帝国主義の理論であり、人間社会を食い尽くすタチの悪い病だと極論する者もあろう。だがこれらの理解は社会的な現実として展開する「民族紛争」ないし「民族運動」のメカニズムの解明につながらない。

　現在、多くの社会において「民族」は日常用語の一つとなっており、国によって「民族別」は、性別や年齢別と同様、普遍的なものと自明視されている。さらに、社会的に弱い立場に置かれてきたマイノリティの人びとの「民族」としての主張が高まる現在、彼らの主張を我々は無視することができない。民族を想像し語る主体の違いによって、民族は異なるかたちで人びとの前にその姿を現す。どういう時に、誰にとって民族が必要となるかを考えることが重要であろう。

　たとえば、たまたま社会的に優位な立場にあるAという社会集団に生まれた人間が、劣位にあるBという社会集団に属する人間に対して、民族範疇をもって「お前はBの人間だから……」といって抑圧的な言動をとったら、B

の人間は団結して抵抗するかもしれない。その際、Ａの人間の行為は差別や対立を生み出す自民族中心主義的な行為として糾弾されるべきであろう。一方、Ｂの人間の行為は民族解放的なものとして同情され支援されるべきであろう。だが、やがてＡの優位がＣにとって代わられたら、Ａの人間はそれまでのＢの人間と同じ立場に立ち、差異に基づく差別が繰り返されることになる。問題は、民族という範疇自体にあるのではく、その範疇を特定の集団、そしてその集団に属する個々人の優劣をはかる基準にしてしまうという考え方にある。一人の個人はＡＢＣのどれにも生まれる可能性を持っている。そうした考え方を改めることによってはじめて、我々は文化的社会的に自分と異なる「他者」とうまく付き合うことが可能になるだろう。

■参考文献 ─────────────────────

○青柳真智子編（2004）『国勢調査の文化人類学──人種・民族分類の比較研究』古今書院.

○綾部恒雄監修・綾部恒雄他編（2000）『世界民族事典』弘文堂.

○アンダーソン，ベネディクト（1997）『想像の共同体──ナショナリズムの起源と流行』（増補），白石さや・白石隆訳，NTT 出版.

○石川栄吉他編（1994）『文化人類学事典』弘文堂.

○内堀基光（1997）「序　民族の意味論」内堀基光他編『民族の生成と論理：岩波講座文化人類学5』1-28 頁，岩波書店.

○川田順造・福井勝義編（1988）『民族とは何か』岩波書店.

○ギアツ，クリフォード（1987）「統合的革命──新興国家における本源的感情と市民政治」吉田禎吾他訳『文化の解釈学Ⅱ』岩波現代選書.

○コーエン，エイブナー（1976）『二次元的人間──複合社会における権力と象徴の人類学』，山川偉也・辰巳浅嗣訳，法律文化社.

○シンジルト（2003）『民族の語りの文法──中国青海モンゴル族の日常・紛争・教育』風響社.

○スチュアート，ヘンリ（2002）『民族幻想論──あいまいな民族つくられた人種』解放出版社.

○関根政美（1994）『エスニシティの政治社会学──民族紛争の制度化のために』名古屋大学出版会.

○バルト，フレドリック（1996）「エスニック集団の境界」内藤暁子・行木敬訳『「エスニック」とは何か──エスニシティ基本論文選』23–71頁，青柳まちこ編・監訳，新泉社.

○費孝通（1999）『費孝通文集』第1–14巻，群言出版社.

○ヒトラー，アドルフ（1972・1973）『わが闘争』上・下，平野一郎・将積茂訳，角川書店.

○吉野耕作（1997）『文化ナショナリズムの社会学──現代日本のアイデンティティの行方』名古屋大学出版会.

○リーチ，エドマンド（1987）『高地ビルマの政治体系』，関本照夫訳，弘文堂.

■推薦図書 ─────────────────────────────

○青柳まちこ編・監訳（1996）『「エスニック」とは何か──エスニシティ基本論文選』新泉社.

○ゲルナー，アーネスト（2000）『民族とナショナリズム』，加藤節監訳，岩波書店.

○ホブズボウム，エリック／レンジャー，テレンス編（1997）『創られた伝統』，前川啓治他訳，紀伊國屋書店.

Lesson 8

儀礼と分類

人はどのように人生を区切るのか?

田中正隆

❶はじめに──日常にみられる「儀礼」──

　私たちは普段、道で知り合いにあったら、挨拶を交わす。「おはよう」「こんにちは」などと言葉をかけるとともに、お辞儀や会釈をするだろう。これらは相手への親愛や敬意を表すために行う行為である。だが、私たちは人と会った時に、なぜお辞儀をするのだろうか。世界には、お辞儀以外にもさまざまな挨拶の仕方がある。私たちは昔から皆がそうしているから、お辞儀をしているだけなのだ。

　私たちの生活を見直してみれば、なぜそれを行うのかという理由がよくわからない、このような行為が多くあることに気づくだろう。そうした行動は個人の好みや癖ではない。はっきりとした理由もなく、ある文化や社会の人びとがそろってとる行動様式である。ある社会において、何かを行う決まったやり方がある場合に、そのやり方の一種を、文化人類学では「儀礼（rite, ritual）」と呼んでいる。本章では、こうした「儀礼」について考えてみたい。

　その中でも、特に「通過儀礼」と呼ばれるものに注目していく。この枠組みは多くの儀礼に共通してみられる特徴を備えているからだ。具体的な事例として、通過儀礼の中でも「人生儀礼」を取り上げる。「人生儀礼」とは、成人式や結婚式、葬式など、人間の一生の節目につきものの行為のことである。

　人は時間の経過とともに子どもから大人、そして老人へと成長し、老いていくものとして捉えることができる。それは自然なことであり、どの人間社会においても同じように思える。しかし、子ども、青年、大人、老人などと

Lesson 8　儀礼と分類◎185

COLUMN ① 儀礼の類型

　文化人類学では、さまざまな形式的行為を儀礼と呼ぶが、それには「礼儀作法（etiquette）」や「儀式（ceremony）」なども含まれている。また、それらは主に、儀礼の持つ機能の面から分類されてきた。たとえば個人が行うか、集団が行うかで分けたり、周期的に行われるか（周期的儀礼〈calendrical rite〉、年中行事などを指す）、生活にとって危機的な時に行われるか（危機儀礼〈critical rite〉、治療儀礼、呪術などを指す）で分類する。二分法の他にも周期儀礼（農耕儀礼、年中行事）、状況儀礼（病気治療、雨乞い、浄化）と人生儀礼の三分法などによる分け方がある。

いうカテゴリーは決して普遍的なものではない。かつて、日本では 14、5 歳で大人になるための元服式が行われていたが、現在の成人式は 20 歳になって行われている。時代や社会によって子どもが大人になる年齢や、子どもと大人にそれぞれ与えられる社会的意味や役割はさまざまだといえる。つまり、成人式、入社式、結婚式、葬式など、連続した人の一生の時間に区切りを入れるのは、人間社会がつくり出した文化的制度であり、その区切りを印づけるのが「儀礼」なのだ。そこで、本章では、儀礼がどのようなしくみを持ち、いかなる働きをしているのかを理解することを目的としよう。こうした学びの中で、人はなぜ儀礼を行うのかが明らかとなるだろう。

　本章の流れは、以下のようになる。まず、2 節で儀礼を構成している「象徴」と「境界」について理解する。3 節では「通過儀礼」における三段階の構造についての議論を説明する。4 節では、この理論の妥当性を私が調査した西アフリカ（アジャ）の事例で確認する。5 節では、儀礼における象徴的表現ではなく、行為と目的との結び付きに注目する議論について紹介する。6 節では、儀礼と社会の結び付きに視野を広げ、その変化を中心に考察し、現代社会における「儀礼」をよりよく理解する道を探していく。

❷分類と分類から外れるもの

　儀礼には、象徴的表現が満ち溢れている。一見意味がありそうでいて、だがはっきりとはそれがわかりづらいモノや仕草がたくさんある。たとえば、

日本社会では、葬式では黒白の幕が張られるし、出席者も黒い服を着てくる。その場が「忌」中であることを意味しているようだ。だが、黒色は、おめでたい場面でも好んで用いられる。黒い服は、喪服であるとともに、結婚式の礼服となることがそれである。この場合、黒色は「寿」を意味するのだといえる。

　このように、あるモノや事柄が、たった一つのことを意味するだけでなく、多様な意味を表すことになる。「象徴」とは、一般には、ある対象を意味するものとそれによって意味されるものとの組み合わせのことである。だが象徴の持つ最大の特徴とは、黒い衣服が「弔」をも、「寿」をも意味するように、意味が一つには決まらないということである。また、中国の結婚式における花嫁は白ではなく赤い衣装をまとうが、それは喜びや吉兆の意味がある。このように地域や文化によっても色が象徴する意味は異なっている。儀礼を理解するために、まずは象徴を通して私たちが世界と関わっていることを学んでいこう。

分類を通して世界を認識する

　旧約聖書の冒頭にある天地創造の場面では、神が原初の混沌（カオス）の中にさまざまな要素を創造してゆくさまが語られる。「光あれ」という言葉とともに光がさし、昼と夜が分けられた。さらに水を上と下に分け、天がつくられたという。6日間の創造ののちに7日目が休息の日とされた。こうした神の営みは、まるで人がモノを分類し、区切りをつける営みに重ならないだろうか。絶え間なく過ぎ去ってゆく時の流れに、私たちは時間や分、日にちや年などの区切りを入れて生活している。

　人は、自然界にあらかじめ存在する時間やモノを経験しているのではない。私たちの身の回りの自然界には、独自に備わった区切りがあるわけではない。その意味で、自然界は、本来切れ目のない連続体であり、カオス（混沌）であるともいえよう。私たちは、匂いもなければ、かたちもないそのような連続体に印を入れ、一定の間隔で区切ることで、時間を経験している。私たちは、自然界に人為的に区切れ目を入れて、目の前にある世界を認識する。

　時間経験と同じように、私たちは、世界をいろいろな区分に分けて認識し

ようとする。たとえば、昼と夜、天と地、男と女、右と左、生と死などである。単に言葉だけではなく、動植物、自然物、人工物、身体の動作などを含むさまざまな「象徴」を用いて分類し、世界を認識している。これを象徴的分類と呼ぶ。こうした分類の最も単純なのが、対立的な二項に分けて認識すること（二元論）である。

各地の象徴的分類の事例をみてみよう。東アフリカのバントゥー系農耕民・カグルーは社会集団、属性や方向を二項対立的に捉えることで知られる。彼らは、父系氏族／母系氏族、清浄／不浄、東／西などを用いて、世界を認識しようとする。また、こうした二元論に加えて、カグルーの人びとは、生者／幽霊／神や、親族／姻族／敵、生／死／超自然的存在などの三元論的分類も用いることがある。彼らは、対照的な二つのカテゴリーの間に、境界的で両方にまたがるものを差しはさんで世界を認識しようとする。

ニューメキシコのズニ社会の分類では、自然界の全ての存在や事象を、北、南、東、西、天頂、天底、中央という7区域に分ける七元論が認められる。元来彼らは七つの小集団に分かれ、互いに遠く隔たった集落に居住していたとされる。また、この7区域は色にも関係し、北は黄、西は青、南は赤、東は白、天頂は多くの色、天底は黒と関連し、中央は全ての色と関連するとされる。19世紀後半には、ズニの人口は激減し、一つの集落に19の集団が集住するようになった。だがそこでも住居が7区域に分かれ、一つの集団が中央区に住み、他の6区域にそれぞれ三つの集団が住んでいたということが報告されている。

このように、人が分類して認識する対象は、集団や住居、方角、地域、色、物質や動植物、そして私たち自身など、多岐にわたっている。むしろ、私たちは分類をしなくては、自分という人間を含むこの世界について考えることはできないといっていいだろう。さらに、重要なことは、人為的につくられたはずの区切れ目がうまくいかないところ、つまり境界的な部分に、文化的な意味づけがなされることである。

上でみたような象徴的分類が人為的であるならば、その区分にどうしてもあいまいなところが出てくる。世界は人の都合の良いように切り分けられるものではない。分類Aにも分類Bにもどちらにも完全に属さない、変則的

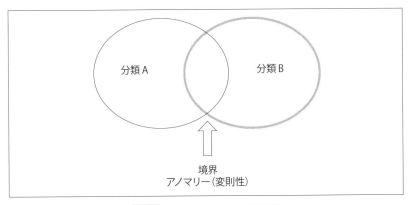

図 8-1　分類とアノマリー（変則性）

なもの＝境界的なものが出てくる（図 8-1 参照）。たとえば、生きているのか死んでいるのかがあいまいな状態、端的には脳死や臨死体験の事例や、男にも女にも帰属を許されない性同一性障害などの事例は、本書が取り上げるさまざまな社会の中に確認することができる（Lesson 5、6 参照）。重要なのは、こうした「境界」状態が、往々にして「危険」や「タブー」と結び付くという点である。

分類から外れるものの意味

「狐の嫁入り」という成句がある。「狐の嫁入り」とは日照り雨を意味し、その時には外出を禁じられるといったように、危険な兆候とみなされることもあった。狐と結婚と天気雨……。これらは一見バラバラな組み合わせのように思われる。

狐は野生動物が棲息するノやヤマに留まっているのではなく、ヒトの住むサトに出入りする動物である。昔話ではヒトがヤマに狩りに行ったり、山小屋に炭をつくりに行ったりした折に化かされる話が多い。また、女性にとって嫁入りとは、自分の父方親族集団から夫の親族集団へと嫁ぐ時である。加えて、日照り雨とは晴れ間に雨が降ることであり、雨が降って辺りが蒸気に包まれている時もある。つまり晴れと雨との境目である。こうしてみると、どうやら狐、嫁入り、日照り雨は、分類の境目である点が共通しているよう

Lesson 8　儀礼と分類◎189

である。

　このような境界的な存在や状況は、儀礼と関係が深い。たとえば、年の変わり目には年末、年始の行事をするし、人生の節目である結婚や葬式の時にも儀礼をする。境界と儀礼との関わりをダグラス（M. Douglas 1921--2007）による、中央アフリカ、コンゴ地方のレレ社会の事例を手がかりに考えてみたい。

　レレ社会では、年に一度、狩猟の収穫と集団の多産繁栄を祈願する儀礼を執り行う。その儀礼では、センザンコウという動物が重要な位置を占める。儀礼を担う集団と新成人が、普段は厳格にタブーとされているセンザンコウの供犠を行い、その肉をともに食べるのである。儀礼には、さらに「双子を持つ親」も参加する。この儀礼は、レレ社会で唯一動物を用いる儀礼であるとされる。

　さて、レレ社会では、世界に生きる存在を「人」「動物」「精霊」に分類する。人は村に住み、動物は森に住む。精霊の領域は森の奥の湿地帯であるといわれている。センザンコウは森に住みながら、時々、村にやってくる。それは、動物でありながら、水に棲む魚のように鱗を持つ。つまり森に住む動物でありながら湿った世界である精霊の領域とも通じている。要するに、センザンコウは、レレ人にとって、人、動物、精霊のグループ分けに収まらない存在である。他方で、双子の親とは、通常の人が持ちえない多産性を持ち、それは精霊によって選ばれた者であるとされる。それゆえ、双子の親は、人、動物、精霊の三つの領域をつなぐ聖なる存在である。

　ダグラスは、こうした変則性（アノマリー）を持つことが類似しているがゆえに、双子の親たちが参加し、センザンコウが、多産豊穣を願う儀礼で供犠されることになるのではないかと推測している。一年が切り替わる時に、新たに成人になる者たちが、分類のあいまいな動物を使って儀礼をするわけである。彼女は、世界の分類（コスモロジー）を越境する変則性を手がかりとして、レレ社会の儀礼に接近したのである。

　レレのセンザンコウと同じく、日本においても狐の他に、ヤマ、ウミ、サトなどをまたいで棲息する亀、蛙、蛇などに特別な意味が付与されることがある。これらの動物たちは、一定の分類から外され、危険視されると同時に、

Keyword　供犠（サクリファイス）

いわゆる伝統的とされる儀礼では供犠が大きな要素を占める。供犠とは供物やいけにえを屠ったものを神霊に供える宗教的な行いである。サクリファイス sacrifice はラテン語に由来し、聖なるものにするという意味を持つ。供物は農作物の初物やいけにえとして動物、時には人間が供され、その殺害によって神霊と接する。フランス宗教社会学における、俗にあるものを聖化し神に供する聖俗の二元論から、ユベールとモースは人と神霊との連絡をうちたてることと定式化した。祭主が力をえる聖化と、祭主の不浄を取り除く脱聖化とに分ける供犠の理解に対して、むしろ多様な儀礼活動を視野に入れ、通過儀礼の一般理論を提示したのがファン・ヘネップであった。また、供犠は狩猟の文化とも不可分だが（Lesson 4 の 5 節参照）、近年では主体（人）—客体（人以外の存在）の図式に人、モノ、動物を当てはめるのでなく、全てをアクターと捉える視座から、動物による命の贈与として供犠の再検討が行われている。

敬われたり、畏れられたりするという相反する意味を表す存在である。

　私たちは、雑多で無秩序なあらゆる事物を象徴的に分類して認識し、そこに危険性や聖性などの意味を見出す。ここで留意しておこう。つまり、ある対象がもともと危険であるから分類から外されるのではない。分類されたカテゴリーの中にぴったりと収まらないから、畏怖されたり、危険とみなされたりして、意味が付与されるのである。儀礼はこうした意味を付与される象徴に満ちている。

❸儀礼の過程

　儀礼の持つ特殊な形式性に注目し、その構造を考察したのはファン・ヘネップ（A. van Gennep 1873-1957）である。彼は、身分や年齢、状態、場所などの変化、移行をともなうさまざまな儀礼が、同じような構造から成り立っていると捉えて、それを「通過儀礼（Les rites de passage）」と呼んだ。彼は、儀礼は、〈分離〉〈過渡〉〈統合〉の三つの局面から構成されると考えた。ファン・ヘネップの理論は、特に、人生儀礼についてよく当てはまる。

　儀礼の〈分離〉の局面とは、ある状態から切り離されることを示す。たと

Lesson 8　儀礼と分類◎**191**

えば、敷地から門をくぐって外に出たり、これまで身に付けていた帽子や靴、衣服を脱いだりする。このような行為は、個人がそれまでいた状態や地位から分離されることを示している。〈過渡〉の局面は、いつも過ごしている家庭環境から離れたところで時間を過ごしたり、特別な場所に籠もったりする行為によって示される。日常の秩序や決まりごとから解き放たれ、一時的にその休止の状態に入ることになる。〈統合〉の局面では、新たな地位を得た個人が、再び日常の秩序の中に迎え入れられることになる。それまで身に付けていたものとは異なる、新たな地位に見合った服装をまとって仕事に就くことなどが、これに当たる。

　ファン・ヘネップによれば、それぞれの局面の時間的な長さは一定ではなく、一瞬である場合も数ヶ月に及ぶ場合もある。また、〈分離〉の要素が強い儀礼（葬式）や、〈統合〉の要素が強い儀礼（結婚式）など、個々の儀礼により、どの局面が突出しているのかについては偏差がある。状態や地位が変化したことを明らかにすることに加えて、儀礼には、それぞれに独立した目的があるからである。

　ファン・ヘネップの理論を継承しながら、それを独自に深化させたのが、リーチである。リーチは、儀礼における対立や対照性の問題に注意を促した。先述したように、自然界は本来、区切れのない連続体である。人は、この連続体を人為的に区切ることで、「意味」を読み取ってきた。たとえば、自然界にはもともと光線のスペクトルがあるだけで、それらは特定の「色」として明確に区分されるものではない。赤い絵の具にべつな色を少しずつ混ぜ合わせていくと、徐々に赤からもう一方の色に近づいていく。その間には、単色として識別されない、無限の中間色がある。だが、赤と青が互いに対比され、道路の脇に信号機として置かれることで、「止まれ」と「渡れ」という対照的なメッセージを人に伝えることになる。リーチは連続した事象から対照的な要素を抽出することで、そこに象徴的なメッセージ（意味）が生み出されると考えたのである。

　ターナー（V. W. Turner 1920-1983）は、とりわけ、通過儀礼の〈過渡〉の局面の考察を深めた。彼は、それを「境界状況（リミナリティ：liminality）」という概念を用いて捉えようとしたのである。ターナーによれば、リミナリ

ティの状況では、日常における秩序がなくなり、人はあいまいなどっちつかずの状態に置かれるという。そうした状況にある人の特性や存在も、またあいまいで不確実である。この期間は、人はこれまでの一切の社会的な地位から解き放たれ、そうかといっていまだ新たな社会的地位を獲得していない、何者にも拘束されない状態である。たとえば、ベネズエラ南部社会の成人儀礼や成女儀礼の中には、新参者の服装が一枚の布を巻くだけであったり、異性の服装をしたりする場合がある。通常行う行為と反対の仕草がなされたり、タブーが犯されたりすることもある。固定的な役割や地位などで構成される日常の秩序とは対立する、「羽目を外した」混沌状況を、ターナーは「コミュニタス（communitus）」と呼んで、儀礼の〈過渡〉の局面の特徴であると分析したのである。

　日常の秩序が保たれた状態は継続すると硬直化し、活力を失って腐敗する傾向がある。日々のルーティンワークの繰り返しが続くと、私たちは旅行やレジャーに出てリフレッシュしようとするだろう。コミュニタス状態は、日常を破壊するのではなく、むしろ刺激し、それを再活性化させるのである。そうした状況において、いわゆる無礼講のように通常の社会関係や階層関係が一時的にないこととされ、平等で、打ちとけ合った人間同士の触れ合いの場が生み出されることになる。

　ここでみたように、リーチもターナーも大枠としてはファン・ヘネップの図式を継承しながら、儀礼についての考察を行った。彼らは、人が儀礼を行うことで、連続的な生の流れに区切りを入れ、秩序ある、有意なものに再構成していることを発見したのである。

　これらの議論をふまえて、人はなぜ儀礼を行うのかという問いに答えることができる。自然は本来区切れのない連続体であり、カオスであった。通過儀礼は、カオス状況に〈過渡〉の局面をつくり出すことによって、人為的に境界を設けることに深く関わっている。さまざまな人が集う社会において、人びとを赤ん坊、子ども、大人、老人というカテゴリーに分けることは、重要なことだ。大人は子どもを育て、子どもは老人を敬うように、社会生活を続けていくためには、人のカテゴリーは必要である。すなわち、人は単に年をとってやがて死んでいくだけの存在ではなくて、人生についてイメージし、

Lesson 8　儀礼と分類◎193

目標や到達点を設定して生きている。人間の一生に設けられたカテゴリーは、人が自分と自分の周囲の人びとを認識し、生きていくために不可欠なのだ。社会を営む人間は、儀礼によって生に区切りを入れ、自らも社会からも意味づけられて生きてゆくのである。

❹アジャ社会の儀礼

以下では、前節での図式の有効性をアジャ社会の人生儀礼の事例の中にみてみたい。アジャは、西アフリカ・ベナン国内で48.5万人（2011年）ほどの農耕を主な生業とする人びとである（巻頭地図参照）。彼らは夫方居住婚による父系出自集団アコのつながりをもとに暮らしている。アコは祖先をともにする親族集団でありつつ、独自のタブーや慣習、儀礼活動で結び付いている。彼らは、人生儀礼を自分たちの「アコのやり方」で行うと語る。

父系出自の人びとで構成される集団であるアコで生まれた子どもを「アコのやり方」で取り上げることは、アジャの人びとにとってとても重要なことである。たとえ村を離れて診療所で出産しても、父親が都市部に出稼ぎに出ていても、出身村落に戻ってこれを執り行う。「アコのやり方」は、その意味で、子どもを自らのアコ集団へ帰属させるやり方を示している。

新生児誕生をめぐるアジャのやり方

アジャの村落では、現在でも家内で出産が行われることが多い。助産の技能や経験を持った年長者（伝統的産婆）が呼ばれ、村人の協力を得ながらお産が行われる。新生児は取り上げられた後で念入りに洗浄され、母とともに父親とは別の小屋に入る。小屋に入る際に、その子が男児ならば9回、女児ならば7回出入りが繰り返されたのちに入室する。この時、小屋を浄化するために、屋根に向かって碗一杯の水を撥ねかけるが、彼らはそれを「冷やし、潤いが訪れるように」行っているのだと説明する。子どもを抱いてこの仕種をするのは、父方の女性の親戚オバである。子どもは床に寝かされる際にもオバが数を数えて寝かせる。この時から一定期間、母子は小屋に籠もることになる。食事もつねに二人で小屋の中で摂り続ける。この食事は塩気のある

ものは食べてはいけないとされる。

　籠もりの後に行われるのが「外へ出す」儀礼である。この日は朝から、親族の年長者が招かれている。そして、祈りを捧げる特別な役目を果たすのは女性施術師（タシノ）である。小屋の前には敷物がしかれ、母子はこの上に座らされる。施術師は祈りを唱え始めて、まず水ときトウモロコシ粉とヤシ酒を大地に振りかける。この後でタシノは団子をスープに漬けて、赤子に食べさせる。赤子はこの時はじめて塩入りの食事を口にする。列席した人びとは儀礼歌を唱和してそれを祝い、アコに新たな成員が入ったことを承認する。

　こうした一連の儀礼は、先のファン・ヘネップの図式に適合することがわかるだろう。出産ののち、母子は父方親族の小屋とは別棟に籠もり〈分離期〉、その中で一定期間暮らし続ける。小屋の中では昼間でも灯火がたかれ続け、食事は一般には食べない塩抜きの食事を摂る。これらはアコの日常の生活とは逆転したことを行っていることになる〈過渡期〉。この後のタシノ（女性施術師）による儀礼は、多くの親族を前にして、アコへの加入と承認が行われる〈統合期〉。タシノが塩入りの食事を食べさせることで、子どもはこのアコ集団の成員になったといえる。いいかえれば、これを経ない子どもは、生の世界以前の存在である。だから、アノマリーな存在に対して、アジャは生者とは逆の生活を強いて、儀礼を通して生の世界へと導き入れているとみることも可能だろう。先の塩抜きの食事は死者（祖先）たちに供えるものと彼らはいうからだ。アジャの子どもはただ単に生まれ、育つのではなく、儀礼を経て「アコの子ども」となる。それは家族、親族の喜びであるとともに、そうした手続きを集団で行うことが重要なのである（図8-2参照）。

死者の壺を移すアジャのやり方

　アジャでは子どもたちはみな、アコ（父系出自集団、Lesson6参照）の特定の祖先の生まれ変わりであるとされる。子どもが生まれると卜占師がその祖先を占いで判定し、「彼（女）の壺」を小屋の内部に埋め込む。壺は彼（女）の運命そのものだともいわれる。

　以下ではこの壺（ヤゼ）が重要な位置を占めるアジャの葬儀をみてみる。伝統的な形式のアジャの葬送儀礼は7段階に分かれる。ここではその最後の

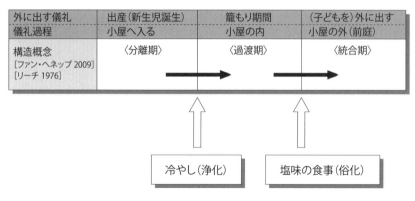

図 8-2　外に出す儀礼の基本構造

局面に位置し、アジャの特徴がよく顕れている儀礼を取り上げる。

　アジャの葬儀では、夜がふけてから、死者の壺（ヤゼ）が据えられている小屋の前にアコの年長者がそろい、施術師が呼ばれる。祈りがなされ、水溶き粉が振りまかれ、鶏を供犠する。死者へ贈る歌が唱和され、参加者によるダンスがなされる。死者の遺品へ供犠獣が奉げられて、再び死者の歌が唱和される。すると男たちが小屋に入って壺を掘り返し、これを外に出してくる。儀礼歌を唱和しながら、男たちはヤゼを小屋の前で引っ張り合う。彼らは壺を引き合い、道を行きつもどりつしながらブッシュ（やぶ）へと運んでいくが、施術師と女たちは村に残らなくてはならない。村から離れた道の脇のブッシュの中に、男たちが壺を置くと、猟銃で空砲が一発放たれる。男たちはすぐにその場を離れ、決して振り向くことも話を交わすこともなく、まっすぐにそれぞれの家に帰宅する。彼らは死者が「家に戻ってこないように」そうするのだと説明する。

　アジャは死者の遺体を生前に住んでいた小屋の中に埋める。それに対して彼（女）の運命の「象徴」としての壺は小屋の外部に出さなくてはならない。私たちは、先の誕生儀礼とともに、ファン・ヘネップの図式をまたも読み取ることが可能だろう。すなわち、小屋から男たちがヤゼを持ち出して〈分離期〉、引っ張り合いながらブッシュへと運んでいく〈過渡期〉。壺は死者の「後を追って」いくものであり、生者の生活する世界から遠ざけられる。路上で

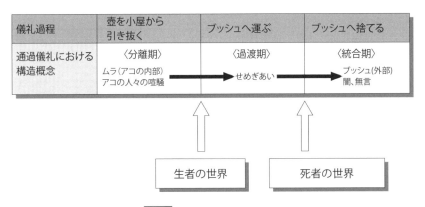

図 8-3 壺を移す儀礼の基本構造

　壺を引っ張り合う仕草は、死者の世界に行こうとするものと、生者の世界に引き止めようとするものとのせめぎ合いだと彼らは説明する。だが、誕生儀礼の統合と違って、壺は外部へと捨てられるだけだ。これはどういうことだろう。誕生儀礼の時のような〈統合〉の局面がここには見当たらないように思われる。だが、村を生者の空間、ブッシュを死者の空間とそれぞれ考えるのならば、壺は生者の世界と対照的なブッシュの中というしかるべき分類へ〈統合〉されたといえる。ブッシュが異質な空間と考えられているのは、男たちが決して振り返らずに、自分の小屋に帰っていくことからもわかるだろう（図8-3参照）。

　誕生と死をめぐる「アコのやり方」は、新しく生まれた生命を「アコの子ども」として、また死者の運命（壺）を死者の世界へと分類している。前節にみたリーチのいう言語の分節だけではなく、アジャでは壺などの具体的なモノをめぐる儀礼によって区切りを付けている。アジャでは人は必ず祖先の生まれ変わりとされているのだが、祖先は人間の目にはみえない存在である。運命の壺はこの目にみえない存在にかたちを与えている。目にみえない祖先を壺というモノに変えることで、祖先と生者、個人と親族のつながりがきわめて具体的に表されるのである。こうしたつながりを人の目にはっきりとしたかたちで表すのが「アコのやり方」なのである。

写真8-1 神の子を「外に出す」儀礼(「アコのやり方」)

写真8-2 壺を移す儀礼(「アコのやり方」)

❺行為の目的と形式

　前節において、通過儀礼が一連の象徴構造を持っていることを、私の調査事例から確認した。しかし、それにしても、アジャの人びとは、なぜこんなにもややこしいやり方をするのだろうか？　小屋から出たり入ったりすることや、壺を移し変えたりすることが、なぜアコの子どもとなり、死者を弔うことになるのだろうか？　その文化を共有しない私たちにとっては、そうした行為は余計なものであり、理解し難いことにみえる。

　儀礼にみられる理由がよくわからない行為や物などは、何かを表現する「象徴」なのではないかと捉えるのが、象徴人類学の視点である。リーチやターナーらは、儀礼の持つ象徴性に注目し、そのメッセージ（意味）を読み解くという作業をしてきた。儀礼とは「何かをする」よりも「何かを伝える」という側面がより顕著であると考え、人類学者の仕事はその隠れた意味を解読することだというのだ。

　たとえば、アジャでは死者を送り出すために、壺をブッシュに置き去るが、象徴人類学はそれを文字どおりには受け取らない。死者と壺とは全く別物ではないか、というわけである。象徴論者は、むしろ「壺が死者の霊を象徴している」と解釈する。死者の霊を生者の世界とは別の世界へと送り出すために、壺を村の外へと連れ出すのだ、と。

　現地の人びとの説明ではなく、壺を置き去る彼らの行為から、それ以上の、なんらかのメッセージを読み取ろうとするのが「象徴論」である。象徴論が人類学にもたらした理論的貢献は小さくない。儀礼を構成する諸要素の関係の分析は、この観点によって以前よりずっと理解が深まったことは事実である。そうした議論は、リーチやターナーの儀礼論のように、儀礼の象徴構造について明らかにするうえで大きな功績を残してきたといえる。しかし、現地の人びとが語ることのない「壺が死者を象徴している」といういい方を持ち込むことによって、儀礼というものの本来の姿を取り逃がしてきたのかもしれない。

　儀礼的行為を象徴的なものとして語ることは、それを一種の表現行為とみなし、読解されるべき対象としてしまう。しかし、アジャの人びとは壺を動

Lesson 8　儀礼と分類◎199

COLUMN ❷ 　儀礼と象徴

　儀礼の最小単位を象徴におき、その分析をすすめたのはターナーである。こうして、象徴人類学は儀礼で用いられるミルクの木、すりこぎ、水甕などが象徴する意味を解釈していった。また、ターナーはこれらの多義性とともに、それが呼び覚ます感情や感覚特性に注意を促した。さらに、ダン・スペルベル（D. Sperber 1942-）は象徴と解釈がすんなりと対応することはないのだから、意味作用を捉えるのは誤りだと指摘した。象徴はむしろ、見るものに刺激を与えることによって、それに関連する知識を思い浮かばせるのだという。すると、儀礼の場では音、色、匂いなどの感覚に訴えるものや身体の動き、おびただしいもの＝物質が動員されていることに気づく。こうした非言語的要素や経験に着目することで、儀礼論は言語論 - 意味論の枠組みから行為 - 実践論へ転換することになった（Lesson 9 の 4 節参照）。

　かすことによって、死者を送り出すことを「表現」しているわけではなく、その行為自体によってまさに死者を送り出そうとしているのである。儀礼を象徴的行為とすることは、儀礼とその効果の結び付きから遠ざかってしまう。彼らはまぎれもなく儀礼をすることで、死者を送り出しているのだからだ。こうした見方に対する批判から、近年、儀礼を「〜すること」という実践的行為として捉え直す新たな議論が出てきている。

　儀礼を実践する人びとの見方を素直に受け止めれば、彼らは何かを表現しようとしているのではなく、ただ祖先から伝わった行為を行っているだけである。アジャの説明では、死者を葬ることとは壺を捨てることであって、死者の霊を壺が象徴しているのではない。壺を捨てることが死者を葬ることと別物とは考えていない。まさに壺を捨てなければ、死者を葬ることにはならないのである。私たちは古ぼけた壺を、いわば人の分身として扱うなど、とても現実的であるなどとは思えないかもしれない。あるいは、子どもを小屋の「外に出す」ことによって、親族の成員として認めるなど、回りくどいと思うかもしれない。だが、彼らは形式的な行為をすることで、子どもを集団の成員にし、成熟し、やがて死に近づき、死者となったら、それを生者の世界から区分しようとする。儀礼を行わなければ、子どもにも大人にも、死者になることもできないのである。

それは実際の社会生活における役割や地位の変化をともなっている。先述したように、人の生とは区切りのない連続した時間の流れでしかない。区切りのある社会生活を営むために、人は儀礼を通して現実の状況についてのみえ方を変化させるのである。通過儀礼は本来連続的で混沌とした世界に区切りを入れ、そうした境界を通過することで地位、役割や状況の変化をもたらすものであった。儀礼をすることが、すなわち境界を通過することであり、そうしなければ現実をつくり出すことにはならないのである。たとえば、ある青年が成人式を経たからといって、彼自身がらりと変身するわけではないが、その社会の人びとがその青年をどのように眺め、どのような役割を要求するかという現実の見方が儀礼によって変更されるのである。

　そもそも、大人になるのに普遍的なやり方などは存在しないわけであるから、どのように大人になるかは、それぞれの社会において創造された決まりごとである。儀礼の特性とは、行為と望まれる結果との結び付きが恣意的であり、部外者にとってみれば、ある特定の行為をする儀礼が、なぜある結果に結び付くのか理解できないことにある。たとえば割礼やバンジージャンプのように、なぜ時に命を落とすほどの危険なことをやらされて、大人にならなくてはならないのだろうか。儀礼の目的と行為との間には、なんの因果的な関係性も見出されないように思えるのである。儀礼はこの根源的な無根拠性の上に成り立っているのである。

　だが、そのことは儀礼の当事者にとっては行為と目的とが必然的に結び付くということの裏返しである。なぜなら、儀礼においては、あること X をすることが、目的とする事柄＝ Y することになるからだ。儀礼を行う当人にとって儀礼 X をすること自体がまさに Y とみなされるのである。アジャの例でいえば、「外に出す」ことが子どもを親族に迎え入れること、「壺を置き去る」ことが死者を葬ることであり、それ以外のやり方ではそうならない。つまり、その行為 X を通してだけ Y という現実が立ち現れるのである。それは意味があるかないかなのではなく、単にそう実践されるだけなのだ。

❻儀礼と歴史

　儀礼の行為とその無根拠＝恣意性は、人が生きる現実の根幹をなしている。私たちの日々の生活の中心には、こうした根拠がないが必然的な結び付きがあり、それがさまざまな実践の体系を支えているのだと気づくことは重要である（Lesson9 参照）。では、日々移ろいゆく社会状況において、この儀礼実践の反復が持つ意味はなんだろうか。儀礼は個人の生活の秩序と関わるだけではない。本節では、ブロック（M. Bloch 1941-）によるマダガスカルの報告から、政治的、社会的変化と儀礼との関係を検討する。

　マダガスカル、メリナ社会での割礼儀礼は、基本的に少年男子に対して行う家族単位の儀礼であった。これは、2 歳以上の男児を対象に一軒の小屋の中で行われる。儀礼に先立って部屋の東北側にバナナとサトウキビが置かれる。夕刻、一頭の雄牛が供犠される。割礼を受ける子どもは家屋の中に座しており、参加者の男女たちは唄を歌い、ダンスを始める。これは朝まで延々と続けられ、子どもたちを眠らせず、疲れさせる。踊りの中で人びとは、バナナの木やサトウキビ、そして滝で汲んでくる水をめぐって模擬戦を行う。やがて太陽が昇ってくると、男たちは家屋の外へ出る。子どもは家屋の戸口まで連れていかれる。若者たちが盆を激しく打ち鳴らす中、長老が戸口で施術を行い、外の男たちが「この子は男だ、男になった」と叫んで子どもを受け取る。その後、汲んできた水がペニスに注がれ、軟膏が患部に塗られる。子どもは窓から再び家屋の中の母親の手に渡される。夜通しの儀礼の疲れから子どもはやがて眠りに落ちてゆく。

　人生儀礼の一環として行われるこの儀礼の分析から、ブロックが特に考察を加えたのは、その政治性と歴史性であった。1780 年代から 200 年間のメリナの歴史と儀礼を重ねると、興味深い事実が浮かんできたのである。1780 年から 1810 年にかけて、メリナ人は東海岸での奴隷交易の利権を握り、メリナ王国は武力を増強して拡大の一途をたどる。そして、家中心の割礼儀礼に納税を課すようになり、王宮では王家の割礼儀礼が行われるようになった。すると、儀礼は国家の威信と結び付いて盛大化したという。だが 19 世紀後半にフランスの圧力に屈すると、王室の割礼儀礼は、土俗的な因習として弾

圧され、村落の家族儀礼に縮小する。そして、1960年のマダガスカル独立とその後のナショナリズム（Lesson7参照）の高揚の中で、再び家族儀礼としての割礼は、さかんに行われるようになったのである。

　メリナの人びとは、割礼儀礼を「昔からの習慣」であると思って、反復し、継承していた。ところがブロックは、過去の史資料と人びとの語りを分析することによって、そうした儀礼がじつは歴史を通じて変化してきたことを、明確に立証したのである。人びとが行う社会的行為である以上、儀礼は移りゆく社会状況と関連し、儀礼自体も変化を遂げていく。ブロックは、スパンの広い歴史観の下で、儀礼の変化が社会に対して持つ意味を主題として検討を加えた。

　メリナ王室が各地の儀礼執行権を掌握したのは、王室への政治的、宗教的権威の集権化のためであった。王室が儀礼を統制し、納税を課すことによって、宗教的なシンボリズムを保存しつつ、一つの大きな家族として凝集し、王権の政治的正当性を人びとに植え付けることになった。そして、それゆえにフランス政府はこの儀礼を危険とみなして、厳しく弾圧したのである。このように、たとえ同じ儀礼を反復したとしても、それが社会的な状況によって、政治性を帯びる場合もある。

　ブロックは特にこうした政治的機能に注目しつつ、儀礼が日常の認知とは異なるやり方で、秩序と権威を永続化する装置であると考えた。そして、歴史を通じて儀礼の規模や形態が大きな変化を遂げたにもかかわらず、人間の命が祖先によって与えられるというメリナの中心的なシンボリズムが安定していることを明らかにしたのである。

　彼はまた、儀礼には意味のあいまいな象徴や唄、ダンス、繰り返しなどの特殊な儀礼的コミュニケーション形式があり、それは直接的には社会的・政治的変化に影響されないと考えた。儀礼とは、日常的なコミュニケーションとは異なる特異な知識形態によって、参加者をある行動様式に取り込んでいく文化的装置であると捉えることもできる。それゆえ、社会状況によって儀礼の規模や形態が変化しようとも、日常を超越した秩序、すなわち祖先や長老への服従という根幹を支えるイデオロギーは、その装置を通して持続すると考えたのである。いうまでもなく、これは祖先、年長者や王という権威の

Lesson 8　儀礼と分類◎203

Keyword イデオロギー

イデオロギーとは、一般に「思想」「観念」などと訳される。本来、バラバラな関心や考えにそって行動する諸個人に、イデオロギーはある特定の意味世界を与える。それは具体的には組織化された制度や思想、教義をはじめ、日常の発話や慣習行動などに表れてくる。子どもは大人になるべきだ、とか、男は男らしく女は女らしくとなることが、儀礼の中に表れるならば、儀礼はイデオロギーを伝える重要な装置だといえる。ブロックは儀礼を支えるダンスや唄、象徴的な表現は意味があいまいであり、日常的な会話などにとって代わることはないが、日常生活に間接的にしか関わらないがゆえに、そのイデオロギーはむしろ歴史を通じて持続すると指摘した。

正当性を再生産する。儀礼は子どもから大人へという個人の生を形づくるだけでなく、社会全体に関わる政治性や歴史性を帯びるものであると捉えることができる。本節では儀礼が反復されることによって、現実の社会の政治的権威を制度化しつつ、また、それ独自の歴史的変化を遂げることを確認しておきたい。

❼ おわりに

　本章では、通過儀礼を例として、私たちの人生や日常生活に節目を与え、秩序づけるものとしての儀礼について学んできた。多くの社会において、子どもが大人になるためには、必ず成人儀礼を経験しなければならず、儀礼を受けないものが大人と認められることはない。本章でみた諸社会における人生儀礼が、さまざまな形態を持つように、大人になることは自然なことではなく、文化的な決まりごとである。だが、その文化を生きる人びとにとっては、儀礼とその結果の結び付きは自然なことであり、自明なことである。最後に、本章で学んだ儀礼への視座から、私たちの身近な事例を見直してみたい。

　私たちの社会の人生儀礼、たとえば地方自治体の成人式が、式典の様子やその周辺のトラブルから、「荒れる成人式」として取りざたされることがあるのはなぜだろうか。現在、毎年一月に行われている成人式は、かつて家族、

親族などの伝統的な共同体を単位として行われた、昔ながらの儀礼ではなくなっている。地方自治体が主催している成人式は、じつは（第二次世界大戦）戦後になってから整備された「創られた伝統」である。親族集団が主体となる儀礼ではなく、自治体職員が主催する、公式化された行事となっている。また、成人式に出席しない多くの若者がいるように、成人式に出なくても大人になることができる。少なくとも法律的には20歳になれば誰でも成人とみなされるわけだ。日本において成人式という儀礼は大人になることの必然的条件ではなくなっているのだ。

　アジャのような社会では、成人式が子どもと大人の区別を明確に印象づけるだけではなく、それは大人としての社会的役割を持った人格への転換を意味している。儀礼を経て大人になった者は、もはや子どものような振る舞いを許されず、大人として振る舞うことが要求されるのだ。そうでなくてはアジャの社会はなりたたない。それに対し、私たち日本の社会では、成人式による社会的承認がなくとも大人になることができてしまう。また、「大人」とはどういう存在であるのか、目指そうとする明確な未来像や大人の姿がはっきりしないため、なおも子どもと大人の区別はあいまいなままなのだ。

　このように、成人式というものが大人になるための必然的な方法ではなくなった日本では、子どもと大人の区別があいまいなまま、式を行ってしまう。どうやったら大人になれるのか、どのような振る舞いをするのが大人なのかがあいまいな社会では、成人式において大人としてふさわしい振る舞いを強制することが困難となる。だから、「荒れた成人式」は、どうやれば大人になれるのかがわからず、もがき苦しむ若者の爆発であり、共同体的な秩序を喪失した現代社会の姿を映し出していると読み取ることもできるかもしれない。

　しかしながら、昨今では成人式を新成人自身が主催したり、式の中で親から子に宛てた手紙を朗読するなど、地域独自の工夫を行っている例もある。新成人たちが主体性と自覚を持ち、家族の絆を見直す機会となっているという。「大人」になるための儀礼だけではない、新たな意味づけが生じてきたのかもしれない。こうした動きを鑑みると、私たちの社会で、儀礼がかつての意味を失ったために衰退し、やがて完全に消えてしまうとは考えにくい。

Lesson 8　儀礼と分類◎205

象徴や意味、規則に満たされた儀礼は、より大きな社会の動態と別個に孤立した事象なのではない。人の社会が存続する限り、私たちは自らと他者を絶えず分類して秩序をつくり、社会生活を営んでゆく必要がある。だから、儀礼とは単に過去の遺制や付随物なのではなく、むしろ現代社会を構成する重要な要素であるとする視点が妥当ではないだろうか。その意味で、儀礼がどのように持続と変化を遂げるのかを追求することは、人間のつくる社会や文化の本質を、フィールドから明らかにしようとする、文化人類学の課題であり続けるに違いない。

■参考文献

○青木保他編（1997）『儀礼とパフォーマンス：岩波講座文化人類学9』岩波書店.

○小馬徹（1992）「民俗学的思考と文化人類学的思考——日照り雨の比較民族学 再論」『歴史と民俗9』.

○スペルベル, ダン（1979）『象徴表現とはなにか—— 一般象徴表現論の試み』, 菅野盾樹訳, 紀伊國屋書店.

○ターナー, ヴィクター（1996）『儀礼の過程』, 冨倉光雄訳, 新思索社.

○ダグラス, メアリ（2009）『汚穢と禁忌』, 塚本利明訳, ちくま学芸文庫.

○竹沢尚一郎（1987）『象徴と権力——儀礼の一般理論』勁草書房.

○田中正隆（2009）『神をつくる——ベナン南西部におけるフェティッシュ・人・近代の民族誌』世界思想社.

○ド・ウーシュ, リュック（1998）『アフリカの供犠』, 浜本満・浜本まり子訳, みすず書房.

○ニーダム, ロドニー（1993）『象徴的分類』吉田禎吾・白川琢磨訳, みすず書房.

○民俗芸能研究の会, 第一民俗芸能学会編（1993）『課題としての民俗芸能研究』ひつじ書房.

○リーチ, エドモンド（1974）「時間の象徴的表象に関する二つのエッセイ」『人類学再考』, 青木保・井上兼行訳, 思索社.

○リーチ，エドモンド（1981）『文化とコミュニケーション——構造人類学入門』，青木保・宮坂敬造訳，紀伊國屋書店.

○ Bell, Catherine（1997）*Ritual: Perspectives and Dimensions*, Oxford University Press.

■推薦図書 ——————————————————————————

○青木保（1984）『儀礼の象徴性』岩波現代選書.

○浜本満（2001）『秩序の方法——ケニア海岸地方の日常生活における儀礼的実践と語り』弘文堂.

○ファン・ヘネップ，アルノルト（2012）『通過儀礼』，綾部恒雄・綾部裕子訳，岩波書店.

○ブロック，モーリス（1994）『祝福から暴力へ——儀礼における歴史とイデオロギー』，田辺繁治・秋津元輝訳，法政大学出版局.

○吉田憲司（1996）『仮面の森——アフリカ・チェワ社会における仮面結社，憑霊，邪術』講談社.

○ラ・フォンテイン，J. S.（2006）『イニシエーション——儀礼的"越境"をめぐる通文化的研究』，綾部真雄訳，弘文堂.

Lesson 9

宗教と呪術

世界は脱魔術化されるのか？

花渕馨也

❶はじめに

　宗教や呪術と聞くとなんとなく敬遠してしまい、自分とは無関係なことだと思っている人が多いのではないだろうか。日本人の7割は「無宗教」だと答えるという数字もある。1995年に起きたオウム真理教の事件やイスラム過激派によるテロ事件などの影響で、宗教に対する否定的なイメージや拒否感を持つ人も多いだろう。宗教とは信者と呼ばれる一部の人たちだけの問題であり、私たちには馴染みのないことだと考えているところがあるのではないか。

　ところが、私たちの身の回りをみてみると、観光地化した神社仏閣、道端の朽ちかけた道祖神、ビルの狭間にひっそりと祀られるお稲荷さん、奇抜な格好をした新興宗教の施設などが日常の中に数多く存在している。仏壇や神棚がまだしっかりと床の間に据えられている家も多いのではないか。それに、普段は信仰など持たないという人でも、受験や恋愛などで困った時には神さま、仏様、ご先祖さまと当たり前のように頼りにし、おみくじを引いたり、お守りをいくつもぶら下げたりしている。正月には神社に初詣、お盆にはお寺に墓参り、カトリック教会で神妙に永遠の愛を誓うなど、いろいろな宗教をちゃんぽんしていて節操がないのも日本人の特徴だとされ、「日本人は宗教にいいかげんだ」などとも言われている。

　実際には、さまざまな宗教的なものに囲まれ、折にふれ宗教的行事にも参加しているのに、「日本人は無宗教だ」と思い込み、「宗教にいいかげんだ」といわれると納得してしまうのはどうしてだろうか？　その理由の一つに、

私たちが、初詣や墓参りなどを宗教というよりも、むしろ習慣や伝統として捉えているということがあるのではないだろうか。それを「文化」と呼んでもいいだろう。それらは日常の中で慣習的に行われる世俗的行事に過ぎず、神聖なるものに対する信仰に基づく「本当の宗教」とは違うというわけだ。

　私たちが宗教について考える時、このように日常から切り離された宗教のイメージを基準にして、宗教とそうでないものとを区別しているのではないか。「宗教」の典型的なイメージとして思い浮かぶのは、いわゆるキリスト教やイスラム教、仏教などの普遍宗教と呼ばれる教団宗教だろう。それらの宗教では、神や仏の存在を信じる信者が「教団」を組織し、世界観や道徳的規範についての「教義」を共有し、礼拝などの「儀礼」的実践を行っているという共通した特徴がみられる。私たちが「宗教を持つ」というときには、このような教団に所属する「信者」であることが一つの基準となっているといえるだろう。また、信者であるかないかは、神や仏を信じるか、信じないかという「個人の内面的な信念」の問題であり、そのような信念を持たない者は「無宗教」であったり、信じていないのに宗教的行事に参加するいいかげんな人たちだったりということになる。

　さて、このような私たちの宗教の捉え方は正しいのだろうか？　そもそも、宗教という言葉の意味は普遍的なものなのだろうか？　多様な内容を持つ諸社会の文化的実践をひとくくりに宗教として語ることはできるのだろうか？

　実は、「宗教」という概念は、西欧社会において歴史的に構築されてきた特殊な意味を強く帯びたものであり、その概念の形成には異文化の宗教的、呪術的実践を研究対象としてきた文化人類学の営みが深く関与している。そのため、文化人類学における宗教研究を知るためには、特殊な意味を帯びた「宗教」という概念を抱えた人類学が、そのバイアスから逃れるためにいかなる困難を背負ってきたのかという歴史をたどり直してみる必要がある。

　本章では、文化人類学における宗教研究について取り上げる。2節では、人類社会に一般的に適用されるようになった「宗教」=〈religion〉という概念の系譜をたどる。3節では、初期人類学の進化主義的な研究における「原始宗教」や「未開宗教」というカテゴリーの成立についてみる。4節では、宗教の社会的機能について問う視点から、現地の人びとにとっての宗教の意

味を問う視点への転換についてみる。5節では、宗教的実践の具体例として、東アフリカのコモロ社会における呪術の病気について検討する。6節では、現代世界における宗教的なものの再興や、新たな魔術的空間の出現について取り上げ、宗教という問題の新たな展開について考える。人類学における宗教研究を学ぶことで、日常から切り離された宗教や呪術という現象を、私たちの日常とも深く結び付いたものとして捉え直す視点を獲得することが本章の目的である。

❷「宗教」概念の系譜

「宗教」＝〈religion〉の客体化

　日本語の「宗教」という概念が広く用いられるようになったのは明治期以降のことであり、それは西欧の〈religion〉の翻訳語として採用されたものである。もともと「宗」とは仏教において「真理」という意味で使われ、それが鎌倉時代には「宗派」を指すようになる。その後、「宗旨」「宗門」といった語とともに、「宗教」は「宗派の教え」といった意味で江戸時代まで用いられていた。ところが、幕末期に〈religion〉の翻訳語として「宗教」が採用され、明治初期に今日のような意味での使用が広まったとされている。磯前順一によれば〈religion〉が最初に「宗教」と翻訳されたのは日米修好通商条約においてであり、これにより「宗教」とは仏教のみでなく、キリスト教や他の宗教をも含む一般的カテゴリーを指すようになった。そして、西欧の影響を受けて、日本の政治制度が変革される状況の中で、それまで日常生活の実践であったものが、「宗教」という独立した体系を持つ制度とみなされ、より言語化された教義的側面が強調されるようになったという。

　西欧においても、〈religion〉という語が社会生活から分離された特定の制度を指し、それが人類社会に普遍的にみられると考えられるようになったのは近代以降のことであるとされる。言語学者のバンヴェニストによれば、古代印欧語には〈religion〉に当たる語はなく、宗教は他の社会制度と未分化に結び付いていたのではないかという。ローマ時代にラテン語の〈legere〉（集める）という語から、英語の〈religion〉の語源となる〈religio〉（儀礼をま

Lesson 9　宗教と呪術◎211

ちがいなく遂行することへの懸念）が登場してくる。

しかし、宗教史学者のスミス（W. C. Smith）は『宗教の意味と目的』において、ローマ時代の〈religio〉は、人間が服従すべき外部の力の存在や、その力への敬いの感情という意味で用いられており、客観的対象としての宗教は、まだ存在しなかったとする。初期のキリスト教から中世までは、宗教とは人びとの生活のあらゆる側面を覆う全体的事実であり、生活実践の営みそのものであった。宗教を教義や知的システムとして捉える合理主義的な認識は、西欧の啓蒙主義による産物であり、17世紀後半までに〈religion〉は教義としての宗教、概念や信仰の体系としての宗教を指す概念として確立したのだという。

西欧近代における宗教概念の客体化（制度化、実体化）は、宗教とそれ以外のものとを区別する弁別作業によって進められた。それは一方で、異端審問や魔女狩り、民間信仰の禁止といった暴力的弾圧のかたちで行われ、他方で、聖／俗の区別による政教分離など、宗教を俗世から特権的領域に囲い込むというかたちで行われた。人びとの生活全般に埋め込まれ、政治や経済や法などと未分化であった宗教的実践は、日常から切り離された独自な制度とみなされるようになったのである。

西欧社会での「宗教」概念の成立は、非西欧という他者のうちに宗教あるいは非宗教を見出す経験と連動したものであった。西欧の世界進出という歴史的流れの中で、非西欧との対比を通じて、宗教概念は、人間社会に普遍的にみられる制度について語る言説を生み出してきたのである。

宣教師から人類学者へ

大航海時代（15世紀以降）に始まる西欧による地理上の発見と、それにともなう新たな民族との接触が、人類学の登場してくる背景となる。この西欧と非西欧＝未開との出会いは、いくつもの意味で宗教的な出会いであった。そもそも、1492年のコロンブスによるアメリカ大陸到達や、1498年のバスコ・ダ・ガマによる喜望峰経由のインド洋航路発見などによって始まる大航海時代は、イスラム帝国によって長い間支配されていたイベリア半島をキリスト教勢力が取り戻した時期に始まり、キリスト教世界を拡大するという地政学

的な宗教の帝国主義の始まりでもあった。16世紀になると、キリスト教宣教活動がさかんになり、軍事的征服に先駆けて、世界各地にその活動を広げていった。フランシスコ・ザビエルが薩摩に上陸して、日本ではじめてキリスト教の宣教活動を行ったのもその頃である。

　17、18世紀になるとアフリカでは奴隷貿易がさかんになるとともに、18世紀後半からは西欧諸国による帝国の拡大競争が激しくなり、植民地化が推し進められた。この奴隷貿易や植民地化を正当化したのは、西欧社会における「文明／未開」観の成立であり、それに基づく「文明化の使命」、あるいは「救済思想」であった。西欧／非西欧の区別において宗教は中心的な弁別指標であった。宗教を持たないか、原始的宗教しか持っていない野蛮人を文明化＝キリスト教に改宗することによって救済するという使命を大義名分として、植民地化は推進されたのである。

　そして、19世紀後半までに蓄積された、宣教師たちによる世界各地の民族についての記録が、初期の人類学を成立させる基盤となった。たとえば、イギリスの宣教師コドリントンが『メラネシア人』において報告した「マナ」の概念のように、宣教師による未開の神観念や宗教についての記録が、初期の人類学における未開宗教の議論の基盤となった。

　未開社会という「野蛮」の発見は、キリスト教とは異なったさまざまな宗教的な信仰や儀礼の発見でもあり、それらに関する資料の蓄積により、キリスト教とそれ以外の宗教を比較する比較宗教学や、異民族の宗教を研究する宗教民族学などが登場してきた。これによって、宗教は学問という制度における研究対象となり、定義され、分類され、説明されることによって、学問的に客体化されるようになったといえる。中でも、比較宗教学や民族宗教学から発展してきた人類学における宗教研究は、西欧＝キリスト教世界と非西欧世界とを対比することによって、「未開宗教」や「原始宗教」といった新たなカテゴリーをつくり出すことで、西欧近代という宗教的自己像を、未開という他者像を鏡にして描き出してきたといえる。つまり、ある面では、自らのキリスト教世界観との対比によって、未開社会の宗教を記述しようとする翻訳的作業において、西欧近代の「宗教」概念は成立してきたともいえるのである。近代西欧の申し子として登場してきた人類学における宗教研究は、

Lesson 9　宗教と呪術◎213

> **COLUMN ❶** 宗教の分類
>
> 　宗教の分類として「世界宗教」と「民族宗教」が区別されることがある。キリスト教、イスラム教、仏教など世界宗教と呼ばれるものは、国家や地域や民族の境界を越えて、広範な信者を持つ教団宗教である。これらは、平和や愛など普遍的価値を唱導する抽象化された教義的体系を持つことから「普遍宗教」とも呼ばれる。民族宗教は、特定の地域や民族的集団の内部で信仰されているものであり、ユダヤ教やヒンドゥー教、日本の神道などである。また、教義的体系や教団組織を持たず、共同体の慣習として根づいている土着信仰を「民俗宗教」として区別したり、さらに、歴史的にながい伝統を持ち社会に定着している「伝統宗教」と、新たに登場してきた「新興宗教」が区別されたりすることもある。しかし、個々の宗教的実践について理解しようとする時には、これらの分類はきわめて一般化された便宜上のものであることに注意しなければならない。

「宗教」という翻訳語が持つ強いバイアスをそのまま対象に持ち込むことで、大きな躓きをもって始まった。

❸「未開宗教」という幻想

原始宗教の起源と進化

　初期の宗教研究において中心的テーマとなったのは、西欧文明社会の原始的な姿として未開社会を捉える、社会進化主義的な視点に基づく「宗教の起源と進化」についてである。タイラーは、その著書『原始文化』において、宗教の起源を「霊的存在の信仰」にあると主張し、それを「アニミズム」と名づけた。タイラーによれば、未開人は夢といった不思議な経験や、病気や死といった不可解な事態から霊魂の存在を考え出し、やがて死者の霊魂や、動植物や自然現象に宿る霊的存在の崇拝が始まり、次には霊的存在が多神教の神々となり、最後に最高神を持つ文明社会の一神教が成立するという推論を立てたのである。

　タイラーらが未開社会に宗教の原始的形態を見出したのに対し、フレイザーは未開社会には宗教がないと考えた。世界各地からの膨大な神話や儀礼

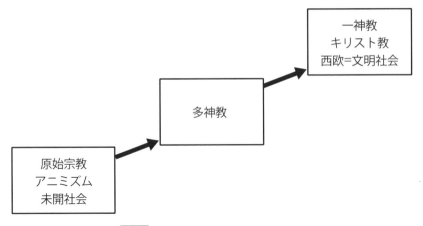

図 9-1 タイラーによる宗教と社会の進化図

の資料を比較し、その共通した論理構造を見出そうとした『金枝篇』において、フレイザーは、人間は未開の呪術的思考から宗教へ、そして宗教から科学へという知的発展段階をたどると考え、未開社会はまだ宗教以前の呪術的な迷信の段階にあるという進化主義的な考えを展開した。フレイザーは未開社会で報告された奇妙な呪術的行為などは、宗教の起源ではなく、人為的に自然をコントロールする試みという点で科学と共通性を持つが、それは誤った因果関係の認識に基づいている「偽りの科学」なのだとした。そして、誤った因果律に基づく呪術はほとんど失敗するため、その結果として人間は自力による問題解決をあきらめ、自然と人間の運命を支配する超自然的存在をなだめたり、崇めたりする態度を持つようになる。それが宗教の起源だとする。

　未開社会における宗教の有無や宗教と呪術の区別などについては、かつてさかんに議論された。そうした議論は、自文化における「宗教」を前提とし、それを基準にして、未開社会の一見して理解し難い習慣に「未開宗教」や「呪術」といったレッテルを貼りつけるものであった。実際には宗教と呪術を定義したり、区別することは困難であり、今日の人類学では、「呪術・宗教的」（magico-religious）などという言葉で包括して記述することが多い。そもそも、異文化におけるある種の実践を「宗教」や「呪術」として記述するのは、人類学者の側の分類カテゴリーの当てはめに過ぎないということは、どんな

> **COLUMN ❷ 類感呪術と感染呪術**
>
> 　フレイザーは呪術を「類感呪術」と「感染呪術」に分類する。類感呪術とはある
> ものの模倣行為がその模倣対象自体に作用するという認識に基づいており、雨乞い
> のために、火を焚いて煙を出したり、太鼓を打ち鳴らしたり、水を撒いたりすると
> いうような呪術である。感染呪術は、全体の一部に及ぼした操作が全体に作用する
> という考え方に基づくものである。たとえば、相手の髪の毛や切った爪などに呪文
> を唱えたり、燃やしたりするといった呪術である。フレイザーは、類感呪術は、相
> 互に類似しているものは同一のものだと考える誤謬であり、感染呪術は、かつて相
> 互に接触していたものはいつまでも接触していると考える誤謬であるとし、呪術は
> 似たものや接触しているものの観念連合を因果関係と混同しているとする。のちに
> リーチが指摘したように、これらの認識は、あるものを似たもので喩える「隠喩」や、
> あるものをそれに隣接した一部で喩える「換喩」といった、私たちになじみの表現
> 方法と共通性を持っている。もし、そうであるならば、宗教や呪術における認識の
> あり方と、私たちの日常的な認識とは意外と遠くないところにあるのかもしれない。

に強調してもし過ぎることはない。

　フレイザーに対し、未開人は科学的、論理的思考とは異なる思考の様式を
持っているのだと考えたのは、レヴィ＝ブリュル（L. Lévi-Bruhl 1857-
1939）である。彼は、自分たちの祖先がインコであるという神話を持つブラ
ジルのボロロ族が、「自分はインコである」といういい方をする例などをあげ、
未開人は論理的思考を持たず、自分とインコとを区別できないと考えた。彼
は、未開人は経験的な検証を経ないで物事を関係づける、非合理的で矛盾に
満ちた前論理的思考に支配されており、それを「融即」（participation）の
原理に従った思考であるとした。このようなレヴィ＝ブリュルの考えは、未
開人を全く論理的思考を持たない存在としてしまう自文化中心主義的な見方
だとして批判を浴び、彼自身その後訂正しているが、科学的、論理的思考と
は異なる、独自な認識や思考のあり方を示唆した議論として見逃せない重要
性を持っている。

　タイラーを代表とする初期の進化主義的な人類学の議論は、私たちが未開
社会やその宗教に対して持っているイメージと共通した部分があるのではな
いか。すなわち、未開社会の人びとの生活は、呪術・宗教的な信仰によって

覆われており、その行動は合理的な判断ではなく、理解し難い非合理性に満ちている。また、未開人の宗教は、文明人がかつて持っていた原始的な宗教と同じ姿であり、それは近代化とともに消滅してきたが、私たちの社会にも、民間信仰や民俗伝統としていまでもわずかに残存している、といったような考え方である。人類学におけるその後の宗教研究は、私たちにも深く浸透しているこの進化主義的な未開＝原始観から、いかに脱却しうるかという課題との取り組みだともいえる。

集合表象としての宗教

　進化主義的な宗教の起源論が、個別の社会や文化の文脈から切り離して仮定された進化の図式を前提とし、未開人の心理や経験を思弁的に推論していることを批判するデュルケム（E. Durkheim 1858-1917）は、宗教は個人表象（意識）なのではなく、社会成員の「集合表象」であって、それは社会を成立させている基本的な機構だと主張する。デュルケムによって、未開の宗教についての問いは、社会的事実の問題とされ、共時的な次元において、全体としての社会の中で宗教が果たす機能を追及する「機能主義」的な問いへと転換された。

　デュルケムは『宗教生活の原初形態』において、宗教を「聖なるもの、すなわち分離され禁止された事物と関連する信念と儀礼との連帯的な体系、教会と呼ばれる同じ道徳的共同社会に、これに帰依するすべての者を結合させる信念と儀礼である」と定義している。デュルケムは、宗教の本質は「聖」と「俗」との区別にあり、「聖」は社会の象徴的表現として社会を統合する機能を持つと考えた。

　彼の宗教についての考え方を示す代表的な事例は、「トーテミズム」に関するものである。トーテミズムとは、動物崇拝や植物崇拝などと訳されることもあり、ある集団や個人が特定の動物や植物などと関係を持ち、その関係によって食物禁忌や婚姻の禁止などの規則に従ったり、供犠儀礼を行ったりする制度のことをいう。しばしば神話的な始祖とされる動植物などがトーテムと呼ばれる。オーストラリアのアランダ族の社会では、各クラン（氏族）がカンガルーやオポッサムや芋虫といった特定の動物や植物などと特別な関

Lesson 9　宗教と呪術◎217

係を持ち、それらを始祖とする神話を持ち、食物禁忌などのタブーや供犠などの対象としている。

デュルケムはアランダ族の事例などの分析から、トーテミズムを現存する最古の宗教とみなし、宗教はその原初的起源において社会を統合する機能を持っていると論じた。彼によれば、タブーとされることで人びとの特別の尊敬あるいは畏怖の対象となるトーテムは、俗なるものから区別される聖なるものの集合表象であり、旗のように氏族＝社会の象徴となり、人びとを統合する社会的な機能を持つ。また、トーテムのような集合表象を人びとに内面化する働きをしているのが儀礼であり、トーテムを供食するなどの儀礼における、熱狂的な祝祭や乱痴気騒ぎといった「集合的沸騰」状態に達することで、人びとは一体感を持ち、さらに、それが聖なるものへの感情として認識され、その感情がトーテムという「聖なるもの」へと投影されるという循環的プロセスが論じられる。宗教的儀礼が社会を統合する機能を持つという視点は、ラドクリフ＝ブラウンなどの機能主義的人類学の議論に引き継がれる。

トーテム幻想

デュルケムやモースのフランス社会学を批判的に継承しつつ、マルクスやフロイト、ソシュールなどからの影響を受けて構造主義を構築したレヴィ＝ストロースの宗教研究における最も大きな貢献は、宗教という問いそのものへの再考を促した点にある。『今日のトーテミズム』において、彼はデュルケム以来、動植物を崇拝する原始的宗教として論じられてきたトーテミズムというカテゴリーを、西欧の宗教と未開の宗教とを区別するためにつくられた幻想であり、トーテミズムを宗教の一形態として議論する問題設定そのものが間違っていたのだと主張する。

レヴィ＝ストロースは、トーテムを聖なる信仰の対象とし、それを社会や心理の問題として説明する議論を批判し、トーテミズムを人間に普遍的な思考の論理に基づく分類の体系として説明しようとする。彼はトーテムと個人や集団との結び付きを、個々の関係において捉えるのではなく、動物種と社会集団それぞれの差異の体系間に並列的な相同性を設定することによって、社会集団や空間、宇宙について分類し、語るためのコードを提供していると

主張する。私たちは日本のある集団群を、獅子、虎、竜、鷹、燕などといった特定の動物と結び付けて認識している。それぞれの集団は特定の動物を旗や衣装に描いたり、歌に歌ったりするだけでなく、その成員は「おれたちは虎だ！」などといったりすることもある。しかし、だからといってその集団が虎を崇拝しているとか、自分を虎だと思っているとレヴィ＝ブリュルのようにいうと、奇妙な感じがしないだろうか。私たちはある集団を別な集団と区別するために、自然の動物間の差異を利用しているだけである。レヴィ＝ストロースは、それまでのトーテミズムの議論が、個別の人間集団と特定の動植物との間の関係づけ（換喩的関係）に注目し、そこに宗教的関係を見出してきたのに対し、人間の集団間の関係と、動植物間の関係との間の関係づけ（隠喩的関係）こそシステムの基礎にあり、それは人間集団の分類のために自然の分類を利用するという分類の思考の操作なのだというのである。彼は、抽象的概念をつくったり体系化することなく、動植物など身近な自然種などを用いうまく組み合わせる「ブリコラージュ（器用仕事）」のような思考のあり方を「野生の思考」と呼ぶが、それは決して未開人の思考なのではなく、人類普遍の思考の原型のようなものなのだとする。

　レヴィ＝ストロースによるトーテミズム幻想の解体は、異文化を一方的に未開と呼び、自分の理解し難い、一見して非合理的で不可解なものを、宗教的、呪術的、儀礼的、象徴的、神秘的、超自然的などといった、それ自体が説明されるべきあいまいな概念に押し込めることで、説明したかのような気になり、そのことによって「科学的合理性による文明」／「宗教・呪術的な未開」という図式を再生産することに対する鋭い批判となっている。

❹宗教の機能と意味

宗教の機能

　1920年代に、フィールドワークという方法をその基盤に置くことによって、人類学における宗教研究は大きな転換を遂げる。フィールドワークを人類学の最も重要な方法的基盤としたマリノフスキーは、未開社会に対する自文化中心主義的な推論的説明を脱し、現地社会の文脈において宗教・呪術的

実践を問う道を開いた。マリノフスキーは、文化を基本的に人間の心理学的、生物学的な基本的欲求を満たすための手段の体系として捉え、さまざまな習慣や制度がどのように個人の欲求充足のために機能しているかを明らかにしようとする。マリノフスキーは、そうした機能を果たす重要な制度として呪術を捉えている。彼の代表作である『西太平洋の遠洋航海者』はクラ交換のシステムの分析で有名だが、その大部分がクラ交換や農作業やカヌーづくりや漁といったあらゆる日常的活動の際に用いられる呪文とその解釈で占められている。

　彼によれば、宗教や呪術は人間の生の限界に関わるものであり、人間の技術や知識を越えた、合理的な予測を裏切るような不測の事態に直面した時の心理的不安や混乱を避けるための制度的手段なのである。マリノフスキーの議論は、個人主義的、実用主義的であるとして批判されることも多く、また、理論的に明確でないともいわれる。しかし、民族誌的記述を重視し、呪文や呪術が用いられる個々の状況の記述を通じて考察を進めるスタイルは、調査者が経験する特定の社会的状況の中で宗教的実践を捉えようとする、人類学的な宗教研究の方法を切り開くものであったといえる。また、マリノフスキー以降のフィールドワークに基づく研究の増加によって、未開社会にも私たちと同様の経験的な因果関係の認識や、動植物などについての詳細な分類や知識の体系を持っていることが明らかになり、初期の人類学において想像されたように、未開人は呪術的な、非合理的な思考しか持ちえないといった誤解が修正され、個別の社会における宗教実践の詳細な分析へと目が向けられるようになったといえる。

　「なぜこの人たちはこんな奇妙なことをやっているのか？」という問いに対し、一見するとひどく無意味なことをやっているようにみえるが、じつは「それは～のためである」とか、「それは～という役割を持っているからだ」というように、目的や機能による答えはわかりやすい。だが、機能主義による議論は、一見して奇妙な宗教的実践を、共同体の統合や心理的安定といった、私たちにとってより理解しやすい合理的目的によって説明することで、宗教や呪術そのもののあり方、その独自な経験や働き、そしてそれらが実際に生きられるものとして持つ複雑さの理解を放棄してしまう危険性を持って

いる。つまり、現地の人びとはどのように呪術や宗教が形づくる現実を生きているのかという問いが残されたままになるのである。

宗教の翻訳

　エヴァンズ＝プリチャードは、機能主義的な視点から、アフリカのスーダンに住むヌアー族の社会構造を明らかにする研究を行う一方で、機能主義が夢みた自然科学的説明の追求を否定し、比較に基づいて文化を解釈する文学的研究として人類学を位置づけ直すことで、そこに浮かび上がる「文化の翻訳」の問題にも焦点を当てた。彼の代表作である『ヌアー族の宗教』は、スーダンに住む牧畜民ヌアー人の神や霊魂観念、供犠儀礼などについて丹念な記述を行い、それらをヌアーの分節的リネージ体系（Lesson6の4節参照）に基づく社会構造と対応した一貫した体系を持つものとして分析している。

　また、『アザンデ人の世界——妖術・託宣・呪術』では、同じくスーダンに住む農耕民アザンデ人の社会において、生活の中で起こるさまざまな災いや不幸に対し、人びとがどのような説明を与え、それに対処しているのかという「災因論」について論じられている。特に「妖術」についての議論は有名である。アザンデ社会では、遺伝的に伝わる「妖物」を体内に持つ妖術師

COLUMN ❸　崩れた穀物倉庫

　アザンデ社会では、あらゆる種類の不幸や災いが、妖術によってもたらされたものとして説明される。ある男性が高床式の穀物倉庫の下で休息している時に、倉庫が崩れて怪我をした。男性はそれを妖術のせいだという。穀物倉庫の柱がシロアリに食われて腐ってしまい崩壊することはアザンデ社会ではよくあることだ。男性もそのことをよく知っており、経験的に知りうる出来事の因果関係の認識において、私たちとアザンデ人にはなんら違いはない。エヴァンズ＝プリチャードがよく話を聞くと、男性が問題にしているのは、いかにして倉庫が倒れたのかという一般的な因果的原因ではなく、「なぜ、他の人ではなく、たまたま自分が休息している時に倉庫が倒れたのか」という、私たちならば「偶然」とか「不運」とかで済ますような事態なのである。アザンデ人は、「なぜ、この私が」という出来事の個別性を納得する方法を、私たちよりもずっと複雑に発達させ、より徹底的に理解しようとしているといえるのかもしれない。

Lesson 9　宗教と呪術◎221

が存在し、妖術師が嫉妬や敵意を持つような状況になると、本人が意図せずとも自動的に妖術が発動されて、その相手に危害を加えるのだという。作物の不作や病気や事故などさまざまな不幸が起こると、その原因が妖術のせいだとされ、占いに基づいて妖術師が告発されるのである。エヴァンズ＝プリチャードは、アザンデ社会において日常的に繰り返される妖術の出来事について詳細に記述し、妖術が独自な論理に従った体系性を持っており、人びとの災いの経験を組織化しているだけでなく、アザンデの道徳的規範や社会関係を構成していることを明らかにしている。

　『アザンデ人の世界』という分厚い本は、人びとによって生きられる現実の、複雑で、体系化し難いあいまいな部分をすくい上げ、民族誌として記述しようとしたものである。エヴァンズ＝プリチャードは、アザンデの妖術の実践を、西欧における否定的意味を付与された妖術として翻訳することの誤りにも注意を促し、アザンデの妖術を、神秘的、オカルト的といった概念で他者化することを否定し、それを比較し難い独自の実践の一つとして捉えようとしている。この本は妖術についての一般的理論を提唱しているからではなく、文化の比較と翻訳の困難、とりわけ宗教のあいまいさととことんつき合うやり方を示しているがゆえに偉大な古典なのである。

象徴体系としての宗教

　アメリカの人類学者であるギアツは、文化を「象徴と意味の体系」とみなし、人類学は文化の意味を探求する解釈学的な試みとする。文化を象徴と意味の体系として捉える視点から、宗教もまた、そうした象徴体系の一つの領域とみなされることになる。宗教は、日常から切り離された自律した領域としてではなく、日常と非日常を秩序づける世界観や儀礼の全体的な象徴構造の中に位置づけられるものとして分析の対象とされる。ギアツは「文化体系としての宗教」において、文化を象徴体系とみなす視点から宗教について次のように定義する。宗教とは「(1) 象徴のシステムである。その働きは (2) 人間の中に強力で広範な持続的なムードとモチベーションを打ち立てることであり、それは、(3) 存在の一般的秩序についての諸々の概念を定式化することによって、また (4) それらの概念にある種の事実性のオーラを与える

ことによって行われる。(5) そうしたムードとモチベーションが独自の実在性を帯びて見えるのはこのオーラによる」(アサド 2004：34 頁)。そして、宗教の人類学は、宗教固有のものを構成する諸々の象徴のうちに具体化された意味のシステムの分析と、これらの体系を社会構造と心理学的過程へと関係づける作業にあるとする。

　ギアツのように宗教的実践を「象徴的」とみなすアプローチは、1960 年代、70 年代に人類学の中心であった。一見して目的や機能が明らかでないような宗教的実践は、象徴的であるとされ、文化的テクストとして、その隠された意味やメッセージを解読すべき対象とみなされた。

宗教的実践の問い直し

　アサド（T. Asad 1933-）は『宗教の系譜学』において、政治的に不均衡な関係における「非西洋に対する西洋の言説批判」という立場から、ギアツとそれに代表される人類学における「宗教」概念に対し異議を唱えている。アサドは中世キリスト教やイスラム教との比較から、啓蒙主義以降の西欧近代において宗教と世俗が概念的に分離され、宗教を独立した本質を持った超歴史的で超文化的な現象としてみなす普遍主義的な視点が成立したとみる。そして、「宗教」の定義は西欧近代の歴史的言説として形成されたものであって、宗教の普遍的な定義などはありえないとする立場から、ギアツによる宗教の定義が西欧近代の普遍主義的な視点に立っていると批判するのである。

COLUMN 4　バリの劇場国家

　ギアツは、『ヌガラ』という本で 19 世紀のバリ島のヌガラという国家では、バリ・ヒンドゥー教のコスモロジーに基づいて王宮や町の空間が配置されており、その舞台の中で人びとがそれぞれの儀礼的役割を演じることで社会秩序を実現していることを詳細に描き、これを劇場国家と呼ぶ。この王国では、王とは政治的、経済的支配を上から行使する存在ではなく、盛大な火葬儀礼を頂点とする演劇的な儀礼行為をポトラッチ的な消費（Lesson10 の 1 節参照）によって主催し、自らもその役割を演じる地位のことだという。バリの生活世界では政治も経済も宗教的秩序と不可分なものとして人びとの生をかたどっているのである。

Lesson 9　宗教と呪術◎**223**

アサドは、「今日の人類学者が自明のことのように思っているもの——宗教は本質的に象徴的な意味に関わるものであり、その象徴的な意味は（儀礼と教義のどちらか、あるいはその両方を通じて表現される）一般的秩序の観念に結び付いているということ、宗教全般に共通する機能／特徴があるということ、そして宗教をその個々の歴史的あるいは文化的な形態と混同してはいけないということ——は、実のところ、キリスト教固有の歴史を背負った見解なのである。」（アサド 2004）とし、ギアツが宗教を象徴体系とすることで、それを実践的行為から切り離された、一般的秩序の認識やコミュニケーションの問題として捉えようとすること、また、個々の歴史や社会の文脈を越えて、独自の宗教的パースペクティブ、独自の現実認識のあり方が存在するかのように定義することを批判する。

　たとえば、近年のテロ報道などでもそうだが、イスラム社会では宗教と政治が結び付いているとか、イスラム社会では日常生活の全てが宗教で覆われているといったいい方がされることがある。しかし、アサドはそうしたいい方自体が、政教分離によって聖と俗の領域を区分し、宗教を一見して世俗的権力と無関係なものにみせようとする西欧近代国家における宗教概念を前提とした物言いであると批判する。同じようなことは、「日本人は無宗教だ」とか、「日本人は宗教に無節操だ」などというよく聞かれるいい方にもいえるかもしれない。世俗的習慣として行われることが宗教とみなされないのはなぜだろうか。考え直してみる必要があるのではないか。

　また、宗教的実践の背後に、一貫した世界観や教義的な意味の体系性を見出そうとする視点や、儀礼や呪術などの宗教的実践を「象徴的、表現的」行為として「道具的、技術的」行為と区別する視点も、再考しなければならない大きな問題である。「宗教」という概念の色眼鏡を外してみれば、現地社会で行われている諸々の慣習的行為は、教義的知識や内面的信念に基づいたものというよりも、単にそうすることが「当たり前」だから行われているに過ぎない実践であるのかもしれない。初詣に来た日本人に、「あなたは神を信じているんですね」と聞いて回るうっとうしい人類学者が思い浮かぶ。

　また、宗教や呪術を象徴的表現とする見方に対しては、そもそも「象徴表現とは何か」を問い直すことによって、解釈学的人類学を批判するスペルベ

224

ル（D. Sperber 1942-）や、語りと現実が相互に構成的関係を持つというエスノメソドロジーの「相互反照性」（reflexivity）という概念を手がかりに、人類学で用いられてきた「呪術」や「儀礼」概念に潜む誤謬を批判する浜本満の試みなどによって再考が促されている。そうした批判的議論が示すのは、呪術や宗教の実践を日常の世俗世界から分離し、現実に対する表象的なものとすることは、それらの実践が形づくる現実について捉え損なうだけでなく、同時に私たちの生きる現実世界の経験に働く想像的なものの力を根本的に見誤る危険性を持つということだ。

　私たちには、神秘的な存在や力という考え方に基づく宗教や呪術は、非科学的であり、無縁な話のように思える。しかし、考えてみてほしい。たとえば、あなたが普段持ち歩いていて、いつも眺めてはたまにキスなどもしてしまう大好きな恋人の写真を、目の前でびりびりと破られたらどうだろう。もちろん、それによって恋人自身の身体が切り裂かれたり、痛みを感じたりすることはないことをあなたは知っている。それは一枚の紙に過ぎない。しかし、あなたが感じる痛みや怒りはなんなのだろうか？　こうしたことをあなたは呪術とは呼ばないだろう。しかし、私たちの身の回りにもあるこのような事態は、改めて科学的に説明しようとすると困難に陥るが、私たちの生活に結構大きな影響力を持っており、時にはあなたの行動の動機になっているのではないだろうか。呪術、宗教的な思考や行為を、未開や文明にかかわりなく、人間に普遍的に備わった理性や想像力の働きとして分析する必要性が感じられないだろうか。

❺ 呪術がもたらす不幸

　ここまで、宗教についての人類学のアプローチを理論史的に概観してきたが、以下ではコモロ社会（巻頭地図参照）の事例から、人びとの日常生活の中に埋め込まれた宗教的実践の事例についてみてみよう。ここでは病気についてのコモロの災因論について取り上げたい。「災因論」とは、病気や災いなどの不幸について説明し、対処するものとしての文化的な理論と実践である。個々の社会には特有な論理を持つ災因論が存在している。我々にとって

宗教的、呪術的実践としてみえるものの多くは、人びとがなんらかの不幸に対しどのように対処するかという、災因論的なコンテクストの中に多く見出せるものであり、日常生活の中に突如としてもたらされる秩序の危機を回避したり、修復したりする働きをしているとみることができる。

　コモロでもいまではかなり近代医療が浸透するようになっているが、人びとは病院での近代医療の治療を受容する一方で、伝統的治療師による治療にも大きく依存している。病院での治療を受けてもなかなか症状がよくならなかったり、何度も病気がぶり返したりした場合など、人びとは病院での治療をあきらめ、占い師や霊媒師のもとを訪ねることがある。それは、その病気が病院での対症療法的な治療では治らない、何か別の原因による病気であるという疑いがあるからである。占い師はトランプやアラビア語の占星術の本を用いて病気の原因を占う。病気の原因とされるものには、ジニという憑依霊や、ムフという死者の霊、セラという妖怪などの霊的存在とともに、人間が仕掛けた呪術がよくあげられる。ここでは、呪術の病気についてみてみたい。

　呪術（サヒリ）の病いとは、ムガンギという呪術師によって仕掛けられた呪術によってもたらされる病気のことである。呪術師は依頼人から金品を受け取り、攻撃したい相手に呪術を仕掛ける。呪術にはいくつものやり方があるが、最もよく知られているのは、攻撃する相手の家の玄関先などに「サヒリ」という呪物を埋める方法である。そのため、呪術をかけることを「サヒ

Keyword　コモロ人

コモロ人は、東アフリカのモザンビーク海峡の中央に位置するコモロ諸島に住む。諸島はコモロ連合国に帰属し、面積 2236km²、人口約 78 万人（2015 年）である。コモロ人は、アフリカのバントゥー系、東南アジアから来たオーストロネシア系、ペルシアやアラブ系などの民族の混血により形成された民族（Lesson7 参照）である。コモロ語を話し、スンニー派のイスラム教を信奉している。ほとんどの人びとは自給自足的な生活を送り、食用バナナ、イモ類、トウモロコシなどの農業や漁業、牛や山羊の牧畜業を主な生業としている。

リを埋める」「サヒリを置く」などと表現する。サヒリは攻撃対象の名前と呪文を書いたワファクという紙片、相手の髪の毛や爪、着ていた服の古い切れ端などの他に、墓地の土や死者の骨の破片や歯、鶏の頭、ヘビの頭、トカゲや魚の骨、呪薬となる木の根、釘、鎖、ガラスの破片、木のトゲなどを瓶に入れたり、布でくるんだりなどしたものである。狙われた人物がサヒリの埋められている場所を通ると、サヒリはその体内に入り込み、頭や腹の中に留まり、腹痛や頭痛、下血などさまざまな症状の病気を引き起こすと考えられている。実際に呪術が仕掛けられたかどうかは別にして、占いによって呪術が病気の原因とされることは多く、人びとは日常的に呪術の攻撃を恐れ、呪文を書いたヒリジというお守りを玄関に吊るしたり、身に付けたりしている。

呪術の病いは病院や薬草による治療では治らないとされており、治療できるのは呪術師か霊媒師だけである。呪術の治療は、サヒリが仕掛けられている場所を探り出し、そこから「サヒリを取り出す」ことによって行われる。

写真9-1　トランプによる占い

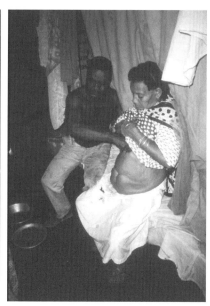
写真9-2　患者の女性の腹から呪物を取り出す呪術師

Lesson 9　宗教と呪術◎227

一つ事例をあげておこう。これは病気になったザイナバという女性の事例である。ザイナバは 30 代の既婚の女性であり、夫と 3 人の子供とともに暮らしている。ある時、ザイナバはひどい腹痛に襲われ、下痢を繰り返し、時々血便も出るようになった。何度も町の病院で治療を受けたが、症状がよくなったかと思うとまたぶり返すということが 3 ヶ月あまり続いた。そこで夫に連れられて霊媒師を訪ねると、霊媒師は病気の原因は夫の離婚した女性がザイナバの家の裏口の下に仕掛けた呪術のせいであり、ザイナバのお腹の中には二つの呪物が入り込んでいると託宣を下した。この夫はザイナバとの浮気がばれた結果、前妻と離婚したのだった。霊媒師は、ザイナバに薬草を煎じた薬を飲ませた後に、彼女のお腹に手を当てて、イスラムの祈祷を唱えながら強くお腹の肉を鷲づかみにすると、一瞬のうちに呪物を取り出すと、それを用意してあった灰の中に投げ込んだ。それは汚い布でくるまれた小さな物体であり、中を切り開くと、腐った魚の骨やら、錆びた釘などとともに、呪文の書かれたぼろぼろの紙も出てきた。

　呪術の病いはその診断から治療に至る過程において、患者を取り巻く社会的コンテクストと結び付けられ、それによって意味が与えられる。占いが病気の原因として呪術を示す時、問題とされるのは「誰が、なぜ呪術を仕掛けたのか？」ということだ。呪術の治療の場合、単に患者から仕掛けられた呪物を取り出して済むわけではない。なぜなら、呪術を仕掛けた人間が再び攻撃を仕掛けてくるかもしれないからだ。そのため、占いが呪術を病気の原因として指定した場合、「誰が」それを仕掛けたかを特定し、しばしばその呪術師に対する対抗呪術が仕掛けられたりもする。呪術師は、何も理由がなく無差別に人を攻撃するわけではない。患者に対し「嫉妬」や「恨み」や「憎しみ」を持つような人間に依頼されて呪術を仕掛けると考えられている。そうした人間関係の摩擦が生じるのは患者と関係を持つ人物であり、しかもごく身近な人間との間である場合が多い。

　女性が急な病気に陥った場合、夫の浮気相手が呪術を仕掛けた犯人として指名されることはよくあることである。コモロは一夫多妻制であるため、僚妻同士の関係が問題にされることも多い。あるいは、コモロはイスラム法に基づく相続制度とともに、土着の母系的な相続制度が並存しており、しばし

ば相続をめぐる兄弟姉妹間のトラブルが起きている。病いの原因として、遺産相続をめぐる恨みから兄弟姉妹が仕掛けた呪術が疑われることも少なくない。つまり、呪術による病いは、コモロ社会における制度や規範に基づく社会的関係の亀裂や緊張によって発生するとみなされているのである。

　占いの中では、患者の家族関係、隣人関係、仕事上の関係、村の政治的関係などの社会関係にともなう道徳的規範や義務の違反や不履行がないかどうかが吟味され、患者に敵対心を抱く理由を持つ者はいないかどうかを探り、患者や家族が納得するような人物が呪術師として指名される。社会学的な視点からみた場合、それは潜在的な社会的緊張や葛藤を明るみに出し、人間関係の道徳的規範が再確認される過程であり、それによって社会的秩序が維持されるという機能を持つとみることもできるだろう。

　あるいは、個人の経験に焦点を当てた場合には、呪術という病気の原因は、なかなか治らない得体の知れない病気の経験に、それを説明し、対処するための一つの物語構造を与えることによって、病気という不幸の出来事の経験を組織化するものであるといえる。それは、単に病気の経験を象徴的に表現するのではなく、コモロの人びとが現実をどのようにみて、振る舞うのかを構成するのだ。

　このような病気の理解は、近代医療における病気認識とは大きく異なるものである。近代医療では、病気の経験を身体上の生理的、物理的症状の経験へと還元し、それをあくまでも身体上の単独の出来事として説明し、処理しようとする。そこでは、患者の身体は匿名化され、病気は患者の社会的人格やそれぞれの状況とは切り離されて処理される。ところが、コモロの伝統医療では、病気は患者個人の身体だけの問題ではなく、患者の社会関係や過去や未来の出来事のコンテクストとの関連によって症状が意味づけられ、社会的関係こそが対処すべき問題として焦点化されているのだ。

　呪術の病いの特徴は、たとえば臀部にできた腫物と、一見してそれとは無関係と思えるような夫の離婚した妻の嫉妬とを関連づけ、病気経験を社会的問題として組織化することにある。症状は人間関係の摩擦を示す記号であり、もはや身体的状態を示すだけでなく、患者の身が置かれている社会的コンテクスト、患者がこれまでに取り結んできた他者との関係、過去の出来事を反

Lesson 9　宗教と呪術◎229

映するものとして読み取られるのである。

　病気を経験主義的な実体とみなす近代医療からみれば、このような病気観は自然な実体としての病気に対する文化的解釈に過ぎず、それらは科学的に誤った「非科学的」なものとみなされるだろう。私たちの社会では、病いや死について権威的な説明を与え、それを処理するのは主に近代医療である。病いを身体的な症状の経験として捉えるならば、その経験の大部分は、手術や投薬といった医療行為によって形づくられるものだといえるだろう。

　しかし、たとえば癌やエイズといった病気に罹った患者を苦しめるのは、そうした身体的苦痛だけではない。社会的に病気に与えられる死のイメージによる恐怖、病気に対する社会的差別による疎外感、そうした病気の意味づけや、他者との関係から生じる苦しみこそが、病気の医学的説明や治療の身体的苦痛以上に、患者の病気経験の大部分を形づくっているのではないだろうか。病いの経験とは、社会的、文化的に形づくられるものなのである。

　だとしたら、それぞれの社会は独自な病いや不幸の文化を持っており、近代医療とは異なる仕方で、それらを説明し、処理しているのだとみることもできるだろう。呪術による病いの経験の組織化も、我々とは別な病いを生きるやり方なのである。私たちにとって宗教や呪術とみえるものは、コモロの人びとにとっては日常の一部であり、人びとの身体のレベルにおいてある種の現実を形づくっているのである。

❻ おわりに

　初期の人類学は、未開社会のさまざまな実践に、西欧近代が克服し捨て去った残滓として未開＝原始宗教を見出した。その後のサルベージ人類学は、非西欧社会における宗教的実践をやがて近代化により消滅するものとみなし、ローカルな伝統文化の記録として残そうとした。そのような、人類学の仕事の一つは消えゆく文化を記録として残すことにあるという考え方は今も存在している。

　しかし、人類学が対象とする宗教的実践が次第に減少しているのかというと決してそのようなことはない。人類学における宗教研究は構造主義や象徴

解釈主義の流行が去ると一時停滞していたが、90年代以降、新たな理論的関心とともに妖術や憑依などについての議論が再び盛り上がりを見せるようになっている。これは、近代化とともに衰退するだろうと予測されていた宗教的実践が、衰えるどころか、地域によってはますますさかんになっている現象が見られることや、そうした現象が植民地化の歴史的経験や近代化による資本主義や近代国家システムの導入といった歴史的状況と深く関わった現象であるということが明らかになってきたことによる。

また、人類学が宗教的現象に再び関心を持つようになったのは、人類学自体の自己反省的な理論的課題の中で出てきたものだともいえる。植民地以降の歴史における対象社会の人びとについて、民族文化を伝統的に保持する受動的な人びととして描いてきたことへの反省から、新たな社会状況の中で文化を「創造する主体」、あるいは植民地化による政治的、イデオロギー的支配に対し主体的に「抵抗」したり「流用」したり、「変容」したりする主体として描き直そうとする理論的関心が高まってきた。その中で、アフリカなどにおける植民地化以降の新たな宗教的、オカルト的現象を、近代化やグローバル化への主体的な反応であり、アフリカ的近代とでもいえる独自な近代のあり方の構成要素として分析する議論などが出てきたのである。

西欧近代の成立にとってプロテスタンティズムの倫理観が根本的な役割を果たしていたことを明らかにした社会学者マックス・ウェーバー（M. Weber 1864-1920）は、いったん成立した近代の論理は独自に動き出し、資本主義という経済秩序と科学の制度化によって西欧近代および世界は「脱魔術化（Entzauberung）」＝「合理化」、「世俗化」する歴史過程をたどると予言した。ウェーバーの議論はあくまで西欧近代社会を対象としたものであるが、伝統や魔術によって囚われた段階から脱却し、理性的で、合理的な科学の時代への進歩という仮説は、西欧を追随する非西欧世界における近代化にも当てはまると単純に考えられてきたところがある。

さて、私たちの日常生活は、やがて全ての魔術的なものを排した、理性的な判断による合理的な生活となる方向へ向かっているのだろうか？　オカルト的想像力によって独自な近代を生きているのはアフリカのような、近代化の途上にある社会だけなのであろうか。はじめにも書いたように、実際には、

現在の日本社会を見ても、宗教が無くなるどころか宗教的なものはいたるところに見出され、伝統的な宗教や信仰が残存しているというだけではなく、新たな宗教的実践がさまざまな形で登場してきている。明治以降の近代化をすすめる日本の歴史の中では、何度も新興宗教やオカルト的現象のブームがあった。1990年代中頃のオウム真理教事件以前には、「宗教ブームの時代」といわれるほど多くの新興宗教が次々と登場し、新たな信者として多くの若者たちを惹きつけてきた。

　さらに、現代では教団宗教のようなかたちではなく、むしろ個人が自己の内面と向き合い精神性を高める手段として、私的に消費するような宗教が多くみられる。本屋には「神秘主義」、「スピリチュアル」、「悪魔学」、「オカルト」といった分野の本や、あるいは一見して宗教臭さを排除しながらもその内容は十分に神秘的な「自己啓発」や「癒し」といった類の本が並び、インターネット上では数え切れないほどの宗教やオカルトに関する情報が流通している。確かに現代日本では、社会全体を覆うような「聖なる天蓋」としての宗教は失われたのかもしれないが、個人主義化に対応した新たな宗教の多様な形が増殖し、流通しており、その全体像はますますわかりにくくなっている。

　では、なぜ私たちの社会は宗教的なものを必要としているのだろうか？この問いに答えることはたいへん難しいが、現代の世界が合理的には説明しがたい、不確かな相貌をもつことと関係しているのかもしれない。最近では、現代世界が「再魔術化」しているといういい方がされることがある。これはウェーバーの「脱魔術化」をもじった言葉であるが、それは宗教的、オカルト的現象の再興といった意味ではなく、近代の資本主義や最先端の科学技術、特に電子メディアによって可能となる魔術が私たちの生活を覆い始めているという事態をいうものである。現代世界は、さまざまな制度や機械によって「偶然性を飼いならす」ことを目的としてきた。20世紀半ばまでの科学技術万能主義は、科学が進歩すれば、世界はより明確に説明でき、自然は人工的に操作することができるようになるという幻想を抱いていた。ところが、私たちが発明してきた制度や装置は、私たちが経験的に理解できる世界を超えて複雑に進化することで、予想もしない結果を生み出すようになってきた。

わずかな投資がなぜ莫大な利益を生むのか？　関係はますます複雑になり、世の中は説明し難いミラクルに覆われ始めている。それを呪術と呼ぶ正当な理由がなくはないだろうか？

　世の中は、自らが作り出したシステムによって、新たなカオス＝混沌を生み出し、それを回収するための宗教的、呪術的装置を必要としているのかもしれない。宗教や呪術などは、所詮非合理的で、空想的なものであり、やがて廃れるもの、あるいは捨て去るべきものであるから、研究するに値しないなどと考えることは、現代世界で起こっている現実、そして自分たちが生きている日常的世界に働いている想像的なものの力を見誤ることになるだろう。

■参考文献

○アサド，タラル（2004）『宗教の系譜学』，中村圭志訳，岩波書店．

○池上良正他編（2003）『岩波講座　宗教1——宗教とは何か』岩波書店．

○磯前順一（2003）『近代日本の宗教言説とその系譜——宗教・国家・神道』岩波書店．

○ウェーバー，マックス（1976）『宗教社会学』，武藤一雄訳，創文社．

○エヴァンズ＝プリチャード，エドワード・エヴァン（1982）『ヌアー族の宗教』，向井元子訳，岩波書店．

○エヴァンズ＝プリチャード，エドワード・エヴァン（2001）『アザンデ人の世界——妖術・託宣・呪術』，向井元子訳，みすず書房．

○ギアツ，クリフォード（1987）「文化体系としての宗教」『文化の解釈学Ⅰ』岩波現代選書．

○ギアツ，クリフォード（1990）『ヌガラ——19世紀バリの劇場国家』，小泉潤二訳，みすず書房．

○スペルベル，ダン（1979）『象徴表現とはなにか—— 一般象徴表現論の試み』，菅野盾樹訳，紀伊國屋書店．

○タイラー，エドワード（1967）『原始文化』，比屋根安定訳，誠信書房．

○デュルケム，エミール（1941）『宗教生活の原初形態』上・下，古野清人訳，岩波文庫．

Lesson 9　宗教と呪術◎233

○浜本満（1985）「呪術——ある『非—科学』の素描」『理想』628.

○浜本満（2001）『秩序の方法——ケニア海岸地方の日常生活における儀礼的実践と語り』弘文堂.

○浜本満（2014）『信念の呪縛——ケニア海岸地方ドゥルマ社会における妖術の民族誌』九州大学出版会.

○バンヴニスト，エミール（1987）『インド＝ヨーロッパ諸制度語彙集2』，蔵持不三也他訳，言叢社.

○フレーザー，ジェイムス（1941・1942）『金枝篇』全5巻，永橋卓介訳，岩波書店.

○マリノフスキ，ブロニスラフ（2010）『西太平洋の遠洋航海者——メラネシアのニュー・ギニア諸島における，住民たちの事業と冒険の報告』，増田義郎訳，講談社学術文庫.

○ラドクリフ＝ブラウン，アルフレッド・レジナルド（2002）『未開社会における構造と機能』，青柳まちこ訳，新泉社.

○レヴィ＝ブリュル，リュシアン（1953）『未開社会の思惟』上・下，山田吉彦訳，岩波文庫.

○レヴィ＝ストロース，クロード（1976）『野生の思考』，大橋保夫訳，みすず書房.

○レヴィ＝ストロース，クロード（2000）『今日のトーテミズム』，仲沢紀雄訳，みすずライブラリー.

○ Codrington, Henry（1891）*The Melanesians*, Oxford, Clarendon Press.

○ Smith, Wilfred Cantwell（1978）*The meaning and end of Religion*, Sanfrancisco, Harper and Row.

■推薦図書

○エリアーデ，ミルチャ（1969）『聖と俗——宗教的なるものの本質について』法政大学出版局.

○大塚和夫（1989）『異文化としてのイスラーム——社会人類学的視点から』同文舘.

○カイヨワ，ロジェ（1994）『人間と聖なるもの』，塚原史他訳，せりか書房．

○グリオール，マルセル（1997）『水の神——ドゴン族の神話的世界』，坂井信三・竹沢尚一郎訳，せりか書房．

○ターナー，ヴィクター（1981）『象徴と社会』，梶原景昭訳，紀伊國屋書店．

○長島信弘（1987）『死と病いの民族誌——ケニア・テソ族の災因論』岩波書店．

○メア，ルーシー（1970）『妖術——紛争・疑惑・呪詛の世界』，馬淵東一・喜多村正訳，平凡社．

○モース，マルセル（1973・1976）『社会学と人類学』，有地亨・山口俊夫共訳，弘文堂．

○吉田禎吾（1972）『日本の憑きもの——社会人類学的考察』中公新書．

○ルイス，ヨアン（1985）『エクスタシーの人類学——憑霊とシャーマニズム』，平沼孝之訳，法政大学出版局．

Lesson 10

交換と経済

他者とは何か？

織田竜也

❶ はじめに

　一般的に「経済（economy）」といえば、お金にまつわる現象である。具体的に目に浮かぶのは夕食の買い物、休日のショッピング、毎日の会社での仕事、銀行の業務や株の取引。私たちの日常を取り巻く当たり前の風景。だがよく考えてみれば、こうしたほとんど全ての現象にお金が関わっているというのは、なんとも不可思議な、まるで奇妙な仕掛けではないか。友達と電話で話をしても、しばらくすれば電話会社から請求書が届く。家族で食事を楽しんでも、レストランを出る時には支払いを済ませなくてはならない。リッチなあなたには縁の薄い話かもしれないが、私にとってはなんとも不自由で、困った決まりである。経済を研究するのは「経済学（economics）」が専門であり、これまでに膨大な研究の蓄積がある。しかしながらそこでは、私たちの社会の不思議さや疑問には、十分には答えてくれないようだ。文化人類学が経済を研究するとどういうことになるのか。本章ではそんな疑問に応えるべく、まずは「貨幣」について考えてみよう。

各地にみられる精緻なシステム

　1997年夏、私はミクロネシア連邦、ヤップ島に赴いた。ヤップ島はダイバーに人気の島で、日本からはグアム島を経由して到着する。ヤップ島には現在でも、「石の貨幣（stone money）」が存在している。日本のアニメなどでは「原始人」の使うお金として描かれたこともある貨幣で、大きいものは直径2メートルを超えるものがある。

Lesson 10　交換と経済◎237

写真 10-1 ヤップ島の石の貨幣

　かつて勇敢な若者はカヌーに乗って、ヤップ島の隣に位置するパラオ島まで冒険した。そこで石を切り出し、丸く削り、ヤップ島に持ち帰ることで、石の貨幣は誕生した。代々所有者を変えて古くから伝わる石の貨幣は、特別な名前を持っているものもある。また航海の途中で海に落としてしまっても、「確かに彼はあの石をあの辺りで落とした」と確認されていれば、貨幣として通用してしまうのだ。

　そもそもこの石の貨幣は、べつの「何か」と交換される場合にも、場所を移動しないで済むことが多い。石の貨幣の所有者、いわば名義だけが移動する。そして使い方はなかなかに難しい。大きな石の貨幣は、私たちの感覚でいうところの「買い物」には使わない。基本は「お礼」や「お詫び」を表現する物として、気持ちを込めて相手に贈る。そんなセンシティブな貨幣なのである。

　突然話をひっくり返すと、いま紹介したヤップ島の石の貨幣は、丸くて巨大なコインのような形状をしているが、厳密にいえば、「貨幣ではない」ともいえる。道端に立て掛けておいても誰も持っていかない貨幣。名前が付いている貨幣。買い物には使わない貨幣。私たちが日常的に使用する貨幣とは、性格が随分と異なることは明らかである。それではいったい、この物体はなんなのか。

　文化人類学を学ぶ場合に、このような問題は常に発生する。翻訳した言葉が必ずしももとの外国語の意味を全部は表現しないように、現地で観察され

た事象を的確に説明することは、たいへんに難しい。したがってまずは「貨幣（のようなもの）」と把握しておいて、次にそれが使用される「状況」を理解するように努める必要がある。ヤップ島の「石の貨幣（のようなもの）」は私たちの貨幣とは、似ているけれども違う。比較という観点からさらなる理解を求めれば、「私たちの貨幣」について考えをめぐらせなければならなくなる。この思考作用は文化人類学にとって、きわめて重要な、必須の作業である。自分の身体に刻まれた「共通感覚（common sense）」を棄て、異なる価値観に身をゆだねながらも、恒常的に相互の往復を繰り返す。

　だが 19 世紀から 20 世紀初頭にかけての文化人類学では、ヤップ島のような社会を「原始社会（primitive society）」とか「未開社会（uncivilized society）」と一方的に名づけて、ある者は「遅れた社会」とみなし、べつの者は「憧れの楽園」と夢想したような経緯もある。当時は「進化論（the theory of evolution）」や「エキゾティシズム（exoticism）」の影響が文化人類学にも及んでいたのである。ところが多くの文化人類学者がフィールドワークに旅立つようになると、そこには遅れた社会と呼ぶには相応しくない精緻な交換のシステムが、憧れを抱くのは早とちりとなる激しい競争の原理が、次々と発見されたのである。いくつかの事例をみてみよう。

トロブリアンド諸島のクラ

　1910 年代、ポーランド出身のマリノフスキーはメラネシアのトロブリアンド諸島でフィールドワークを行っていた。第一次世界大戦の影響もあり、彼はそれまでの調査に比較すると、きわめてながい期間、現地に滞在することとなった。しかしそのお陰で、マリノフスキーの調査報告はとても資料が豊富なものとなり、彼は一躍世界的に有名な学者となった。調査結果は『西太平洋の遠洋航海者』という本にまとめられ、その中で描かれた「クラ（kula）」という現象は、文化人類学を学ぶ者ならば誰もが知る交換の事例となった。

　クラとは、トロブリアンド諸島やソロモン諸島など、メラネシア地域に住む人びとによって、島内及び海を越えて行われる「交換のネットワーク」である。厳しい規律があって、誰もがクラに参加できるわけではないし、勝手に交換を行うこともできない。隣の島の人びととクラを行う時には、カヌー

Lesson 10　交換と経済◎239

写真 10-2　調査中のマリノフスキー

の船団を編成して、危険な冒険を成功させなくてはならない。目指す島は慣習的に決まっていて、到着した島に住む「交換相手（kula partner）」も固定的である。出発の際には安全を願って呪文を唱え、また航海の途中には「空飛ぶ魔女」に襲われないように祈りを捧げる。

　クラの「交換相手」は普通、島内の相手を含めても数人程度だが、首長は数百人のパートナーを持つ。島内の「交換相手」同士はきわめて親密的で仲がよいが、隣の島の「交換相手」とは「招待客（ゲスト）」と「主人（ホスト）」といった関係になる。交換される「財（ヴァイグア）」には2種類あって、一つは「白い貝の腕輪（ムワリ）」、もう一つは「赤い貝の首飾り（ソウラヴァ）」である。

　なぜ彼らがそんなものを大切に感じるのかは、私たちの価値観でみれば理解できないかもしれない。だがマリノフスキーも指摘するように、ダイヤモンドやエメラルドが交換されていることを想像すれば、すぐに了解できるだろう。交換されるのは「ムワリ」に対して「ソウラヴァ」と対応関係があって、島と島で交換されるルートを上空から俯瞰的にみれば、「ムワリ」は反時計回りに、「ソウラヴァ」は時計回りにと、弧を描くように循環する。し

たがってクラは英語で「クラリング（kula ring）」とも呼ばれている。

また「ヴァイグア」には名前が付いていたり、代々の所有者の歴史を持っていたりもする。特別な「ヴァイグア」を所有することは名誉であり、危険な航海をともなうクラに参加すること自体が、英雄的な行為として認識されている。

クラは「交換のネットワーク」であると同時に、信仰や儀礼、神話や物語、信頼や名誉などが「埋め込まれた（embedded）」複雑な関係である。マリノフスキーはクラの全体像を描く際、「たぶん民族学的研究において、いまだかつてなかった異常なものとして、人に驚きを与えるような形をとるだろう」と、興奮気味に記述している。

とりわけクラで交換される「ヴァイグア」はまるで貨幣のような働きをするのだが、決して貨幣ではない。またクラという交換そのものも「取引（transaction）」ではあっても「売買（trade）」ではない。トロブリアンドでは「売買」のような交換は「ギムワリ」と呼ばれ、手工芸品などが交換される。クラに際して「交換相手」がケチで納得がいかなかったような場合、「これはギムワリのようなクラだ！」と、侮蔑的に表現されることもある。

そして「交換相手」との関係は生涯にわたる永続的なもので、一度クラに入ればずっとクラに属するといわれる。また「ヴァイグア」は死者の額や胸に置かれ、身体にこすりつけるような使われ方もする。つまりクラに参加することによって、人びとは交換を行い、呪術を経験し、友人を得るなど、人生の重要な場面に出会うこととなるのである。

Keyword　クラ（kula）

マリノフスキーによって報告された「交換のネットワーク」。参加者の細やかな心理や厳格な規律は、従来の「原始・未開」経済観を覆した。マリノフスキーによるとトロブリアンド諸島では、クラ以外にもいくつかの交換が観察される。「①純粋な贈与」「②不規則で等価性をともなわない慣習的な支払い」「③サービスに対する支払い」「④経済的な等価性をともなう贈与」「⑤特権や称号などと物の交換」「⑥儀礼的なバーター」「⑦単純な交易」などで、このうち⑥がクラ、⑦がギムワリである。

Lesson 10　交換と経済◎241

カナダ西海岸のポトラッチ

　文化人類学はフランスにおいて、社会学の一分野として発展した。呪術や儀礼についての研究を行っていたモース（M. Mauss 1872-1950）は世界各地の交換現象を比較論的に考察し、『贈与論』にまとめた。そこではマリノフスキーの事例を引いたメラネシアをはじめ、サモア島やニュージーランドといったポリネシア、インド東部ベンガル湾に浮かぶアンダマン諸島、カナダ西海岸など、各地の「交換現象」が分析された。さらには古代ローマ法、ヒンドゥー法、ゲルマン法の考察も含まれており、きわめて広範かつ深遠な著作となっている。

　モースは「ポトラッチ（potlatch）」という現象を儀礼的な贈与形態として紹介している。かつては「インディアン」として、現代では「ネイティブ・アメリカン」、とりわけカナダでは「ファースト・ネイションズ」と呼ばれるトリンギット、ハイダ、チムシアン、クワクワカワクといった集団においては、子どもの誕生や首長の就任式などの重要な出来事に際して、近隣部族を招いて大量の財を振る舞う習慣がある。文化人類学ではこうした一連の儀礼を総称して「ポトラッチ」と呼んでいる。

　贈与を行う場合に欠くことができないのは、気前のよさである。なぜなら食料や毛布などを惜しみなく提供することで、贈り手のふところの大きさ、つまりは「威信」が高まるからである。だが一方で、贈り物を受け取った相手もうかうかしていられない。今度は受け取った物以上の物を相手に贈り返して、自分の「威信」を保たなくてはならない。もらいっぱなしは格好悪いのである。「ポトラッチ」はこうした振る舞いと並行して、部族の偉業を紹介したり、ダンスを披露したりと、数日間から数週間にわたって行われる。だがこの儀礼がとりわけ有名になったのには特別な理由がある。欧米人の感覚からすればまるで「もったいない」、財を消費してしまう不思議なやり方にあった。

　彼らは「威信」「名誉」「面子」を高めるために大量の財を贈る。受け取った相手はまた贈り返す。贈り返された相手はさらにまた贈り返す。そのうちに「自分はお返しを期待していない」ことを示すために、持っている財を破壊してしまうのである。

「ポトラッチ」で登場する財には、所有者を守護する紋章入りの銅版がある。銅版は崇拝の対象となる聖なる物で、（クラの「ヴァイグア」と同様に）名前や神話を持っている。ところが「ポトラッチ」が続いていくと、大切な儀礼用の銅版は「惜しみなく」破壊され、それをみた者たちは「おお！　あの首長はなんて気前がいいんだ！　さすがだ！」と感情を揺さぶられる。こうした「競覇的贈与」に勝利することが結果的に地位を安定させる。つまり贈与が政治的な行為として成立する。「あれほどのポトラッチを行った首長」といった「威信」が創出され、さらには次世代へと継承される「伝説」が生まれるのである。

こうしてみると、文化人類学が収集してきたさまざまな交換の事例は、彼らのやり方が決して「原始・未開」といった概念——ここでは簡素・単純といった意味——では説明できないことを示している。むしろ精緻で微細な心理によって、物が移動していることが理解されるだろう。確かに欧米人からすれば、「原始・未開」の人びとは概して簡素で、複雑な生活の技術を発達させていないようにみえた。彼らにとっては食料の獲得こそが生活の一大事のはずだと考えたのも、当然かもしれない。

そんな感覚から「原始・未開」経済は「狩猟採集」「牧畜」「農耕」の三つに分けられ、それぞれの形態がどのように発展したのか、「進化論」とも結び付いた議論が展開された。だが文化人類学によるフィールドワークの成果は、「原始・未開」経済に関するテーマを、食料の「生産活動」から物の「交換活動」へと移行させた。さらには自分たち欧米の「経済」に対する「相対的なまなざし」さえも、生み出すようになったのである。

Keyword　ポトラッチ（potlatch）

北米太平洋沿岸の「ネイティブ・アメリカン」、または「ファースト・ネイションズ」の習慣で、アメリカの文化人類学者ボアズやベネディクトによって報告された。競覇的贈与の事例として広く知られ、モース『贈与論』でも中心的な原理として扱われている。当局から禁止された時期もあったが、現在でも継承されている。

❷経済人類学

　世界的に有名なマリノフスキーであっても、目の前で起こるさまざまな出来事をスムーズに記述できたわけではない。現地の状況をどうやって描けばよいのか、随分と迷った痕跡がある。トロブリアンド諸島で観察されたさまざまなやり取りは、はたして「交易」なのか、「商業」なのか、「贈与」なのか、「貸し借り」なのか。西欧人が用いる概念では、うまく説明できない現象ばかりだったのである。

　そんな文化人類学の悩みを知ってか知らずか、「近代社会（modern society）」を分析する経済学は着々と発展し、計量経済学という方法が登場する。欲求を効率よく最大限に高めようとする人間像「ホモ・エコノミクス」や、物の価格は需要と供給のバランスで決定されるという「価格形成理論」などのモデルがその成果である。

　数字の計算に抽象化された理論ならば、世界中どこの地域に適用しても問題ないだろう。経済学の発展を受けて、そんなふうに考える文化人類学者も現れる。計量経済学を「原始・未開」社会に当てはめてみようというわけだ。だがヤップ島の事例でみた「石の貨幣」、「クラ」で登場する「ヴァイグア」、「ポトラッチ」で破壊される「銅版」には「価格」なんてない。これはたいへんな難問として、さまざまな議論が行われた。

　この問題に一つの回答を提示したのは、経済史学者ポランニー（K. Polanyi 1886-1964）だった。ポランニーは、アメリカの文化人類学者ハースコヴィッツ（M. Herskovits 1895-1963）が行った西アフリカ・ダホメに関する研究を手がかりにして、「原始・未開」社会の経済を分析する方法を編み出した。

　経済と呼ばれる領域の「交換活動」に注目すると、そこでやり取りされる物は、あるパターンに従って移動する。一つ目のパターンは「AからBへ、BからAへ」といった具合で、贈り物とそのお返しのようなケースを指す。これを対称性に基づく「互酬（reciprocity）」と名づけた。二つ目は「一度たくさんのAをBに集めておいて、ある時期になるとBがAを配る」もので、祝祭の場面などにみられる形態である。これは中心性が存在する「再分配

（redistribution）」と呼ばれる。そして最後に「不特定多数のAとBが相互に行き交う」場合で、私たちのよく知るマーケットが当てはまる。これは市場を前提とした「交換（exchange）」とされる。

　つまりポランニーは、マリノフスキーが悩んでいた現地の事象をどう説明するかという問題と、「原始・未開」経済に計量経済学を適用することの妥当性という二つの問題をふまえて、「原始・未開」社会の経済は「互酬」と「再分配」が主流で、近代社会の経済は市場のある「交換」が主流であると結論したのである。

　ここで注意しなくてはならないのは、「主流」と書いた点である。近代社会にも贈り物のやり取りのような「互酬」や、税金のような「再分配」はあるし、「原始・未開」社会にも「交換」を行うための限定された市場は存在する。だがこの三つのパターンによって、あらゆる人間社会の「交換活動」は分析できるのではないかとポランニーは考えた。人間にとっての「経済」を研究するためには、それぞれのパターンがどのように組織されているのかを文化人類学的に観察する必要がある。

　ポランニーはそれぞれの「交換活動」のパターンは独自に発展を遂げたと指摘し、とりわけ「頻繁な物々交換が次第に市場での交換になった」という学説を批判した。市場での「交換活動」はある共同体にとって、「外部的な他者」とのやり取りがその起源になると説明されたのである。この説明は一見すると、不思議な指摘のようにも思われる。たとえば魚を獲る人と米を収穫する人が出会って、お互いにないものだからといって「交換」する。これは誤った学説だというのだ。いったいどこがおかしいのだろう。

　はじめに述べたように、私たちの社会では、生活のほとんどの場面でお金を必要とするが、これはどこにでも「市場」が存在するということである。人類による交換の起源を歴史的に確かめることは事実上不可能だが、そのヒントになる事例として「沈黙交易（silent trade）」をみてみよう。

沈黙交易

　「沈黙交易」とはその名のとおり、人びとが互いに言葉を交わさずに、多くは自分の姿さえも隠しながら行われる交換のことである。この交換は歴史

Lesson 10　交換と経済◎**245**

上の文献に記されるだけで、フィールドワークによって確認されたことはない。古くは古代ギリシアの歴史学者ヘロドトス（Herodotus B. C. 485頃-B. C. 420頃）によって、欧州最古の歴史書の一つ『歴史』に描かれた。

　それによれば、カルタゴの人びとはアフリカに船で到着すると、海岸に積荷を並べて船に戻り、合図の狼煙をあげる。土地の人びとは海岸にやってきて品物をチェックすると、それに見合う「金（gold）」を置いて姿を隠す。今度はカルタゴの人びとが金の量を確認し、足りなければまた船に戻り、土地の人びとが量を増やすのを待つ。双方が満足するまでこうした作業が繰り返され、交換が行われる。

　栗本慎一郎（1941-）は日本における「沈黙交易」の事例として『日本書紀』の記載（660年）を指摘する。このケースでは結果的に双方が戦闘となり交換は成立しない。だが栗本によれば「沈黙交易」とは、異なる部族や共同体のコミュニケーションの一形態であって、接触から生ずる危険を回避するために、ある場合には「交易」となり、別の場合には「戦闘」となる。その前者の制度化が「沈黙交易」であると説明される。

　こうしてみると「交換」というのは、たいへん稀な、珍しい状況であることがわかるだろう。私たちの社会ではいろいろなものが「交換」されているけれども、それはどんな領域にも「市場」が広く存在するということである。だがそうであっても、異なる価値観に基づいて暮らす人びととのコミュニケーションは、なかなかに難しいものである。私にとって大切なものが、あなたのほしいものになるのはどんな場合だろうか。

　具体的に考えてみよう。私たちの社会では、生活上ある程度の価値観は共有されてはいるものの、それぞれの好みや趣向は個人によって異なっている。いつも身に付けている指輪、必死に手に入れたアニメのカード、何よりも大事なアイドルのフィギュア、大好きな選手のサインボール、海外ブランド物の高価なバッグ、いったいどれとどれが互いに交換されるというのだろう。「沈黙交易」のケースを参考にしてみよう。究極的に価値観が異なるケースでは、言葉も通じなければ、身の危険も発生する。しかしそんな相手と出会ってしまった場合にも、なんらかのコミュニケーションが必要となるだろう。ある場合には「戦闘」となるが、うまくいけばお互いに「無視」することも

できるかもしれない。どうしても平和的な「交流」を求めるならば、まずは自分たちが大切にしている物を、相手に渡してみるのもいいかもしれない。相手はどんな反応を示すだろうか。好きになってしまった異性に贈り物をする場合と同じような、ドキドキした感覚が生まれてくる。するとどうだろう。相手も大切にしているらしい物をこちらに返すではないか。

　あなたが相手から受け取った物ははじめてみる物だし、ひっくり返してみても、なんだかわけのわからない変な物である。しかしそれは、あなたの仲間は誰一人として持っていない、全く神秘的な物だ。したがってここでもまだ、危険が発生する可能性はある。「こんな物もらったって少しも嬉しくないわ！」というわけである。それがあなたにとって聖なる価値のある物となるのか、呪われた恐ろしい物となるのか、誰にもわからない。だが「外部的な他者」との「交流」は常に危険性を含んでいるがゆえに、ある場合にはたいへん価値の高い貴重な物であると認識され、次回の交換が望まれるのである。このように交換の問題に「外部的な他者」という考えを含めることで、「経済」の文化人類学的研究は人間の内面世界や価値観の体系へと広がっていく。

❸ 象徴的交換

　ポランニーは人間の「交換活動」が制度として確立する過程に関心を持っていたが、交換にともなう人間の内面的な心の問題は、それほど重視していない。だが交換は広い意味で考えれば、物と物との交換ではあっても、そこで取り交わされる「何か」は、物以上の「何か」である。ヤップ島の「石の貨幣」の場合でも、「感謝の気持ち」や「申し訳ないという思い」が貨幣という物に乗って移動しているではないか。

　このような考え方を示したのは、先に「ポトラッチ」の例で紹介したモースである。モースはニュージーランドでみられた贈り物のやり取りを説明するために、「贈与の霊（the spirit of the gift）」という概念を使用した。この霊は現地では「ハウ」と呼ばれ、贈り物がAからBに移動するときに、物と一緒に移動する。その「ハウ」は贈り主のところに戻りたがるから、何か別

の物に乗せてお返ししなくてはならないのだ。

　モースはこの考えを整理して、贈与には「与える」「受け取る」「返す」という三つの義務があると考えた。物は物自体ではなくて、贈り主の分身が憑いているのだから、受け取るのを拒むことは相手を受け入れないことになってしまうし、お返しをしなければ、相手を無視したのも同然の行為として、煙たがられてしまうのである。

　この説明は日本人にはたいへんなじみやすい。たとえば日本では結婚式や葬式でお金を渡すけれども、私たちは必ず紙幣を袋に入れて渡す。受け取った側は披露宴や通夜で食べ物を振る舞い、引き出物や香典返しといった「お返し」を欠かさない。ならばいっそのこと両方止めてしまえばいいじゃないか、と考えてはいけない。

　日本ではお金もまたヤップ島の「石の貨幣」のような使われ方をすることがあって、そこで交わされる「何か」は単なる物ではなくて、「気持ち」や「思い」が付与された「何か」なのである。信頼・友情・愛情を表現する行為。それこそがコミュニケーションとしての交換の問題であって、このような「交換活動」を文化人類学では「象徴的交換」と呼ぶ。

　同様のケースで、私たちの社会に新しい技術がはじめて登場した場合を考えてみよう。テレビやエレベーター、最近ではゲームや携帯電話が私たちにとって便利な価値を持ちつつも、どこか危険な存在としてささやかれることがある。私たちははじめての物に出会った時、新鮮だがちょっと恐い、両義的な感覚を覚える。テレビを見過ぎると目が悪くなる、エレベーターは健康に悪いから階段を使う、ゲームは一日何時間、スマートフォンは子どもに持たせない。新たな技術は私たちにとって「外部的な他者」として登場するために、どこか不安を掻き立てる。

　現代日本社会ではシャープペンシルよりも鉛筆、ワープロよりも手書きといった価値観は微妙に残っているけれども、水洗トイレよりも汲み取り式とか、写真を撮ると魂が抜かれるといった意識は皆無であろう。こうした技術にまつわる生活様式は、それが時代の主流から外れたものであった場合に、「遅れている」とか「劣っている」などと感じられる。ここに欧米人が他の世界を「原始・未開」とみなした根拠も存在する。

文化人類学では経済の問題は「原始・未開」社会の「生産活動」から「交換活動」の研究へと移行し、さらに「交換活動」は「物質的交換」と「象徴的交換」の次元に分割された。ここまで来ると経済学とは随分と違った研究になる。経済といえばお金の話に決まっているはずだったが、全然そうではなくなってしまった。しかしもう、後戻りはできない。さらに進めば「人間はなぜ交換するのか」という、より根源的な問いにも接近することができるだろう。

❹個人主義とモダニティ

　これまでみてきたように、交換とは広い意味での人間と人間、人間と物とのコミュニケーション過程を指す。そうしたコミュニケーションは人間の経験において、なんらかの「意味」としての痕跡を残す。すなわち文化人類学で「象徴的交換」と呼ばれる領域では、言葉や数字で明確に表現できる人間の理性的な範囲を踏み越えた、なんとも形容しがたい「意味」のコミュニケーションが成立しているのである。

　たとえば食事のことを考えてみよう。私たちは食欲を人間の基本的な欲求と考え、食事を摂ることは人間にとって不可欠な行為であるとみなしている。確かにそのとおりではあるが、そこで口に運ばれる食物は、必ずしも必要最低限の「姿・かたち」では登場しない。胃を満たす以上の手を加えられて、目の前に現れる。みた目や香りが食欲を掻き立て、味わいは食べることに「喜び」を加えてくれる。つまり、料理とは「象徴的交換」としての食事を提供する技術であるといえるだろう。

　だが、食べる側の人間はたいへん微妙な存在である。みた目に美味しそうなものがそれほどでもなかったり、美味しくてたまらないものが身体器官には悪い影響を与えたりする。前者は視覚情報と味覚のズレ、後者は味覚と身体内部の臓器活動との分裂である。統合失調症とは恒常的な認知のズレの発生と考えられている。

　これはなかなかの難問である。薬物のような存在もこうした問題領域に含まれるが、人間の摂取する物質が、それを受け取る器官によって異なる「意

Lesson 10　交換と経済◎249

味」を持ってしまうのである。そうなると、私たちが「自分」だと思っている存在は、非常に不安定になってくる。いいかえれば、「自分」だと思っている存在には、思いどおりにならない「自分」が含まれているということである。

　西欧で発達した「個人主義（individualism）」という考え方は、人間は独立した一個の人間であり、その内部の混乱は当人の意思や理性によって統御されるとするものである。この考え方では、人間はその外部である他者と常時コミュニケーションをとりながらも、一個の独立したシステムとして把握され、とりわけ「モダニティ（modernity）」の時代においては、人間活動の中でも「理性（reason）」の働きが重視される。それゆえに社会生活においても「個人の意思」は尊重され、ある行為は賞賛されて報酬を受け、べつの行為は忌諱され罰を加えられる。重要なことは、こうしたさまざまな行為が「個人の責任」として認知されているという点である。

　だが食事の例を一つとってみても、人間の内部をうまく統御するのは至難の業である。また現代日本の状況を考えてみれば、個人の外部とのコミュニケーション──つまり日常の社会生活──においても、明確に「個人の責任」として厳格に制度化されているのは、法制度における刑罰や、経済制度における会計といった領域に限定される。日本社会は一応「近代社会」であるという思い込みに基づいて、多くの親が子どもに「独立」を促すが、その場合にはとりわけ「経済的独立」が重視される傾向にある。

　そこでまた逆転が起きて、成人した子どもは家庭を形成する際、自分の個人的な生活領域を新たな家族と共有する困難に立ち向かわなくてはならない。つまり現代人は自身の内部である「身体／精神の統御」と、外部である「生活領域の統御」を「個人の責任」において成し遂げることを求められている。だが、それはなかなかに難しい。さらにたいへんなことに、そうした内的・外的コミュニケーションの「安定」は、人間の生命活動にとって「停滞」として感知される場合も起きてくる。「刺激のない生活は生きるに値しない！」というわけである。

250

Keyword　モダニティ（modernity）

17世紀以降の欧州における「啓蒙時代（enlightenment）」に始まる社会状況。ドイツの社会学者ウェーバー（M. Weber 1864-1920）は、「理性」が「科学」「道徳」「芸術」を誕生させた時代であると説く。「個人主義（individualism）」「国民国家（nation-state）」「産業社会（industrial society）」「市場経済（market economy）」など、現代世界を彩る諸現象はモダニティの諸相でもある。欧州から世界への拡大は「近代化（modernization）」、また現代の動向を特に「ポストモダニズム（post-modernism）」と呼ぶことがある。

呪われた部分

　こうした人間の矛盾した心性を「経済」と接合して議論を展開したのは、フランスの思想家バタイユ（G. Bataille 1897-1962）である。バタイユは文学・批評の分野で知られているが、大学ではモースの下で社会学・民族学を学んだ。

　バタイユの考察には、モースから継承・発展させた切り口が豊富で、『呪われた部分』では経済学の考え方を覆す「普遍経済」についての基礎理論が記述された。そこでは経済活動を人間の生命活動の一環とみなして、人間は過剰なエネルギーを受けるが、それを「蕩尽（consumation）」することで熱狂する存在であると説明された。

　すなわち経済の本質とは、エネルギーを財として溜め込んでおいてから、ある時に一気に破壊して、目くるめく陶酔を味わうことにあるというのである。このような人間理解は破壊としての「戦争」までもが視野に含まれる。それゆえにバタイユは、「蕩尽」によって燃え上がってしまう人間の心性を「呪われた部分（la part maudite）」と呼んだのである。

　バタイユはモースの研究を継承し、「供犠（sacrifice）」の問題を「贈与」と結び付けることで、人間の経済活動へと議論を展開したともいえる。現在のメキシコ、アステカでかつて行われたとされる「供犠」——太陽神に人間の心臓を捧げる儀礼——を取り上げ、人間を捧げる「供犠」の陶酔は同時に「祝祭」の熱狂であり、「蕩尽」の快楽が人間活動の根本にあることを示した。

Lesson 10　交換と経済◎251

また先に紹介した「ポトラッチ」においても、銅版を「破壊」する点に着目して、「ポトラッチ」に勝利するためには圧倒的な財の破壊が必要であり、それによって「地位」を安定させるメカニズムは「全く不自然ではない」と考えた。

だが「モダニティ」の日常を生きるためには、興奮と停滞を繰り返しながらも、相応の安定を保つことが求められる。人間は「個人の内部／外部」双方の領域において、適時「外部的な他者」（たとえば食料となる動物の肉や、未知の世界としての海外旅行）と「交換」を行わなくてはならない。そのような視座から現代世界における「経済」を考えてみると、経済制度を刺激的に活性化しようとするさまざまな活動が生まれてきていることがわかる。その一例として、近年世界中で実践されている「地域通貨」の活動をみてみよう。

❺地域通貨

日本で「地域通貨」と総称される活動は、英語圏では L.E.T.S. (Local Exchange and Trading System) として広く普及している。このシステムはカナダの経営コンサルタントであるリントンが1983年に考案したもので、国家が流通させる貨幣を使用せずに、物やサービスを交換するしくみである。

地域通貨は取引を事務局に報告して管理する「口座型」と、独自の紙幣を流通させる「貨幣型」に分けられる。いずれのタイプであれ、地域通貨団体のメンバーが「提供できるもの」と「提供したいもの」に関しての情報を共有し、交換に際しては団体独自の「計量単位」を使用して、それまでにはなかった交換の経路を創造することを促す。つまり「場所を必要としないフリーマーケット」といったシステムで、相互の取引には電話・郵便・インターネット・Eメールなどが活躍する。

具体的にスペイン・カタルーニャ自治州（巻頭地図参照）で活動する「地域通貨」団体の例をみてみよう。1996年に設立されたラ・トロッカ（La Troca）という団体では、独自の紙幣は発行せず、事務局が取引を管理する「口座型」の運営を行っている。実質的な活動メンバーは25人程度で、メンバー

コミックスに登場した地域通貨
『こちら葛飾区亀有公園前派出所』(『週刊少年ジャンプ』No.48、2004年、集英社)
©秋本 治 アトリエびーだま／集英社

になると事務手数料6ユーロ（約800円）を支払い、架空の口座に2万イリスを受け取る。イリスとは「虹」という意味の、取引で使用される「計量単位」で、円やドルと同種の機能を果たす。その後は毎月送付される会報をチェックして、興味のある取引があれば電話をかけて連絡を取り合い、「価格（イリス）」の交渉を行って取引を行う。たとえばAがBに不要の本を500イリスで譲った場合、Aの取引用紙に「+500イリス」、Bの方には「−500イリス」と記入して互いにサインをし、月末に事務局に提出するしくみである。

「地域通貨」のしくみを導入することによって、それまでは流通しなかった物やサービスが動き出す。市場で売買するのは難しい取引が行われるというメリットがある。また私たちの日常生活において、たとえば「買い物」は貨幣を用いた市場での取引となるが、コンビニエンス・ストアとフリーマーケットを比較した場合、そこで交わされるコミュニケーションは、随分と異なる点にも注目が必要だ。前者が商品と貨幣の交換そのものが目的となるのに対して、後者では価格交渉やちょっとした会話など、相互の「人格的な交流」が多く含まれる。この点で「地域通貨」の実践は、日常生活における「人格的な交流」を活性化させようという意図を持っており、今後の展開が注目されている。

だが「人格的な交流」といっても、初対面の者同士がスムーズなコミュニケーションを行うことは可能なのだろうか。ラ・トロッカの活動を観察して

感じたことの一つに、メンバーが自分の連絡先（住所や電話番号）を公開することにほとんどためらいをみせないということがある。同様のことはスペイン滞在中、あちこちで経験したことでもある。たとえば「バル（Bar）」でたまたま隣に座った人が、笑顔で話しかけてくる。いつのまにか一杯おごられてしまったり、帰る時には「何か困ったことがあったら連絡しろ」といって、電話番号を残していく。

　相手が異性であってもさほど違いはない。日本では電話番号、とりわけ携帯電話の番号を他人に教えるのは、ためらいを感じるのではないだろうか。異性からの番号であれば、特別な好意を伝達する意味を持ってしまったりもするかもしれない。こうした日本の事情をカタルーニャの友人に話すと、きわめて不思議そうに「だって、ただの番号じゃないか」と答えた。全くそのとおりである。この違和感を説明するために、別の話を紹介しよう。

　同じくカタルーニャの友人が車を路上に駐車する際——いわゆる縦列駐車——、彼女はバンパーを後ろの車にぶつけて停車した。「あれ？　いまぶつかったよ」という私の指摘に、「うん、確かに」と、自分の運転技術の未熟さに少し照れながらも、車が接触したこと自体には問題はなさそうな返答であった。この状況は明らかに日本とは異なった対応である。確かにスペインではあまり洗車をする習慣がないために、車の外観は汚れていることが多い。だが接触は接触である。日本ではちょっとした擦り傷であってもすぐに修理をしようとしたり、他車との接触であれば事故として処理せざるをえないケースもあるだろう。

　こうした日本の状況を知ると、彼女は「バンパーがついているのに？」と、やや当惑した様子であった。これもまたそのとおりではないか。バンパーに傷が付くことは、はたして「マズイ」ことなのかどうか。議論を続けていると、とうとう日本人は「車フェチ」であるという結論になってしまった。

❻ フェティシズム

　日本語で「○○フェチ」という場合の「フェチ」とは「フェティッシュ（fetish）」の略語で、もともとはフランスの宗教学者ド・ブロス（C. de

Brosse 1709-1777）が使用した概念である。西アフリカの人びとが「物」を崇拝している様子をポルトガル人たちが「フェティソ（fetio）」と呼んだことから、ド・ブロスは即物的な崇拝・信仰の様式を「フェティシズム（fetishism）」と名づけた。後に心理学者のフロイト（S. Freud 1856-1939）は、身体の一部分や物自体に強い興味を抱く性的嗜好を同様に「フェティシズム」と呼んだ。ド・ブロスであれフロイトであれ、人間の抱く強い「思い入れ」を指して「フェティシズム」という語を使用していることが理解されるだろう。

商品フェティシズム

「フェティッシュ」と経済の関連を考察する研究は「マルクス主義（Marxism）」の影響の下で行われた。マルクス（K. Marx 1818-1883）は、人間のつくる商品が社会で流通する過程で独自の価値観を帯び、それは「人工物」であるにもかかわらず、あたかも「自然物」であるかのように——果物と自動車は商品としては同等である——現象する様子を「商品フェティシズム（commodity fetishism）」と名づけた。アメリカの文化人類学者タウシッグ（M. Taussig 1940-）はこれに関連して、『南米における悪魔と商品フェティシズム』において興味深い分析を提供している。

　一般に「前資本主義社会（precapitalist society）」では、物には人間との関係や社会状況が色濃く刻印される。たとえば物を交換する場合でも、「送り手」と「受け手」は顔のみえる関係にあり、さらには「贈与の霊」で触れたように、物に「人格」が付与されるような感覚が存在することも珍しいことではない。タウシッグはこうした人間と物の関係に「フェティッシュ」を見出し、それを「伝統的フェティシズム」と呼んだ。その一方でマルクスが論じたように、「資本主義社会（capitalist society）」では商品が人間を離れて「自立的な動き」を行う——たとえば「高い価格」の商品は実際に「高い価値」を持つ——ように感じられる。こちらは「商品フェティシズム」であり、ここでは2種類の「フェティシズム」が想定されていることに注意が必要である。

　タウシッグは南米（コロンビア、ボリビア）でフィールドワークを行い、

タウシッグの著作 [Taussig 1980]

現地の「悪魔崇拝（devil-beliefs）」に注目した。プランテーションで働く農民は「賃金労働者」である。彼らは作物や賃金の増加のために「悪魔と契約」すると、病気になったり、一時は収穫が増えるが土地が駄目になるといった物語を信じていた。また、買い物などに際して「紙幣」に「洗礼（baptism）」を行う（ちょっとした呪文を唱える）と、自分の手を離れた「紙幣」が金額を増やして戻ってくるという感覚を抱いていた。

こうした事実は必ずしも「伝統的フェティシズム」によって説明できるものではないし、「商品フェティシズム」というのでもない。タウシッグは「伝統的フェティシズム」が「商品フェティシズム」へと変貌する過程で、「悪魔崇拝」や「紙幣の洗礼」が出現したと説く。

「貨幣」はそれまでの生活を破壊する存在として彼らの前に登場し、たちまち「貨幣」なしでは生活できない環境をつくり出した。こうした現実に直面した現地の人びとは、「悪魔と契約」を結ぶイメージによって資本主義をネガティブなものと捉えつつ、「紙幣に洗礼」を行うことで「増殖する貨幣」＝「資本（capital）」を創造しようとした、という。

「電話番号」と「車のバンパー」の話に戻ろう。他人に教える「電話番号」はスペインでは「ただの番号」として処理されるのに対して、日本では「自

分自身」や「生活の一部」を相手と共有するようなニュアンスを持つ、と感じられるのではないだろうか。また「車のバンパー」は、スペインではある意味でぶつけてもよいように車に装着された「単なる物」だが、日本では「自分の一部」、そこまでいかなくとも「自分の大切な所有物」として感じられるといえる。モースの言葉では「贈与の霊」、タウシッグのいう「伝統的フェティシズム」が現われているのである。

だが発想を逆転してみよう。「フェティッシュ」とは人間が想像力を働かせ、物との間につくり上げる中間的な存在である。それがどこか「不自然な存在」だと感じられるのは、人間を独立した「個人」として規定してきた西欧人の思考様式に限定されるのではないか。こうした中間的な領域は人間のイマジネーションと深く関わり合うために、西欧では一神教や偶像崇拝の問題と絡み合うことで排除され、人間は「個人」として世界と切断されてきたのである。

したがって日本人が持つ「電話番号」や「車」への「愛着」あるいは「思い入れ」は、カタルーニャの友人にとっては「フェティッシュ」として受け止められたのであった。独立した「個人」が自分以外の何かと接点を持つ場合、ニュアンスの違いはこれだけ大きなものとなる。先に紹介したヤップ島の「石の貨幣」に込められた気持ちや、「ポトラッチ」で登場する銅版に宿る霊的な力、モースのいう「贈与の霊」などは、日本人であれば比較的簡単に理解することができるだろう。だが西欧的な思考様式からすれば、このような物への「思い入れ」は、広い意味での「フェティッシュ」として認識されてしまうのである。

以上の状況をふまえれば、一口に「地域通貨」といっても、それぞれの地域で活動の内容が異なってくることは想像がつくだろう。とりわけ「人格的な交流」が行われる様子を言葉で表現することは非常に難しい作業となる。しかしながら概論としていえることは、カタルーニャの「地域通貨」団体のメンバーは電話番号を公開することにためらいがなく、一度も会ったことがないメンバーに電話をかけることにもほとんど躊躇しない。

だが日本では「地域通貨」団体のメンバーとなった場合、電話番号を公開することは了承できても、見知らぬメンバーに電話をかける仕組みに不慣れ

な場合が多い。こうした違いは取引の活性化に大きな影響があり、価格交渉や会話を含めた「人格的な交流」の行われ方は、それぞれの地域における人間関係や他者との距離感などに依存する。つまり、日常生活において「意識的／無意識的」に構築される領域であり、先に触れた「象徴的交換」の次元は、必ずしも非日常的な出来事ばかりではなくて、きわめて平凡な親子関係・友人関係・恋愛関係などのつくられ方と深い関わりを持っているのである。

そのように考えてみれば、はたして現代日本人は「個人主義」を生きているのだろうか、日本社会は「近代社会」なのだろうか、といった疑問も生まれてくるだろう。さらに西欧の地域的限定性を追及すれば、地球上どこにでもありそうな「社会」という集合体ですら、厳密な意味では日本に存在しないのかもしれないともいえる。

歴史学者の阿部謹也（1935-2006）は、日本には「社会」は存在せず、あるのは「世間」であると説明する。「社会」とは「自由な意思を持つ個人が参加することでつくりあげる人工的な集合体」であって、そのような認識を構成員が共有することではじめて出現する、特殊西欧的なものなのである。

❼対抗資本主義

カタルーニャの「地域通貨」活動は、特殊西欧的な「社会」への「参加（participation）」の仕方、——「独立した個人が自由な意思表現を行う」——を基礎として、メンバー相互の取引が行われる。そのためか取引の中には「親密な友人関係」といった項目まで出現する。これは取引を希望するメンバーが「○○イリス」と引き換えに、ショッピングや旅行に一緒に行ってもらったり、悩み事の相談をしたりするものである。

友人関係までもが「取引」の対象になることに、日本人であれば違和感を覚えるだろう。自分と友人の間に生まれる非物質的で柔らかな「関係」は、「分割不可能＝計量不可能」なものであるという意味で「象徴的交換」の現場である。「象徴的交換」といった場合の「象徴」とは、生きるうえでの「意味」の領域である。個人の「人生の物語」は、集団によって共有されている場合と、そうでない場合があり、本章で論じてきた「交換」とは総体的にいっ

て、「意味」を求めた人間の活動様式であると位置づけることができよう。

　カタルーニャでの調査の結果、「地域通貨」の活動は「①温かな相互扶助」「②楽しい趣味」といった意味で「解釈」されていることがわかった。①は不足する物やサービスを相互に助け合う気持ちで提供する、②は活動自体が趣味のサークルのような存在として受け止められる、といった意味である。しかしながら同時に、「地域通貨」は資本主義経済への反発を表現した「③対抗資本主義」であると「解釈」する場合もあった。

　こうなると俄然、政治的な意味合いを帯びてくる。日常的な取引の実践が資本主義経済への異議申し立てであるという「解釈」は、理論的には妥当な部分もあるにせよ、タウシッグの論じた「悪魔崇拝」の事例を思い起こさせる。日本でも文芸批評家の柄谷行人（1941-）が「地域通貨」に対して同様の「解釈」を行っている。柄谷は近代国家を「資本制＝ネーション＝ステート（capitalist-nation-state）」と定義し、それへの対抗原理として「アソシエーション（association）」を提唱する。これは「連合」という意味だが、消費者が同時に生産者であり、活動を自分たちで価値づけるしくみを意図している。この文脈で「地域通貨」は「アソシエーション」を実現する有効な道具となる。

　だが、そもそも「なぜ人は『対抗』したがるのか」という単純な問いが、文化人類学的な考察の対象として設定されてもよいだろう。資本主義とは具体的に何を指すのか。彼らは何に対して対抗しようというのか。またそうすることでどのような「人生の物語」を手に入れようとしているのか。この問題はおそらく、「外部的な他者」との「交流」をあてどなく求める人間の心性に起因するように思われる。

❽おわりに

　文化人類学が経済を研究するとどういうことになるのか、いくらか理解してもらえただろうか。まとめるならば「石の貨幣」「クラ」「ポトラッチ」「贈与の霊」「呪われた部分」「悪魔崇拝」「地域通貨」といった、本章で紹介してきた世界のさまざまな交換のやり方は、それに関わる人びとの「人生の物

Lesson 10　交換と経済◎259

語」を紡ぎ出す「舞台」であると考えることもできるだろう。本章でみてきたように、文化人類学による経済の研究は多彩な問題領域を抱え込むことになる。今後はネット上のオークションや、ゲームの世界で流通する貨幣などへの研究が展開されることだろう。いずれにしても「交換」あるいは「経済」といった領域は、いまだ解明されない人間世界の不思議を秘めているという点で、きわめて魅力的な輝きを放っているように感じられるのは、私だけではないはずである。

■参考文献

○阿部謹也（1995）『「世間」とは何か』講談社現代新書.

○グリァスン，フィリップ（1997）『沈黙交易──異文化接触の原初的メカニズム』，中村勝訳，ハーベスト社.

○栗本慎一郎（2013）『経済人類学』講談社学術文庫.

○バタイユ，ジョルジュ（2003）『呪われた部分──有用性の限界』，中山元訳，ちくま学芸文庫.

○ポランニー，カール（2003）『経済の文明史』，玉野井芳郎他訳，ちくま学芸文庫.

○ポランニー，カール（2004）『経済と文明』，栗本慎一郎・端信行訳，ちくま学芸文庫.

○マリノフスキ，ブロニスラフ（2010）『西太平洋の遠洋航海者──メラネシアのニュー・ギニア諸島における、住民たちの事業と冒険の報告』，増田義郎訳，講談社学術文庫.

○モース，マルセル（2009）『贈与論』，吉田禎吾他訳，ちくま学芸文庫.

○ Taussig, Michael（1980）*The Devil and Commodity Fetishism in South America*. Chapel Hill.

■推薦図書

○中沢新一（2003）『愛と経済のロゴス』講談社選書メチエ.

○ホイジンガ，ヨハン（1973）『ホモ・ルーデンス』，高橋英夫訳，中公文庫.

○ポランニー，カール（2015）『経済と自由──文明の転換』，福田邦夫他訳，
　ちくま学芸文庫.

○山口昌男（2009）『学問の春──知と遊びの 10 講義』平凡社新書.

Lesson 11

グローバル・イシューと周辺社会
人類学は、社会の「役に立つ」か?

梅屋 潔

❶ はじめに

　本章まで読み進めた読者は、次のような疑問を持つかもしれない。人類学は社会の「役に立つ」のか?

　Lesson1でみたとおり、長いスパンで考えてみれば「人新世 (anthropocene)」を待っているのは高い確率の絶滅のシナリオかもしれない。しかし、そこで、人類の営みを真摯に検討し、考察を推し進めるためにも、人類を支えてきたいくつかの要素を「民族誌的」に、あるいは「人類学的」に考えていくことが本書が提案する一つの道だった。

　文化人類学の大きな特徴は、通常、近代が別物と捉えてきた（あるいはそうしようとしてきた）「政治」「経済」「法」「宗教」などのトピックを「別物」と分けては考えないで、これらの要素を、絡み合ったものとして、総体として考え、さらにそれらの背後のつながりを解明しようとする点である。本章では、「世界商品」とグローバル・エコノミー、「先住権」や「知的所有権」、「土地所有権」、そして「人権」といったグローバル・イシューを取り上げ、それらに対しても民族誌的な考え方が有効であることを示したい。人類学がそれらの現代的テーマにも取り組んでいる事例を紹介しながら、その姿勢がやや控えめであることにも大いに背景と意味があってのことだということ、そしてそのうえで人類学が、非常に長いタイムスパンでその有効性の射程を設定していることを確認したいと思う。

Lesson 11　グローバル・イシューと周辺社会◎263

❷ ブルー・マーブルと「グローバル化」

　現在人類が置かれている環境である「地球」そしてその「地球」を意識した「グローバル化」の意味を改めて考えるところから始めてみよう。

　アポロ17号によって1972年12月7日に撮影された「ザ・ブルー・マーブル」（The Blue Marble）は、外界から孤立した地球のもろさ、はかなさを強調するのに充分なインパクトを与えた。この写真は、環境保護団体などのイデオローグに大いに利用され、大々的に流布された。それともう一つ重要なことは、当たり前のことだが、地球上のどこにも、「国境などはない」ことだった。米ソの宇宙開発合戦のさなかに撮影されたこの写真だったが、自由主義と共産主義を隔てる境界は、地球上にはなかったのである。この写真は、かねてからあった「宇宙船地球号」という認識をより強力に視覚的に裏づけるものとなった。また同時に、人類の「統一」を主張するアイコンとしても非常な力を持ったのである。

　このことは人類にとって二つの含意を持つ。ひとつは、お互いがハッピーな未来をともに営んでいこうとする舞台が具体的に確認されたこと。もうひとつはそのこととコインの裏表ではあるが、有限の「地球」という資源をと

写真11-1　アポロ17号によって1972年12月7日に撮影された「ザ・ブルー・マーブル」

もに使っていかなければいけないということが認識されたことである。この
ビー玉のようなものが人類の生活圏の全てであるとするならば、そこにある
限られた資源を分かち合っていかなければならないという共同性が出現した
のである。だから「グローバル化」はもともとポジティブな側面とネガティ
ブな側面を併せ持つ。

　「地球規模化」とでもいうべき「グローバル化」は、1980年代の後半、
1990年くらいから盛んに用いられるようになった用語である。文化や経済
や社会生活の相互関係が地球規模で増大し、モノ、資本、イメージ、政治思
想などが「国境」にかかわらず高速度で流通している状態を示している。そ
れまで用いられていた「国境」や「近代国家」を前提とした「国際化」とい
う言葉とは違って、自由に地球のあちこちとつながっているような含意を持
つ。

　この現象を裏づける事実として政治経済的には1989年の「ベルリンの壁」
崩壊に象徴される米ソ冷戦の終焉があり、技術面の進歩としては80年代か
らのインターネットの普及がある。経済活動に目を転じれば、貨幣などの度
量衡が統一されたため、単一の「世界システム」が地球のそこここを隅々ま
で急速に席巻してきたようにもみえる（ウォーラステイン　2006）。もはや地
球は村のようなひとつの共同体とみなしうると考える人びともいる。

　日本でも「グローバル人材」を旗印に、海外でビジネスをする若者を増や
そうという政策が目立っている。しかし、「グローバル人材」を云々する際
に即座にシベリアやアフリカ、オセアニアあるいはボルネオやアマゾンの熱
帯雨林を思い浮かべる人はさほど多くないだろう。少なくとも一般には「グ
ローバル人材」は、「英語」で、極端な話、グローバル企業のビジネスマン
とビジネスの話をして帰ってくるようなイメージに支えられている。

　好むと好まざるとにかかわらず北半球のいわば「勝ち組」に分類される私
たちにとって、一般には「グローバル化」は身の回りのことに限れば便利な
ことばかりだ。利便性や効率性を重視して近代社会は構想されているのだか
ら当然のことである。しかし、「グローバル化」を人類学的にみる場合、み
え方は少々変わってくる。

| COLUMN **1** | 「世界商品」としてのナイルパーチ |

　コンビニ弁当は、手軽に、安価にお昼を済ませたい私たちの味方だ。その中のおかずのタコはモーリタニア産かもしれないし、おにぎりに入っているネギトロはマルタ共和国から輸入されたものかもしれない。さらには、白身魚のフライは、アフリカ、ビクトリア湖から来た「ナイルパーチ」かもしれない。

　ナイルパーチは、アルバート湖原産の大型肉食魚で、1960年代にビクトリア湖に放流されると、食物連鎖の頂点に立ち、たちまち大繁殖した。かつては400種を超えたビクトリア湖在来種のシクリッドの多くは絶滅の危機に瀕し、湖の生物の60%は死滅した。藻を食べるシクリッドの減少で湖は富栄養化し、生態系も壊滅的打撃を受けた。

　一方で儲かったのは、魚肉冷凍加工産業である。ヒレ肉だけをきれいに加工して冷凍し、EUや日本などグローバル・マーケットに輸出するのである。国際社会は供給を安定させるためと、途上国の産業促進のためとあって工場のインフラ整備にはヨーロッパからの多額のODAが注ぎ込まれている。

　湖畔の漁村には、近隣から数多くの人びとが時には国境を越えてやってくる。ビジネスチャンスを求めてのことである。出稼ぎ漁民たちで漁村は賑わう。出稼ぎの漁民たちを目当てにマラヤ（売春婦）たちが集まり、HIVの蔓延で親を失ったストリート・チルドレンが街角にあふれる死のスパイラルができあがってしまっているという。にわか漁民となった人びとが遺棄してきた土地のそれまでの産業構造はキヴ州同様、空洞化しているかもしれない。もちろん、このようなスパイラルの中を人間はなんとかやりくりして生き抜いていく。

　人類学者は、現地の人びとがこうしたグローバルな「構造」に気づきながらも、なんでもかんでも「グローバル化」のせいにせず、多様な問題は多様なまま捉えつつローカルな解決策と向き合う生きざまを尊重しようとする。「社会が悪い」とか「搾取構造」を暴き出す、ということをすることもあるが、主たる仕事にはしない。それよりも、まず、その目の前にある生き方を理解しようとする。漁民たち、マラヤたち、そしてストリート・ボーイたち。ことによると魚加工業の経営者、仲買人たち、そして輸出業者。それぞれにいい分があることだろう。そのそれぞれに耳を傾け、その生きる姿を描き出す役割、つまり人類の生態の多様な実態を析出する役割を民族誌と人類学は担いうるのである。

❸ いくつかのグローバル・イシュー

タンタルという「世界商品」（global commodity）と紛争

日本人のスマートフォン所有率は2016年現在7割を超えた。私たちのス

マートフォンやノートPCあるいはタブレット端末のコンデンサーには、タンタルというレアメタルが用いられている。鉱石としての名称は、コルタン(Columbite-Tantalite)。精製したものをタンタルという。一説によれば、全世界のタンタルの総埋蔵量の80％がコンゴ民主共和国にあるというので、そこから逆算すると、私たちの使っている端末のコンデンサーはもとをたどればコンゴ民主共和国に行き着く。コンゴ民主共和国の川か露天掘りが多い鉱山からコンゴ人の掘り出したコルタンが、さまざまな人の手を経由して私たちの手元のスマホに装填されているのだ。リチウムイオン電池に欠かせないコバルトも世界産出量の53％はコンゴ民主共和国産が占めているという。

コンゴ東部が、「地質学上の奇跡」というべき豊富な地下資源の宝庫であることが見出されたのは1900年頃のことである。以来、つねに「コンゴ動乱」「シャバ州紛争」などの紛争の種となってきた。銅、コバルト、スズ、タングステン、そしてタンタル。これらの鉱石の価値が、その地域史と地域の政治学を形成してきた。1960年の独立前のコンゴ自由国時代（1885-1908）に、1900年から向こう99年間の約束でコンゴ東部はカタンガ特別委員会に開発を委託され、開発利用をさらに拡充するために「ユニオン・ミニエール」が設立された。ドル箱だった「ユニオン」はベルギー領コンゴ時代（1908-1960）にもコンゴ民主共和国独立時にも一大争点となっていた。ダイヤモンドを主とした争奪の問題は、近隣のアンゴラ、シエラレオネ、リベリアでも「紛争ダイヤモンド」として知られるようになった。

1998年に国連がアンゴラ産の「紛争ダイヤモンド」の規制に着手し、禁輸と制裁を決定して以来、ダイヤについては下火になっていたが、紛争の争点となるモノがタンタルに取って代わっただけで、全く同じことが起きている。国土の地下資源は豊かなのに、いやだからこそ地域の治安は乱れ、「貧困」が再生産される、典型的な「資源の呪い」である。コンゴ産のタンタルの売り上げは、長引く「コンゴ内戦」の両陣営の軍事資金となっているのだ。反政府軍側の鉱物はルワンダ、ウガンダ、ブルンジなど近隣国を通じて世界市場に出回る。政府側の鉱石の販売には、数多くのグローバル資本が関与している。最近では中国の大規模な投資が目立つ。

2001年の国連安保理の専門委員会でこの「紛争鉱物」問題が告発された。

このタンタルの不正採掘による利益が武装勢力の資金源となっており、ウガンダ内戦、ブルンジ内戦、第一次コンゴ戦争（1996-1997）、第二次コンゴ戦争（1998-2003）を深刻化させ、長期化させた原因となっている、と報告書は指摘する。

2010年7月、アメリカで金融規制法が改正された（Dodd-Frank Wall Street Reform and Consumer Protection Act of 2010、通称「ドッド＝フランク法」）。その1502条「紛争鉱物開示規則」により、アメリカの証券と関連を持つ企業はコンゴなどの紛争鉱物の使用の有無を米国証券取引委員会（SEC）へ報告する義務が課されるようになった。

コンゴでは「オバマ法」として知られるこの法律は、人びとから搾取し、ゲリラ戦の資金源となるルートを使った資源を使ってはならないとの考え方から制定された。法律制定後、しばらくはコンゴ産のタンタルやコバルトといった「紛争鉱物」を忌避する動きが一般的だったが、2011年、モトローラ、インテル、IRM、ノキア、HPなどがホープ・プロジェクト（The Solutions for Hope Project）を立ち上げ、コンゴからの「コンフリクト・フリー」（その規準が問題だが）なタンタルの取引がうたわれるようになった。しかしなんらかの絞り込みが行われたのならば、端末の価格に反映されそうなものだが、端末の価格は変わらないので、規制が効いているのかは疑わしい。最近では、この規制が単に「紛争」解決や軽減に貢献していないばかりか、この外来の解決策がコンゴ住民の生活環境をむしろ圧迫しているとの報告も数多くある。

鉱山で暮らす人びと

タンタルの規制や、「サプライ・チェーン」の開示を要求している国際NGOがある。その代表格である「グローバル・ウィットネス」は、「紛争ミネラル」を撲滅すべく各方面への働きかけを続けている。

一方で「コモディティ・チェーン」の末端にはどんな人が暮らしているのか。人類学者はそういった関心を持って紛争地域に足を踏み入れる。経済活動はもちろんのこと（Lesson10）、彼らはどんな「民族」で（Lesson7）、どんな恋愛をして（Lesson5）、どんな家族関係を育んでいるのか（Lesson6）。

そして、その社会関係の中で、どんな宗教を信じ（Lesson9）、どんな儀礼を行っているのか（Lesson8）、そしてそれぞれがどのように関係しているのか、というトータルな関心を持つのである。

　コンゴ民主共和国、キヴ州に住み込んで2008年から2015年まで調査した人類学者、ジェームズ・H・スミス（J. H. Smith）は、グローバル経済の末端である手掘りの鉱山労働者の間でフィールドワークを行い、戦争資金の出どころでもあり、グローバル化のしわ寄せともいえるコルタンなどのレアメタルの炭鉱に暮らす人びとが直面するリアリティを解明しようとする。このように民族誌は、顔のみえない「誰か」を、肉体を持った存在感ある「誰か」として把握しようとするのである。

　そこでは、タンタル、スズ（tin）、タングステンの3Tの変動する「価格」が何よりも生活を左右する。掘って出荷する手順は鉱石の種類によって変わるわけではなく、掘った後グローバル・マーケットに乗せるまでのプロセスは同じだ。その仲介をする仲買人と鉱夫たちの間には社会関係が自然と築かれていて、時間感覚、空間感覚、そしてものごとの価値の度量衡がそれらの3Tの価格に大きく依存しているのである。いわば「下部構造」がこれらの鉱石の価格なのだ。

　だからそこには、さまざまな「物語」が紡ぎ出される。西側諸国も絡んだ秘密の陰謀を信じているものもいれば、「アルビノの骸骨」や、「首吊りの縄」に鉱物の価値をコントロールするなんらかの神秘的な「力」を期待する「物語」も発生する。鉱物の価値は、単に価値であることを超えて、自らが持っている社会的ネットワークが保有する生存能力の表象でもあるのである。コンゴの人びとは、鉱物の価値を基準として移動して社会的なネットワークを変えていく。また、社会的記憶も、鉱物の価値に準じて想起されるのである。

　2000年10月26日、北米で待望の「プレイステーション2」が発売された。発売時期は、クリスマスにそれをプレゼントするヨーロッパや中国の顧客がいるだろうと見込んで設定された（日本では3月4日に先行発売）。その需要に応じるための大量のタンタルの仕入れがあり、相場が高騰したのである。それはコンゴ東部では、「ビシカティケ」*bisikatike*（「破綻することがありませんように」「終わることがありませんように」の意）というほとんど神話

Lesson 11　グローバル・イシューと周辺社会◎269

的といってもいい幸せな時間として記憶されている。この時の多くの収入を忘れられず、返済能力を超えた借金をしてしまう者もいれば、またもう一度あの時を取り戻そうとさまざまな方法に訴える者もいる。2000年の年末は、グローバル・ヒストリーの構造としては闇の象徴なのだが、そこに暮らす住民としては、神話の時間、夢の時間となったのである。

地下資源は争奪の対象であるとともに戦争資金として戦争の長期継続を可能にする。それを利用してRCD（コンゴ民主連合）やマイマイなど、鉱山の周りで活動する反政府軍の顔ぶれは変わっていくが、鉱夫にはそれは直接関係ない。産業構造が劇的に変わったおかげで食糧生産に携わる人びとはいなくなり、ルワンダなどからの輸入食糧は高騰しているという（Smith 2011, 2015）。

このようにアフリカとかコンゴ民主共和国とか、関係ないと思っていた地球の周辺部が私たちの生活に大きな関わりを持っている、というのが「グローバル化」の現実である。グローバル・エコノミーの大きな構図の中では、私たちがiPhone7へ機種を変更することは、間に数多くの仲介業者が入っているとはいえ、コンゴ内戦に軍事費を供給しているとみることも可能だ。そしてそこで、人類学者たちは、仕組みを変えようとか、法律を変えようとか考える前に、一歩立ち止まって、まず、そこで暮らしている人びとの生活に足を踏み入れてみようとするのである。実際政策の分野からも、「オバマ法」1502条による「介入」の失敗の原因として指摘されているのが、住民の暮らしに対する理解が不足していたことであることを思い起こせば、こうした政治・経済的問題を考える際にも、民族誌の重要性がよくわかる。

❹「先住民の権利」

「先住民」の問題も、重要なグローバル・イシューの一つである。この問題について人類学の果たしている役割を追っていく一例として、ナミビアのダム建設問題に集約される問題を取り上げる。Sida（Swedish International Development Cooperation Agency：スウェーデン国際開発協力庁）が出資して撮影された映画、「赤土と水」（原題：Ochre and Water　クレイグ・マ

シュー監督、オフ・ザ・フェンス制作、オランダ、2001年作品）は一部で
センセーションを巻き起こした。スウェーデンのODAが「反＝開発」とも
捉えうるような映画製作に協力したからである。スウェーデンのODAは「国
内福祉の延長」上に構想されており、「人道主義」と「国際的連帯」を援助
哲学としている。ヒンバを自国のトナカイ牧畜民サーミと同列に考えて、そ
の先住民としての主張を表現する機会を与えた。豊富な民族誌的な資料を持
ち、国内問題として、先住牧畜民との共生がかねてから課題となっている北
欧ならでは、政策決定に人類学的な考え方が活かされていたといえる。しか
し、話はそう単純でもない。

　以下映画の展開をもとに、事態の推移を解説しよう。牧畜民ヒンバは、ナ
ミブ砂漠に悠然と流れるクネネ川流域に住んでいる。人口は約1万8,000。
アンゴラ側にも9,000人ほど住んでいるという。両岸には、彼らの先祖代々
の墓地もある。牧牛をはじめとする家畜の水と牧草を供給するクネネ川には、
美しいエパパ滝がある。ナミビア政府は電力の自給率を上げるため、ここカ
オコランド（クネネ州の別名）にダムを建設しようと計画しているのである。
ダムが完成すれば、ロンドンに匹敵する面積の土地が水没する。ヒンバが家
畜とともに暮らす牧草地は全て水没してしまうのである。ヒクミヌエ・カピ
カ首長とその一族は、その居住地であるカオコランドを訪れた事前調査団を
案内し、民族にとっての祖先の墓地の重要性を説き、ヤシをはじめとするカ
オコランドの食用植物が生活に欠かせないことを説明したうえで、その地が
水没してしまうダム建設計画には反対を表明していたという。ところが政府
は海外のコンサルタントに委託して、ダム建設準備のための実地調査を開始
してしまう。

　若者たちは近代的な機械に興味を覚え、現金収入を得るためにその調査団
の工事を手伝う。教育やその他の近代的な文物にアクセスするためにキリス
ト教に改宗する者も増えた。伝統的な生活を捨てる際に象徴的なのは、体や
衣服に塗った油を混ぜた赤土を、洗い流すことである。映像でもキリスト教
に改宗する儀礼の場面でひときわ象徴的に演じられる。「赤土」は伝統的な
暮らしの象徴でもある。

　その後もカピカ首長らは首都ウィントフックでの会議に出席し、国の代表

Lesson 11　グローバル・イシューと周辺社会◎271

やコンサルタントに反対の意向を無視して実地調査が開始された理由を直接質したりしていた。オプウォで行われた政府説明会でも抗議したが、政府高官は、「安定した電力供給で町に明かりを灯し、水を供給するためにもダムが必要だ」と説く。

予言者カチラは思わず呪詛の言葉を口にする。「ダム建設に賛成した者は、覚悟するといい。その者の墓は見つからないだろう。もし私が死んだ時、ダム建設が決まっていたら、私の遺体は埋葬せずに燃やしてほしい」と。土葬が当たり前のヒンバにおいて、遺体を燃やす、というのは、自らの遺体を毀損させることで、日本風にいえば「成仏」することなしに、恨みを残した死霊として祟りをなそう、ということだ。予言者の呪詛の言葉だけに、凄みがある。

カピカ首長は、ストックホルム、ロンドンなどへ出かけ、国際的なジャーナリズムを通じてヒンバの窮状を訴える。ナミビア政府も、「国際社会」の圧力には抗しがたかったのか、政府のダム建設の計画は凍結される。映像の最後のシーンはカピカ首長の父の祖霊をしのぶ追悼儀礼の模様である。葬儀の際の儀礼のダンスのみごとさと彼らの歌の高い音楽性には目と耳を奪われる。ヒンバの牧畜民としての労働歌は、意外なことに（おそらくは撮影者が持ち込んだ）バイオリンなどとうまくハーモニーを奏でながら、全編ところどころに挿入されている。ここでも何があっても伝統的な生活を守るのだ、という意思表示を効果的に演出する。建設計画が凍結した時点で映像は終わる。しかし、ダム建設計画がここで終わるわけではない。

「近代」の相対化

映画のおおざっぱなメッセージは、ダム開発は「先住権」を脅かすかもしれない、ということである。しかし、「先住権」「土地所有権」については、かなり懐疑的な議論も可能である。

生態学的に移動を基本とする牧畜民にとっては、どこか特定の土地に依存するようなこともあまりない。家畜の保全に必要とあれば、場所は棄ていつでも移動する、それが「遊牧の民」の生き方なのである。少なくとも彼らにとり、主な関心は家畜であり、土地やテリトリーではない。土地にはあま

り執着はないはずなのだ。彼らが歴史上移動を繰り返してきたのもそのためだった。その執着は、南アフリカの一連の統治下で強化されたものであるとの見方が強まっている。

　ヒンバは16世紀半ば頃にザンビア南部からアンゴラを経てクネネ川を渡り、現在のカオコランドに入ってきた。カオコランドをはじめとした10の「ホームランド」という行政区分は、1968年のオデンダール計画という当時実効支配していた南アフリカの統治政策の一環で制定された。牧畜民の移動を制限し、居留地に押し込めようとするものだ。ホームランド内には多数のヘッドマンを任命し、統治のツールにしようとしてきた。ヒンバが所有権を主張するカオコランドは、南アフリカが統治のために制定したカテゴリーであり、代表者の多くは、かつて南アフリカの統治下で任命されたヘッドマンたちなのである。さらに同じ移動性と近代性という観点からも、映画の中で印象的に映し出される、牛の頭蓋をいくつも重ねた死者の追悼モニュメントは、違和感と疑念を生じさせる。

　民族誌的には、あのモニュメントのように凝った施設を、牧畜民がつくるのは珍しい。頻繁に、そして広域に移動する牧畜民は、常設の墓地は持たないことも多い。現地で実際に調査する人類学者たちもその点に注目して研究を進めてきた。考古学的な証拠は、現在のような墓の施設は非常に新しいものであることを示していた。人類学者マイケル・ボーリッヒ（M. Bollig 1961-）によれば、カオコランドにおいて墓が死者の権力や社会的地位を誇示する施設となり、その装飾や素材が華美に変化したのも19世紀後半以降のことである。ヒンバたちの放牧の移動範囲が近年きわめて狭くなる一方で彼らの自分たちの土地の所有権、利用権に対する執着が著しく増大しているという（Bollig 1997, 2002）。

　ヒンバの首長たちは、2012年1月と2月、アフリカ連合（AU）と国際連合人権高等弁務官事務所（OHCHR）に向けて、「ダム建設反対宣言」として人権侵害を訴えた。11月23日と25日にはヒンバと近隣民族ゼンバが、オプウォなどで数百人規模の反対デモを行った。これらの宣言やデモの状況は、インターネットを通じて映像とともに世界的に流通し、その今後の動きが注目されている。カピカ首長らヒンバの一部の人びとは「先住民の権利に

関する国連宣言」第4条などに基づき、「カオコランド」の土地所有権と自治権など、「先住民」としての人権を主張している。しかしそれらが「近代」によって「発明」されたものだとすれば、事態はやや異なってみえてくるのではないだろうか。

近代国家とグローバル経済

　ナミビアは24年間ものゲリラ戦を経て1990年に独立した。現在でもそれまで実効支配していた南アフリカに、輸入電力の95％をやむなく頼っている。政府としては、経済的に自立するためにも現在は25％とされる電力自給率をすこしでも向上させたい。そのため、いくつも打っている手の一つがダム開発であった。そう簡単にあきらめるわけにもいかない。

　ダム開発が頓挫したナミビアが打とうとしているもう一つの手は原子力開発である。ナミビアのウラン埋蔵量は世界埋蔵量の5％とも8％ともいわれ、ウラン産出量が世界第5位、露天掘りのウラン鉱山としては世界最大規模のロッシング鉱山を擁している。その豊富な資源を活かし、2018年までに原子力発電を実現するのがナミビア政府の計画である。ロッシング鉱山を事実上所有するリオ・ティントなどの多国籍グローバル企業や、イランなど資本の影も見え隠れする。公には否定されているがナミビアから核開発を進めるイランへウランが極秘裏に流れている、との噂が立ったこともある。また、2011年からは風力発電開発事業が進められており、韓国などが参入している。政府は原子力、風力など多岐にわたり可能性を模索している最中であり、介入しつつある資本もオーストラリア、イギリス、南アフリカ、韓国、日本、イランなどまさにグローバルである。リスクは政府も充分に感じているだろう。モザンビークのカオラ・バッサ・ダムを事実上所有していたポルトガルの撤退もあって、南部アフリカの電力事情はいま激しい変化にさらされている。

　こうしてみるとナミビア政府が取り組む自給率の改善努力も、近代国家として本当の意味での独立をかち取るための努力であるともいえる。ダムはこうしたグローバルな利権争いの中の一つの表れなのである。

　「ダム問題」の根っこにあるのはナミビアの人口の50％を占めるオヴァン

274

ボの利権の独占であり、結局は民族問題なのだ、と指摘するものもある。オヴァンボは遊牧のヒンバとは異なり、伝統的な王国を持ち、かつては象牙の輸出で栄えた。独立の原動力で、現政権与党となる「南西アフリカ人民機構」（SWAPO）もオヴァンボを中心とするグループであった。カピカらの要求に「先住民」の名のもとに独立前の支配者の遺産であるヘッドマン制と「ホームランド」を、ともに苦労して独立をかち取ったはずの政府に認めさせようとするアイロニーを読み取ることもできる。しかも先住権、人権という「近代」の用意した土俵で戦わざるをえないという二重の意味でのアイロニーがある。狩猟採集民ブッシュマンなどとの関係でいえば、ヒンバは明らかに後住でもある。「権利」自体も、いつを起点にするかにより微妙な判断が可能なのである。

　このように、国内に議論を限定すれば、ダム推進派をはじめとするオヴァンボ中心の政府と、ヒンバらダム建設反対派、という図式になるが、複雑なグローバルな政治経済を視野に入れずして全貌は捉えられない。さらにこの問題の争点は、分野的にも多岐にわたる。電力事情や経済問題も大きく関係すれば保全区域をめぐる土地所有権や土地利用権といった法的問題も関係する。先住民の墓や呪詛という宗教的な問題も無視できない、まさに民族誌的に考えるしかないテーマを含んでいるのだ。何よりもグローバル利権争いのアイロニー、先住民のアイロニーなどに人類学的な問題が集約しているといえる。

　またこの事例からわかるように、人類学は、開発に代表される近代化にともなう社会変化のインパクト評価のような役割を担うこともあれば、それを越えて、近代化自体を問題化し問い直す方向性を内包しているのである。

❺「知的所有権」や「先住権」を問い直す

　2010年10月18日（月）から29日（金）に名古屋で行われた生物多様性条約第10回締約国会議（COP10）での重要な議題の一つは、「フーディア」に関する先住民の知的所有権をめぐるものであった。「フーディア」という植物を主要な原料とし、その名を冠した商品は、副作用のないダイエット食

品として世界的に流通し、現在日本でも容易に手に入る。フーディアは、ガガイモ科の多肉植物で、みた目はサボテンによく似た、苦みのある植物だ。13種類ほどあるフーディアのほとんどは、ナミブ砂漠に分布している。

　ブッシュマンたちは、食欲を抑制するフーディアの一種、フーディア・ゴルドニー（Hoodia gordonii）を食料の少ない乾期に食べて飢えをしのいでいた。その食欲抑制効果に目をつけた科学者や食品会社が、それを製品化し、巨大なグローバル・ビジネスに成長させた。南アフリカの科学・工業研究評議会（CSIR）は、フーディアから食欲抑制効果を持つ成分「P57」を抽出することに成功し、特許を取得した。CSIRは、かたちばかりの特許契約をブッシュマンの代表と結ぶ。

　ところが、CSIRは、特許の使用権を、はじめはイギリスの製薬会社ファイトファームに与え、ファイトファームはファイザー製薬とユニリーバ社に実施権を売却した。CSIRの科学者はもちろん、南アフリカ政府の政治家も、先住民保護に力を尽くしている運動家も、知的所有権の侵害をある程度認めながらも、商品としてグローバル・ビジネスにするためには、海外資本の介入はやむをえない、と口をそろえる。

　南アフリカの弁護士ロジャー・チャネルズが、「謝礼もはらわずに伝統的知識を利用することは、バイオパイラシー（biopiracy：生物資源を盗むこと）である」として先住民の代理人としてCSIRとファイトファームを訴えたことに、この問題は端を発している。

　COP10で議論された時点ではすでに、ユニリーバ社もファイザー製薬も、事業から撤退してしまっていた。効力を充分に証明できず、割に合うビジネスではなくなったからである。

　現在ではカラハリ砂漠でのフーディアの伐採料は、ブッシュマンの団体に支払われているが、製品の生み出す利益との著しい格差からその額の妥当性がつねに疑問視される。違法採集も後を絶たず、現在全米などではこの名前を冠したおびただしい量のサプリメントが流通しているが、ほとんどは偽物といわれている。

　同じブッシュマンでも近代国家の政策によって扱いはずいぶん変わってくる。南アフリカのブッシュマンと、その境遇の点でよく比較対象とされるの

はナミビアのブッシュマンだが、ここには南アフリカでは失われてしまった、トランス・ダンスの伝統も残っている。南アフリカのブッシュマンは住んでいた国立公園から「再定住化政策」で追い出されてしまったが、ナミビアのブッシュマンは国立公園内に住み、入猟料を得て、国立公園内の、生物資源を自ら商品化して生計の足しにしているのだ。彼らはグローバル化に適応して、それなりのビジネスを成立させることに成功したようにもみえる。しかし、知的所有権をめぐる闘争と同じく、自分たちのつくった土俵ではないところでしか勝負できないアイロニーが透けてみえる。観光客の相手をすることやちょっとした手工芸品を土産物として売ることで日銭を稼ぎ、生業であるはずの狩猟採集は衰えている。

　移動を旨とする狩猟採集民には土地所有の発想は本来的にはないかきわめて乏しいが（彼らの土地に対する執着のなさは征服者にとっては好都合だったであろう）、アフリカ大陸最初の住人と目されるブッシュマンにとっては、国立公園どころかアフリカ全ての土地は本来彼らのものだったはずなのだ。

　（オランダ系アフリカーナーも先住権を主張する現在、アフリカの先住権問題は複雑だが）17 世紀以来の南アフリカへの白人の進出と土地の収奪、仕掛けられた戦争、持ち込まれた疫病など、ブッシュマンの人びとがこの 4 世紀ほどに被った剥奪の歴史を顧みると、もうこの問題は解決不能なほとんど絶望的とさえいえるものに思えてくる。ブッシュマンを翻弄したさまざまな歴史は広く西欧近代が旗印としてきた「人権」、もっといえば「人間」の概念に大きく反省を迫るものである。

　COP10 の開催母体である生物多様性条約（CBD）には、2010 年 5 月現在、EU 含め 193 ヶ国が加盟しているが、クリントン政権時に上院で批准されず、いわゆる先進国では唯一、アメリカは加盟していない。いろいろな理由はあるだろうが、ここでは大雑把な背景だけ述べると、先住民の権利を求める議論では、極端な場合、権利状態を「大航海時代の前に戻せ」というところから始まる。そういった前提に立つと、合衆国憲法はじめ現在のアメリカ合衆国の拠って立つ成立基盤のほとんどは危機にさらされてしまう。格好のいい「西部劇」も、「フロンティア」という言葉も、べつの景色からみると剥奪や略奪というべつの言葉に置き換えられる。

Lesson 11　グローバル・イシューと周辺社会◎277

1652年6月、ヤン・ファン・リーベーク率いるオランダ東インド会社の一団が喜望峰に到着した時、遭遇した先住民（コイコイ）は、自らを「コイ・コイン」と名乗ったという。人間の中の人間、真の人間、という意味である。

その真の意味を探るためにも私たちはまだまだ民族誌的研究を必要としているのである。

❻ 人類学は、社会の「役に立つ」か?

以上、いくつかのグローバル・イシューを紹介しながら、政治や「経済」（Lesson10）、そして「宗教」（Lesson8、9）などのトピックを完全に分けてそれぞれの問題を考えることが難しいこと、そして、そのいずれの場合にもこれらの要素を分断することなく分析する民族誌や人類学が、あちこちで存在感を発揮することを確認してきた。本章ではサブサハラ・アフリカ地域の事例を多く取り上げたが、各地で類似事例が見出せる。たとえば、カオコランドの事例は、「二風谷ダム建設差し止め訴訟」との多くの共通点が指摘できる。この裁判は、アイヌの先住性を公に最初に認めることになった裁判であり、ダム建設は行われたものの、差別的な北海道旧土人保護法の廃止とアイヌ文化振興法の成立に結び付いたものと評価されている。この一連の運動の背後には、アイヌ出身でもあり人類学者でもある萱野茂の努力があった。また、先住民たちの利用する植物などが主に西欧で特許を取得し商品化される現象も「科学的植民地主義」（scientific colonialism）とも呼ばれ、各地で争われている。新大陸では、メキシコのチアパス高地先住民の民族医療知保護を目的として、人類学者ブレント・バーリン（B. Berlin 1936-）の先導の下、展開した「マヤICBG（International Cooperative Biodiversity Group）論争」が有名である。バイオパイラシーに関する先駆的な事例となったが、数多くの先住民の代表としての妥当性が問われ、多くの批判をも浴びた。他にも、インドではながらく民族医療の分野で知られていたインドセンダンをめぐる訴訟、糖尿病や、ホジキンリンパ腫、白血病やがんなどに薬効成分を持つマダガスカル原産のニチニチソウ、1999年にアメリカで特許登録されたメキシコ由来のエノラ豆などが知られる。

COLUMN ❷　人類学の応用

　マリノフスキーが早い時期からアフリカの食糧事情についての公の提言を数多く残していることに象徴されるように、文化人類学の知識と方法論を用いて、さまざまな社会活動の局面に「介入」しようとする試みは、人類学の歴史とともにあった。植民地時代には各国の植民地経営上も重要な役割を担っており、戦中までの日本の民族学もその背景を色濃く持っていた。アメリカでは、第二次世界大戦後の占領統治の方針を立てるために、ベネディクト、マードックなど著名な人類学者たちに研究が委託された。ベトナム戦争への軍事協力はアメリカ人類学会では、負の歴史として記憶されるとともに人類学の「応用」についての意識化を進める契機となった。米ソ冷戦時代が終わると、「応用」は、「国際協力」「開発援助」の文脈で用いられることが多くなった。

　「応用人類学」が活用される領域は、「村落開発」「公衆衛生や医療」「環境保全や『持続的開発』の企画立案」「農業開発」「観光開発」「災害復興と緊急援助」などが代表的なものである。これらは総称して「開発人類学」とも呼ばれる。本文では、「介入」に慎重な立場で議論は展開しているが、積極的に関与する「開発人類学者」も少なくない。開発現象を単に肯定せず、開発現象を人類学的に捉えようとする「開発の人類学」もある。また近年では公共性を強調して、なんらかの活動に資する人類学の活用を公共人類学（public anthropology）として提唱されることもある。「公共人類学」は「開発」という非対称の関係を含意しないので、「開発人類学」には慎重な立場をとる人類学者も関わりやすくなってきている。先進国を対象とした場合でも、観光や、マーケティング、商品開発などの分野で人類学の技法が、「応用」される。北米では、インテルなどのように大量の人類学者を雇用して多様な領域の研究を担当させる例もある（伊藤　2009）。UNESCO ではかつて「人種」を主たるトピックとしてレヴィ＝ストロース（C. Lévi-Strauss 1908-2009）が重要な役割を演じたことをはじめ、現地の情報に通暁している専門家として活躍する例が少なくない。近年、「世界文化遺産」「無形文化遺産」が、グローバルな観光や資源保全の観点から存在感を増しているが、その OUV: Outstanding Universal Value（「顕著な普遍的価値」）を担保する尺度の中で「生きている遺産（living heritage）」という要素が次第に認められるにつれ、民族誌的研究の利用も重要度を増すであろうと想像される。

　本章で取り上げた事例の中での人類学者の存在感は、法学者や政治家、あるいは工学者、薬学者などの科学者などに比べるとそれほど大きなものではないと思われるかもしれない。人類学者はその社会の価値観、秩序概念、経済のしくみ、権力の配分のしくみなどを多角的に理解しようとする一方で、

Lesson 11　グローバル・イシューと周辺社会◎**279**

自らがその社会の変化に積極的に関わることは、第一義的な目的としないことが多い。

　しかし、それには一定の歴史的経緯がある。人類学的知の「利用」を意図する「応用人類学」が確立し始めた 1960 年代は、皮肉にもアメリカの人類学者たちのベトナム戦争への協力（つまり応用）が問題となり、倫理的な反省が迫られた時でもあった。それ以前にも人類学は、植民地支配や軍事利用に役立ってきた歴史を持つ。「植民地主義」にせよ「軍事」にせよ、その当時は「権威」や「権力」に公に認められた体制であった。つまり人類学は一度体制の側に立ち、アクチュアルな問題に大いに役に立った経験を持っているのである。そしてそのうえで、権力への接近を意識的に控えてきた歴史があるのである。80 年代以降、再帰人類学の成立に代表される一連の流れの中で（Lesson1）、人類学者にしろ誰にしろ、完全に透明人間になることはできず、完全中立もありえないという、どのような立場に立つにせよ政治性はつきまとう、との認識が優越するようになり、「ポジショナリティ」が問題化されるようにもなってきたが、それでも、国家を背景とした権力などに寄り添うようには知的風土ができていない。人間が同じ人間を研究する、ということは非常にセンシティブな問題を含むのである。

　本章冒頭に述べた背景のうえに、この現在、ハッピーな「地球社会」を構想しようとすると、どうしても「国際協力」や「開発援助」の問題に突き当たる。かつて「南北問題」と呼ばれたような南北の経済格差は、依然として存在する。冷戦が終わり、情報が均等にすみずみまでゆきわたるほどに資源の配分は均等ではないことが、明らかになってくる。2017 年 1 月、オックスファムの発表によると、「世界の資産保有額の上位 8 人の総資産が、下位 50%（36 億人）の人々の総資産に匹敵する」という。

　周辺社会に深く関わっている人類学者は、そういった社会にこそ「グローバル化」のシステムのしわ寄せがいっていることはよく知っている。人類学者が対象とする社会に「グローバル化」の性格がよく表れている、ということである。いいかえると、割を食っている側をみてこそ「グローバル化」は本当の意味で理解できるのである。人類学は、Lesson1 での主張を繰り返すなら、「反対側から眺めてみる」ことで本質をつかみ、豊かな洞察を手に入

れようとする。

それでは主に周辺社会で活動するもうひとつのグループ、「開発援助」の専門家たちと人類学はどのような関係にあるのだろうか。世界を代表する開発コンサルタントであるロバート・チェンバース（R. Chambers 1932-）はいう。

　　村に住み、村人と生活をともにし、観察したり質問したりするフィールドワークのなかで、人類学者は村の状況に関する深い洞察を得る。このアプローチには、多くの長所があるが、重大な欠点がある。その欠点は単独で行動しようとする点である。フィールドワークの期間が長ければ長いほど、より多くのデータが集まり、それが重荷になる。つまり、文書にまとめるのがますます難しくなる。大変な苦労をして、2、3の論文を何年かかかって書き上げることもあるが、往々にして実用的でないし、難解に過ぎる。かれらの調査は、専門的知識の向上に役立つだけで、貧困の削減には役立たない。費用対効果の面で評価できない（チェンバース 1995: 121-130 頁）。

しかし、これはこれで正しい評価である。多くの人類学者は少なくとも短期的には、「役立つ」ことを志向していない。単独行動の積極的意味についてはすでに Lesson2 で述べたので繰り返さない。ここには、人類学者たちと開発の専門家たちの考え方の違いが表れる。

開発の専門家はいうだろう。地球上の富のアンバランスを補正するためにも「開発援助」は必要ではないか。現に現地の人びとは電気・ガス・水道ありの「先進国」のあり方をうらやみ、自分たちの地域の「開発」をのぞんでいる。自分たちは結構な生活を享受しておいて、自分の研究対象である人びとには「未開」であり続けるように要求するとすれば、それは、アンフェアである。また研究データを本国に持っていって自分は博士号を取得したり、本を書いたり、職を手に入れたりするのでは、それは搾取的構造ではないか。最後の部分は研究者だけではなくジャーナリストなどにも当てはまる古典的テーマである。

Lesson 11　グローバル・イシューと周辺社会◎281

開発に慎重な人類学者は反論する。我々は研究者として（先述の反省に立って）特定の権力への距離をとろうとしているのである。「開発」（特にODA）はソフト外交であり、一義的に現地社会や人びとのために行われているものでもなければ、見返りを期待しない慈善事業でもない。たとえば日本のアフリカに対する開発援助の場合、地下資源のスムーズな輸入、国連常

COLUMN ❸ 昔も今もある「グローバル化」

「グローバル化」は、その進行の加速度を増したのは確かに80年代だが、正倉院におさめられた宝物にみるシルクロードの痕跡や、サハラ交易などからもわかるように、地球規模の文物の交流自体は、古い歴史を持っている。コンゴ熱帯雨林に住むピグミーについても、紀元前2400年前に、「ナイルの源流の樹木の国に住む、神の踊り子」と記述されていたし、「ナイル川の源流の湖水地帯に住む」とするギリシャ時代のアリストテレス『動物誌』の記述はかなり正確なものである。

アフリカ大陸は二度の農業革命を経験し、そのことが人口増大と人類の分布域拡大に大きな影響を与えたことが知られているが、その立役者である二つの農産物はいずれもアフリカ原産ではない。5世紀頃にコンゴ川流域にもたらされたプランテーン（調理用バナナ）は、東南アジア原産であり、15世紀の農業革命をもたらしたキャッサバは、新大陸が原産である。また、16世紀に発達したアフリカ西海岸から西インド諸島、新大陸を挟んだ三角貿易は、ヨーロッパに「市民」という層の厚さをほこる階層が新たに誕生し、その象徴的な飲み物である紅茶（イギリス）とコーヒー（フランス）そしてそれに欠かせない砂糖のプランテーションを成立させた。砂糖やコーヒー、紅茶という「世界商品」をめぐるグローバルなものだった。その後の産業革命も、その油の出どころやエンジンのファンベルトのゴムの出どころをたどると、グローバルなものとならざるをえない。

「グローバル化」が進む時には、かつて予想されたように地球上一面が同じ景色に塗りつぶされるわけではない。むしろ周辺社会においては「グローバル」な文物を読みかえてバリエーションが生まれたり、特定の文物を拒否したりというさまざまな現象がみられ、かえって「ローカル」な社会的活動が活性化する部分もある。その現象を「グローバル・パラドックス」と呼ぶ。その現象を含み込んだ用語として「グローカル化」の表現を好んで採用する研究者もいる。さらにより広くは「近代」自体も地域や状況により一様ではないとして、「複数の近代（multiple modernities）」や、「近代」は単数であるとして「近代の多様性（varieties of modernity）」を主張する立場もある。

任理事国入りのため、あるいは日本の漁業（たとえば「クロマグロ漁」）の規制を免れるための票が婉曲的には目当てではないか。一例をあげると、アフリカ諸国は中国に多額の資金を借りて、携帯電話のアンテナを建てている。工事は中国企業に受注させることになっているので、資金は還流して、中国は損をしない。アフリカにはアンテナと多額の借金が残される。程度は違ってもこれに類似する構造が、「開発援助」にもあるのではないか。

　そもそも「第三世界」という語彙が米ソ冷戦時代に西側と東側どちらにも属さない地域を指すためにできたことを考えると、「開発」をカードとして、自陣営への取り込みを狙ったのが歴史的には「国際開発援助」のルーツの一つではないか。しかもポストコロニアル時代（Lesson1）、その「開発」を外交カードにする構造は保持されているではないか。かつて「植民地主義」やもっとさかのぼると「奴隷制度」（！）も体制にとって是だった時期がある。その片棒を担いだのは、研究者たちであった。「開発」が遠い将来そうならない保証はないではないか。

　また現地の現状を観察した経験から、現地の声を吸い上げる、とか「草の根」とかいうが、結局現地エリートとしか接触していないから、真に貧困などの問題に直面している人びとの声は聞こえていないではないか。実際に、「開発」すればするほど現地の「格差」は増大するではないか。

　Lesson2でみたように、さまざまな層の人びとと長期にわたってラポールし、その人間関係の中にかなり深く入り込んでいる人類学者の生態も、開発の専門家側からすればネポティズム（縁故主義）に結び付くようにみえる。しかし、これらは人類学者の立場からは、現地の人びとの生活を変えるミッションとその力を持った開発の専門家が、現地の人びとの「主体」を抑圧し自らの影響下にある「客体」とみなす欺瞞にも映るのである。

　もちろん以上の対立項は、それぞれの考え方の特徴を誇張したものである。私の知る限り、思い当たるところのある多くの人類学者は批判された部分について、大いに改善したいと考えているし、開発の専門家たちもそうであることはつけ加えておく。

Lesson 11　グローバル・イシューと周辺社会◎283

❼おわりに

かつて哲学者ミシェル・フーコー（M. Foucault 1926-1984）は、『言葉と物』（フーコー　1974）の中で、人類学を精神分析とともに、人間諸科学（心理学・社会学など）に対する「反＝科学」として位置づけていた。フーコーによれば、19世紀ヨーロッパに立ち上げられた「人間」諸科学は、普遍的真理を標榜してはいるが、実際には、危うい「人間」の概念（べつの言葉でいうと、近代的「自己」）を基盤にして構築されたものであるという。このような人間諸科学に対し、「反＝科学」である人類学は、「他なるもの」の世界、近代的主体にとっての「夜の部分」に正面から立ち向かい、これらの疑似科学が主張する「普遍的真理」の相対性を明るみに出してゆくことが期待されたのである。

本章で、私が意図したことは、政治、経済、法、宗教など人間生活のあらゆるテーマを扱う人類学は、グローバル・イシューを考えるうえでも有効な視座を提供しうる、ということを示すことだった。そして、それが現代社会での「実装」（implementation）の面で控えめにみえるとすれば、あまりに直接的にその時の体制側にとって「役立ち過ぎた」過去の反省に立って、倫理的な問題に発展した歴史的な経緯を持っていることを指摘した。数多くの個人情報を保持し、人びとの行為のパターンを解析する人類学には、今日でもその気になれば犯罪捜査や、マーケティングにとどまらず、多方面での応用が可能な知が集積されている。しかしそれらの短期的な目的のためにだけ人類学をすることを多くの人類学者たちはあまり意図しない。

それは、フーコーがかつて期待したように「近代」のものさしの内部でのみ何かをはかるのではなくて、その「近代」自体を相対化していこうとするその企図の上にあるのである。グローバル・エコノミーや、その補正も含めた権力のヘゲモニーのみを問題にするのであれば、コンゴのキヴ州で信仰される「アルビノの骸骨」や「首吊りのロープ」などは、取るに足りないエピソードに過ぎないかもしれない。しかし現地に足を運べば、そのような考えに基づいて日々暮らしを紡いでいく人びとが存在する。人類学者は、そのような人類の生活の細部を大切にし、周辺社会の当たり前の日常に深い関心を

寄せている。個別の民族の範疇（Lesson7）から性役割（Lesson5）や家族の構成（Lesson6）、宇宙論（コスモロジー）や世界観（Lesson8、9）、そういったDNAに乗っていない獲得形質の問題も、「人類学」である以上、生物としての土台のうえにでき上がっていると考えている（Lesson3）。そしてその多くが、ある程度は生態学的な自然環境との関係性に淵源を持っていると考えているのである（Lesson4）。そしてLesson1で紹介されたような、「動物」や「自然物」も思考する、「存在論」などが問題化されるのも、その地平の延長線上にある。また、「生物の多様性」が何よりも生存の戦略として有効であったとすれば、――「人新世」に入り人類活動により「生物多様性」が脅かされているとする現実からすると逆説的だが――、レヴィ＝ストロースやUNESCOが説くように、人類の文化の差異と多様性の維持が「持続可能な発展」（sustainable development）のための道筋であり、「人新世」における生き残りの可能性を賭けて維持すべき方向性なのかもしれないのである。

2012年6月20日～22日、ブラジル、リオデジャネイロで開催された国連持続可能な開発会議（地球サミット2012「リオ+20」）でウルグアイ大統領ホセ・ムヒカ大統領が「質問」として突きつけたアポリアは、多方面で高く評価されている。しかし、彼の拠って立つ、しかも多くの現代人の心の琴線に触れた金言が、遠い真理を志した古代ギリシャのエピクロスやセネカ、そして南米先住民の世界観を色濃く表すものであることも記憶されるべきであろう。大きな「物語」と日常的な小さな「出来事」とは、（民族誌的には）どこか背後でつながっているはずなのである。

　　……ドイツ人が一世帯で持つ車と同じ数の車をインド人が持てばこの惑星はどうなるのでしょうか。息するための酸素がどれくらい残るのでしょうか。……西洋の富裕社会と同じような傲慢な消費を世界の70億～80億人の人ができるほどの原料がこの地球にあるのでしょうか？　……私たちがグローバル化をコントロールしていますか？　あるいはグローバル化が私たちをコントロールしているのではないでしょうか？　……エピクロスやセネカ、（そして先住民の）アイマラ民族は、こんなことを言っています。

Lesson 11　グローバル・イシューと周辺社会◎285

「貧乏なひととは、少ししかものを持っていない人ではなく、無限の欲があり、いくらあっても満足しない人のことだ」……

（ホセ・ムヒカ、2012 年 6 月 20 日、打村明訳（一部改変））

■参考文献

○伊藤泰信（2009）「学という市場，市場のなかの学——人類学とその外部環境をめぐって」織田竜也・深田淳太郎編『経済からの脱出』春風社.

○ウォーラステイン，イマニュエル（2006）『近代世界システム——農業資本主義と「ヨーロッパ世界経済」の成立』1・2，川北稔訳，岩波モダンクラシックス.

○チェンバース，ロバート（1995）『第三世界の農村開発——貧困の解決——私たちにできること』，穂積哲夫・甲斐田万智子訳，明石書店.

○フーコー，ミシェル（1974）『言葉と物』，渡辺一民・佐々木明訳，みすず書房.

○ Bollig, M.（1997）"Contested Places: Grave and Graveyard in Himba Culture." *Anthropos*, 92, pp. 35-50.

○ Bollig, M.（2002）"Problems of Resource Management in Namibia's Rural Communities: Transformation of Land Tenure between State and Local Community." *Die Erde,* 133, pp.155-82.

○ Smith, James H.（2011）"Tantalus in the Digital Age: Coltan Ore, Temporal Dispossession, and 'Movement' in the Eastern Democratic Republic of Congo." *American Ethnologist*, 38（1）, pp. 17-35.

○ Smith, James H.（2015）"'May It Never End' : Price Wars, Networks and Temporality on the '3Ts' Mining Trade of Eastern DR Congo." *Journal of Ethnographic Theory*, 5（1）, pp.1-34.

■推薦図書

○青柳まちこ編（2000）『開発の文化人類学』古今書院.

○エルラー，ブリギッテ（1989）『死を招く援助——バングラデシュ開発援助

紀行』，伊藤明子訳，亜紀書房.

○窪田幸子・野林厚志編（2009）『「先住民」とはだれか』世界思想社.

○チェルネア，マイケル・M.（1998）『開発は誰のために──援助の社会学・人類学』日林協.

○バージェス，トム（2016）『喰い尽くされるアフリカ──欧米の資源略奪システムを中国が乗っ取る日』，山田美明訳，集英社.

○モヨ，ダンビサ（2010）『援助じゃアフリカは発展しない』，小浜裕久訳，東洋経済新報社.

さくいん

S・U

SNS ……… 44
UNESCO ……… 279

ア

アイデンティティ ……… 104, 166
アイヌ ……… 278
青木恵理子 ……… 13
アカ ……… 63
悪魔崇拝 ……… 256, 259
アサド, T ……… 223
アザンデ ……… 221
アジャ ……… 194
遊び ……… 51
厚い記述 ……… 17
アドラ ……… 36
アニミズム ……… 214
アノマリー ……… 190, 195
阿部謹也 ……… 258
「雨の慕情」 ……… 13
アメリカのベビーM事件 ……… 154
嵐山 ……… 51
アリエス, P ……… 136
アンダーソン, B ……… 170
アンダマン諸島 ……… 242
安楽椅子の人類学者 ……… 8
家制度 ……… 138
石の貨幣 ……… 237, 244, 247, 257
イスラエル ……… 155
伊谷純一郎 ……… 75, 85, 86, 89
一般交換 ……… 143
イデオロギー ……… 157, 204
移動 ……… 88
伊藤幹治 ……… 138
異文化の理解 ……… 11, 14
煎本孝 ……… 86, 88, 96
今西錦司 ……… 64
意味 ……… 186, 190
イリイチ, I ……… 34
イロコイ ……… 112
岩田慶治 ……… 33
インゴルド, T ……… 26
インセスト・タブー ……… 105, 142
インターネット ……… 265
インフォーマント ……… 30

ウィラースレフ ……… 96
ウェーバー, M ……… 231, 232, 251
ウガンダ ……… 25
内堀基光 ……… 175
エヴァンズ=プリチャード, E・E
……… 29, 34, 38, 147, 221
エスニシティ ……… 166
エスニック・グループ ……… 166
エトノス ……… 166
縁組理論 ……… 142
猿人 ……… 5
エンデ ……… 13, 15
王権国家 ……… 172
オートナー, S・B ……… 111
オカルト ……… 222, 231
小田マサノリ ……… 3
オダム, E・P ……… 83
オベーセーカラ, G ……… 33
『オリエンタリズム』 ……… 17

カ

カーペンター, C ……… 83
外国人 ……… 162
解釈 ……… 259
――人類学 ……… 17
ガイドブック ……… 26
カオコランド ……… 271
カオス状況 ……… 193
核家族 ……… 132
拡大家族 ……… 117, 120, 132
カグルー ……… 188
カスカ ……… 90, 92, 93, 96
火葬 ……… 223
カタルーニャ ……… 252, 258
カテゴリー化 ……… 60
『悲しき熱帯』 ……… 18
河南蒙旗 ……… 175
寡婦 ……… 117
川村俊蔵 ……… 64
環境適応 ……… 86
感染呪術 ……… 216
漢族 ……… 173
ギアツ, C ……… 17, 26, 170, 222
危険 ……… 189
技術的 ……… 224
帰属意識 ……… 163, 169

狐の嫁入り……………………… 189
機能……………………………16, 217
　──主義…………………………9
旧ソ連……………………………… 173
境界論……………………………… 169
京都大学…………………………… 84
儀礼……… 108, 116, 120, 185, 241
近代
　……136, 139, 231, 244, 251, 259
　──家族………………… 137, 139, 145
　──国民国家……………………… 172
キンドレッド……………………… 139
金華山……………………………… 72
グアジャ…………………………… 59
グイ………………………………… 98
供犠………… 196, 217, 221, 251
グドール, J ……………………… 64
クラ…………………………… 239, 241
クラ交換…………………………… 220
クラックホーン, C ……………… 68
クラン………… 106, 142, 217
グリオール………………………… 31
クリフォード, J ………………… 17
栗本慎一郎……………………… 246
クルッツェン, P ………………… 21
クルド……………………………… 172
クローバー, A・L ………… 68, 82
グローバル化……………………… 264
黒田末寿………………………… 56
経験………………………………… 220
経済………………………………… 263
系図法………………………………8
啓蒙主義………………… 6, 171
結婚＝生殖＝愛情………………… 137
権威………………………………… 203
言語………………………………… 163
原初的紐帯………………………… 170
原初論……………………………… 169
限定交換…………………………… 143
行為………………………………… 199
交換………… 143, 238, 241, 252
幸島………………………………… 64
構造………………………………… 191
　──主義…………………………… 218
構築主義………………… 113, 182
合同家族…………………………… 132

コーエン, A ……………………… 169
コーカソイド（白色人種） ……… 165
ゴーギャン, P …………………… 20
コーミエ, L・A ………………… 56
コーン, E ………………… 19, 22
国勢調査…………………………… 137
国籍………………………………… 162
国民………………………………… 170
　──統合…………………………… 170
互酬…………………… 143, 244
　──性……………………… 86, 97
個人主義…………………………… 250
国家………………………………… 170
ゴドリエ…………………………… 106
コドリントン……………………… 213
コミュニケーション…… 203, 246, 250
コミュニタス……………………… 193
コモロ（社会）………… 225, 226
コリヤーク………………………… 97
コロンブス, C ……………………6
コンヴィヴィアリティ…………… 34
コンゴ民主共和国………………… 267
婚資………………………………… 147

サ

サーヴィス, E・R ……………… 81, 83
サーリンズ, M・D ……………… 81, 83
サイード, E …………………… 17, 33
災因論…………………… 37, 221, 225
再帰人類学………………… 17, 18
最適採食理論……………………… 84
再分配……………………………… 244
再魔術化…………………………… 232
サロゲートマザー………………… 153
サンバンダム……………………… 135
ザンビア…………………………… 109
参与観察…………………………… 52
　──法……………………………… 30
シェイクスピア, W……………… 11
ジェニター………………… 145, 150
ジェニトリクス…………………… 146
ジェンダー………… 103, 104, 110
死者……… 116, 195, 197, 199, 226
静かなる革命……………………… 19
自然史……………………………… 87
自然誌………………… 89 , 99

さくいん©289

実践	200, 210, 225	菅原和孝	85, 97, 98
自文化中心主義	14, 216	杉山幸丸	70
資本主義	231, 255	鈴木継美	86
シャープ	96	スチュワード, J・H	81, 82, 89
社会進化論	166	ストラザーン, M	19
宗教	104, 155, 163, 209, 263	ズニ	188
集合表象	217	スペルベル, D	200, 224
呪術	12, 186, 215, 241	スペンサー, H	81
——師	12	スミス, E	84
出自	141, 166	スミス, J・H	269
——集団	191, 194	スミス, W・C	212
出版資本主義	171	精液	108
狩猟	91	生業形態	163
——採集	87, 92	性肯定社会	107
——採集民	83, 85, 87, 88, 90, 99	政治	263
——民	95, 96, 97, 98	成人式	185, 204
少数民族	164, 167	生成の語り	18
象徴	10, 188, 217, 222, 247, 249	生態	79

象徴——人類学 10, 11, 199
——論 199
情報 69
ショーター, E 136
植民地主義 7, 182
初源的同一性 86, 97
女性婚 148
女性の交換 143
ジョンソン, A 83
死霊 37
——婚 147, 154
進化 16, 54, 56, 79, 83, 87, 89, 97, 214, 239
——主義 80
——論 8, 80
シンギュラリティ 22
人工授精 153
人種 165
——差別 165
——主義 166
新進化主義 80, 83
人新世 20
人生儀礼 185
新生殖技術 153
親族 41
——研究 152
シンバ 116
人類進化 86

生態——人類学
… 79, 83, 84, 85, 86, 87, 97, 99
性同一性障害 125, 189
聖と俗 224
性否定社会 107
西洋 174
世界システム 265
世界商品 (global commodity) 263, 266
セクシュアリティ 104, 105
セックス 104
絶滅 21
セリグマン, C・G 8, 29
宣教師 213
センザンコウ 190
先住民族 167
葬儀 195
双系出自 141
葬送 120, 195
贈与の霊 247, 255
ソウラヴァ 240
ソッゴ 176
存在論 19

タ

ダーウィン, C 5, 7
ターナー, V・W 31, 192
ターリ 135
体外受精 145, 153

大航海時代·························· 6，165，212
対抗資本主義····························· 258
第三世界の女性·························· 113
第三と呼ばれるジェンダー········· 113，122
タイラー，E・B
············· 15，29，56，69，81，214
タウシッグ，M··················· 255，259
ダグラス，M··················· 11，61，190
多系進化···································· 82
多自然主義································· 19
他者······································· 212
脱魔術化···························· 231，232
タブー······························· 189，190
タラヴァード····························· 134
単系出自································· 141
単系進化···································· 82
タンタル··································· 266
タンバイア，S・J ······················ 33
チアパス高地先住民··················· 278
地域集団································· 179
地域通貨································· 252
チェンバース，R ····················· 281
父方交叉イトコ························· 140
父方平行イトコ························· 140
秩序······························· 202，203
血のつながり······················ 145，151
チベット··································· 173
　　──化································· 176
　　──高原····························· 175
　　──族································· 176
　　──文字····························· 176
チペワイヤン····························· 97
チャムス··································· 105
チャラバイ······························· 114
中華民族································· 174
　　──多元一体論····················· 174
中国······································· 173
調査隊調査··································8
直系家族································· 132
チンパンジー································5
沈黙交易 (silent trade)··········· 245，246
通過儀礼································· 191
デ・カストロ，E・V ················ 18，19
ティヴ···························· 12，15
適応················ 79，83，87，98，99
テキスト···································· 44

デスコラ，P ······················ 18，19
デュルケム，E ····················· 217
伝統······················ 195，205，214
ドゥヴォア，I ························· 83
同化論··································· 168
東京大学································· 85
道具論··································· 169
蕩尽····································· 251
同性愛者·························· 113，157
同性カップル····························· 125
同性婚法································· 125
動物·· 89，90，91，92，94，95，96，97，98，99
「トゥルーマン・ショー」··················3
トーテミズム················· 29，217，218
トーレス海峡調査隊······················8
ドッド＝フランク法····················· 268
ド・ブロス，C ······················· 254
トマセロ，M ························· 70
ドメスティック····························· 111
トロブリアンド（諸島）105，106，146，239

ナ

ナーヤル································· 134
ナイルパーチ····························· 266
ナショナリズム············· 164，171，203
ナショナリティ····························· 164
ナダスティ································· 96
ナミビア··································· 270
『西太平洋の遠洋航海者』················ 28
西田利貞································· 69
二風谷··································· 278
日本国民································· 163
ニホンザル································· 51
日本人··············· 56，163，209，248
日本民族································· 163
人間的なるものを超えた人類学······ 19，22
ヌアー······························ 147，221
ヌガラ··································· 223
ネイション·························· 164，175
ネグロイド（黒色人種）················· 165
『ノーツ・アンド・クエリーズ』······ 28，29
『呪われた部分』························· 251

さくいん◎291

ハ

ハースコヴィッツ，M ····················· 244
ハート，G ····································· 109
パートナー法 ······························· 125
バーリン，B ································· 278
バイオパイラシー ·························· 278
パクス法案 ··································· 125
バタイユ，G ································· 251
ハッドン，A・C ·····························8
花嫁代償 ····························· 147，148
パブリック ··································· 111
浜本満 ·······························76，225
ハムレット ····································· 11
バリ ··· 223
ハリス，M ·································· 82
バルト，F ···························84，168
バルヤ ······································· 106
ハワイ ······································· 139
バンド ··· 88
ピーコック，J・L ························· 71
費孝通 ······································· 174
ビジョンクエスト ···························· 94
ヒト ··· 53
人新世 ··· 20
表現的 ······································· 224
廣瀬重鎮 ····································· 57
ヒンバ ······································· 271
ファ ··· 114
ファン・ヘネップ，A ············· 191，195
フィールドノート ···························· 43
フィールドワーク
······ 8，9，25，139，219，239，255
フーコー，M ································· 284
フーディア ··································· 275
フェティシズム ······························ 254
フェミニズム ································· 111
──人類学 ································· 113
ブギス ······································· 114
複婚家族 ····································· 132
父系出自 ··················· 141，150，194
父系親族組織 ································· 12
部族 ······························· 167，242
ブッシュマン ················ 97，98，276
普遍性と個別性 ······························2
ブリコラージュ（器用仕事） ············· 219

ブルーメンバッハ，J・F ··············· 165
フレイザー，J・G ·················29，214
フロイト，S ························· 218，255
ブロック，M ······························· 202
プロポーザル ································· 37
文化 ··· 15
──概念 ····································· 15
──進化主義 ·································7
──進化論 ····················· 139，152
──生態学 ····················· 79，82
──相対主義 ·················· 16，80
──の定義 ································· 68
文化唯物論 ··································· 82
『文化を書く』 ································· 33
紛争ダイヤモンド ·························· 267
分配 ··· 91
分類 ··· 187
『文明批判としての人類学』 ············· 33
米ソ冷戦 ····································· 265
ベイター ····························· 145，148
ベッカー ····································· 107
ベトナム戦争 ································· 280
ベネディクト，R ················· 110，279
ヘロドトス ·························28，246
ボアズ，F ······· 16，31，80，89，110
法 ··· 263
ボーリッヒ，M ······························ 273
母系出自 ····································· 141
ポストコロニアル ···························· 18
ポストヒューマン ···························· 22
ホストマザー ································· 153
ポストモダン人類学 ························· 17
ポトラッチ ··············· 223，242，243
ボノボ ··· 55
ボハナン，L ································· 12
ボラナ ······································· 148
ポランニー，K ················· 244，247
ホワイト，L ······················ 81，82
ホワイトゥン，A ···························· 66

マ

マーカス，G ································· 17
マーシャル ··································· 107
マードック，G・P ················ 132，279
マイノリティ ································· 182
マグリット，R ·································1

マックグルー，W・C ……………… 68
マナ ……………………………… 213
マヌス ……………………………… 108
マリノフスキー，B・K
8, 9, 16, 28, 31, 105, 146, 219,
239, 241, 244
マリノフスキーのフィールドワーク……… 31
マルクス，K ………… 172, 218, 255
マルチサイト民族誌 ……………… 34
マンガイア ……………………… 107
ミード，M ……………… 108, 110
未開宗教 ………………………… 210
未開人 …………………………… 161
ミズン，S ………………… 88, 96
民族 …………… 113, 173, 213
　　──意識 …………… 168, 180
　　──運動 ………………… 169
　　──集団 ………………… 166
　　──主義 ………………… 164
　　──範疇 …………… 178, 179
　　──母語 ………………… 178
　　──理論 ………………… 173
民族誌
… 9, 25, 28, 105, 112, 132, 220
民族誌する ……………………… 46
民俗生殖理論 ……………………… 105
無根拠性 ………………………… 201
ムヒカ …………………………… 285
ムワリ …………………………… 240
ムンブトゥ ………………………… 63
メイター ………………………… 146
メタファー ………………………… 72
メッセージ ………… 192, 199, 223
メディシン・アニマル ……………… 94
メリナ …………………………… 202
モーガン，L・H ……… 30, 81, 139
モース，M …………… 242, 243
モダニティ …………… 250, 251
模倣 ……………………………… 70
モリス，D ………………………… 56
森山工 …………………………… 32
モンゴル ………………………… 173
　　──族 …………………… 176
　　──文字 ………………… 178
モンゴロイド（黄色人種）………… 165

ヤ

八代亜紀 ………………………… 13
ヤップ島 ………………………… 237
妖術 …………………………37, 221
　　──・邪術 ………………… 37
吉田禎吾 ………………… 37, 45

ラ

ライフサイクル ………………… 109
ライフステージ ………………… 114
ラトゥール，B …………………… 19
ラドクリフ＝ブラウン，A・R ……29, 218
ラパポート，R …………………… 83
ラポール ………………………… 30
リー，R …………………………… 83
リーコック，E …………………… 112
リーチ，E・R … 136, 168, 192, 216
リーンハート，G ………………… 35
リヴァーズ，W・H・R …………… 8, 29
リネージ ………………… 41, 142
リミナリティ …………………… 192
リントン ………………………… 252
リンネ，C ……………………… 165
類感呪術 ………………………… 216
ルーシー …………………………… 5
ルオ ……………………………… 116
霊長類 …………………… 55, 90
　　──学 ………………… 85, 86
レヴィ＝ストロース，C
……… 9, 18, 111, 142, 218, 279
レヴィ＝ブリュル，L …………… 216
レヴィレート …………… 118, 148
　　──婚 …………………… 12
『歴史』 …………………28, 246
レレ ……………………61, 190

ワ・ン

ワイズマン，A …………………… 21
和崎洋一 ………………………… 33
渡辺仁 …………… 85, 86, 87, 89
ンガンドゥ ……………………… 58

著者紹介

● Lesson 1
奥野克巳（おくの　かつみ）　　　　立教大学異文化コミュニケーション学部教授

● Lesson 2・11／共編者
梅屋 潔（うめや　きよし）　　　　神戸大学大学院国際文化学研究科教授

● Lesson 3
島田将喜（しまだ　まさき）　　　　帝京科学大学生命環境学部准教授

● Lesson 4
山口未花子（やまぐち　みかこ）　　岐阜大学地域科学部助教

● Lesson 5
椎野若菜（しいの　わかな）　　　　東京外国語大学アジア・アフリカ言語文化研究所准教授

● Lesson 6
田川 玄（たがわ　げん）　　　　広島市立大学国際学部准教授

● Lesson 7／共編者
シンジルト（CHIMEDYN Shinjilt）　熊本大学文学部教授

● Lesson 8
田中正隆（たなか　まさたか）　　　大谷大学文学部准教授

● Lesson 9
花渕馨也（はなぶち　けいや）　　　北海道医療大学看護福祉学部教授

● Lesson 10
織田竜也（おだ　たつや）　　　　長野県短期大学多文化コミュニケーション学科准教授

新版　文化人類学のレッスン
フィールドからの出発

2017 年 2 月 22 日　初版発行
2018 年 11 月 5 日　4 刷発行

共編者⋯⋯⋯⋯⋯⋯⋯⋯梅屋 潔・シンジルト
発行者⋯⋯⋯⋯⋯⋯⋯⋯佐久間重嘉
発行所⋯⋯⋯⋯⋯⋯⋯⋯学陽書房
　　　　　　　　〒 102-0072　東京都千代田区飯田橋 1-9-3
　　　　　　　　営業／電話　03-3261-1111　FAX　03-5211-3300
　　　　　　　　編集／電話　03-3261-1112　FAX　03-5211-3301
　　　　　　　　振替　00170-4-84240
　　　　　　　　http://www.gakuyo.co.jp/
　　　装丁／小田マサノリ　DTP／越海編集デザイン
　　　印刷／図書印刷　製本／東京美術紙工
　　　Ⓒ　Kiyoshi UMEYA & Shinjilt CHIMEDYN, 2017 Printed in Japan

ISBN978-4-313-34026-8　C1036
JASRAC　出 1700450-804
乱丁・落丁本は、送料小社負担にてお取替えいたします。
定価はカバーに表示しています。
|JCOPY|〈出版者著作権管理機構　委託出版物〉
本書の無断複製は著作権法上での例外を除き禁じられています。複製される場合は、そのつど事前に出版者著
作権管理機構（電話 03-3513-6969、FAX03-3513-6979、e-mail: info@jcopy.or.jp）の許諾を得てください。

※本書は『文化人類学のレッスン』（初版 2005 年、増補版 2011 年）を新たに編集し発行するものです。